U0949876

湖北省公益学术著作
Hubei Special Funds 出版专项资金
for Academic and Public-interest
Publications

中国古代流贬文学研究丛书
尚永亮 主编

唐代貶謫制度與相關文體研究

段亚青 著

WUHAN UNIVERSITY PRESS
武汉大学出版社

图书在版编目(CIP)数据

唐代贬谪制度与相关文体研究 / 段亚青著 . -- 武汉 : 武汉大学出版社,2025.6. -- 中国古代流贬文学研究丛书 / 尚永亮主编 .
ISBN 978-7-307-25086-4

Ⅰ. D691.21;I206.42

中国国家版本馆 CIP 数据核字第 2025D8N978 号

责任编辑:朱凌云　　　责任校对:汪欣怡　　　版式设计:马　佳

出版发行: **武汉大学出版社**　(430072　武昌　珞珈山)
(电子邮箱: cbs22@ whu.edu.cn　网址: www.wdp. com.cn)
印刷:湖北金港彩印有限公司
开本:720×1000　1/16　印张:17.75　字数:292 千字　插页:2
版次:2025 年 6 月第 1 版　2025 年 6 月第 1 次印刷
ISBN 978-7-307-25086-4　定价:98. 00 元

版权所有,不得翻印;凡购我社的图书,如有质量问题,请与当地图书销售部门联系调换。

作者简介

段亚青，山西省太原市人。武汉大学博士，中南民族大学文学与新闻传播学院讲师。主要研究方向为唐宋文学与文化。参与国家社科基金重点项目《中古流贬文学文献整理与研究》。先后在《文艺理论研究》《中南民族大学学报》《新疆大学学报》等核心期刊发表学术论文多篇。

总 序

从法律角度来看，流放和贬谪是对负罪人员的一种惩罚，但政治史意义上的流贬，早在唐、宋之前，就超越了其法律内涵而成为帝制社会打击异己的一种手段；至于文化史意义上的流贬，内涵更为丰富，它以官僚阶层权力争斗或政治纷争为主要动因，以失败一方的空间远徙和恶地囚居为主要惩罚方式，以对失败、挫折、苦难的承受、消解或超越为流贬主体的心理表现，形成了一种环绕个体或群体之生命沉沦，并旁涉地理、宗教、思想、文学等多个领域的特殊文化现象。

严格来说，流放与贬谪并不相同，二者存在发生时间、个体身份、量刑程度等方面的差别。从时间上看，前者出现更早，上古三代，就有了“流宥五刑”的记载，后者到了中古时代才出现，并形成“减秩居官，前代通则；贬职左迁，往朝继轨”①的相关制度；从身份上看，前者包括官员和一般罪犯，而官员一经流放，即被免职，与普通罪犯无异，后者则主要针对官员，虽然被贬，却仍有官做，只是职位、品级下降而已；从量刑上看，前者于北齐被列为五刑之一，除流徙远恶之地外，往往还要附加笞、杖等刑，颇为严厉，后者并未入刑，多为降职和外放，而外放者则视其政绩和年资，允准量移善地。所谓“流贬量移，轻重相悬……流为减死，贬乃降资”②，指的就是这种情况。然而，从实质上看，有些外放的贬谪几与流刑混同，甚至惩罚程度更为严苛，以致二者在“徙之远方，放使生活”一点上，并无明显差异。所以孔颖达说：“据状合刑，而情差可恕；全

① （南朝·梁）沈约著，陈庆元校笺：《沈约集校笺》卷二《立左降诏》，浙江古籍出版社1995年版，第47页。

② （宋）王溥：《唐会要》卷四一《左降官及流人》，中华书局1955年版，第738页。

赦则太轻，致刑即太重。不忍依例刑杀，故完全其体，宥之远方，应刑不刑，是宽纵之也。”①进一步说，无论流还是贬，流贬主体都经受了来自政治强权施予的打击(尽管其中有正向、负向之别)，都在逆境中体验了生与死、放与归、自我拯救和他者救助的多重矛盾，都产生出或执着或超越的意识倾向以及远超常人的悲剧性情感，因而，我们广义地将流与贬作一整体看待；而在流贬者中，重点关注的则是那些被外放、流徙远方且有文学创作的文人士大夫。

这些文人士大夫多是历代士人中的翘楚，他们或因“信而见疑，忠而被谤”②，落得个“行吟泽畔，颜色憔悴，形容枯槁”③的结局；或因“一封朝奏九重天”④“许国不复为身谋”⑤，而被贬窜荒远，过着“食无肉，病无药，居无室，出无友，冬无炭……大率皆无”⑥的生活，半生沉沦，甚或殒身异域。明人王世贞《艺苑卮言》“文章九命”条列举历代“流徙”“贬窜”者有云：

> 流徙则屈原、吕不韦、马融、蔡邕、虞翻、顾谭、薛荣、卞铄、诸葛厷、张温、王诞、谢灵运、谢超宗、刘祥、李义府、郑世翼、沈佺期、宋之问、元万顷、阎朝隐、郭元振、崔液、李善、李白、吴武陵，明则宋濂、瞿佑、唐肃、丰熙、王元正、杨慎；贬窜则贾谊、杜审言、杜易简、韦元旦、杜甫、刘允济、李邕、张说、张九龄、李峤、王勃、苏味道、崔日用、武平一、王翰、郑虔、萧颖士、李华、王昌龄、刘长卿、钱起、韩愈、柳宗元、李绅、白居易、刘禹锡、吕温、陆贽、李德裕、牛僧孺、杨虞卿、李商隐、

① (唐)孔颖达等疏：《尚书正义》卷三《舜典》，(清)阮元校刻《十三经注疏》，中华书局2009年版，第271页。

② (汉)司马迁著，顾颉刚等点校，赵生群等修订：《史记》(修订本)卷八四《屈原贾生列传》，中华书局2014年版，第3010页。

③ (战国)屈原著，(宋)洪兴祖补注，白化文等点校：《楚辞补注》卷七《渔父》，中华书局，1983年，第179页。

④ (唐)韩愈著，钱仲联集释：《韩昌黎诗系年集释》卷一一《左迁至蓝关示侄孙湘》，上海古籍出版社1984年版，第1097页。

⑤ (唐)柳宗元著，尹占华、韩文奇校注：《柳宗元集校注》卷四三《冉溪》，中华书局2013年版，第2997页。

⑥ (宋)苏轼著，(明)茅维编，孔凡礼点校：《苏轼文集》卷五五《与程秀才三首》，中华书局1986年版，第1628页。

温庭筠、贾岛、韩偓、韩熙载、徐铉、王禹偁、尹洙、欧阳修、苏轼、苏辙、黄庭坚、秦观、王安中、陆游，明则解缙、王九思、王廷相、顾璘、常伦、王慎中辈，俱所不免。①

这里所列83位“流徙”者、“贬窜”者，即我们所说的流贬文人。尽管就人数言，上述流贬者仅是若干朝代流贬群体中的很小一部分代表，但已足以反映出他们在中国文学史中所占地位和分量。这些流贬者在人生逆境中展示出各不相同的生活样态，其中不少人或将视线转向自我情感的宣泄，或转向对政治、社会、人生的反思，或转向对自然山水的歌咏，由此生成大量体裁、题材不尽相同的文学作品，这些作品，可视为流贬文学的主体；至于流贬者在流贬前后以及非流贬者在送别赠答、追忆述怀时创作的有关流贬的作品，则可视为流贬文学的侧翼。②它们共同组成了贯穿中国历史数千年的流贬文学的洋洋大观。

对流贬及流贬文学的关注，中国历史上代不乏人。南朝江淹《恨赋》有云：“孤臣危涕，孽子坠心，迁客海上，流戍陇阴。此人但闻悲风汩起，泣下沾襟；亦复含酸茹叹，销落湮沉！”③宋人周煇《清波杂志》卷四“逐客”条亦谓：“放臣逐客，一旦弃置远外，其忧悲憔悴之叹，发于诗什，特为酸楚，极有不能自遣者。”④至如宋初王溥所纂《唐会要》一书，其卷四一即有“左降官及流人”⑤一节，宋元之际的方回在《瀛奎律髓》中，更将唐宋“迁客流人之作”⑥专设一类，对流贬文学有了专门的分类意识。

时至今日，流贬文学更引起学界的广泛关注。20世纪八九十年代，已有学

① （明）王世贞著，罗仲鼎校注：《艺苑卮言校注》卷八，齐鲁书社1992年版，第403~404页。

② 尚永亮：《贬谪文化与贬谪诗路：以中唐元和五大诗人之贬及其创作为中心》，中华书局2023年版，第431页。

③ （南朝·宋）江淹著，丁福林、杨胜朋校注：《江文通集校注》卷一《恨赋》，上海古籍出版社2017年版，第3页。

④ （宋）周煇著，刘永翔校注：《清波杂志校注》卷四，中华书局1994年版，第138页。

⑤ （宋）王溥：《唐会要》卷四一《左降官及流人》，中华书局1960年版，第734页。

⑥ 方回选评，李庆甲集评校点：《瀛奎律髓汇评》（下），上海古籍出版社2005年版，第1537页。

者开始了对流贬现象和流贬文学的专力考察，① 其后随着多次全国性的迁谪、流寓文学研讨会的召开，相关研究更是风生水起，涌现出大批研究者和数量可观的研究论著。据粗略统计，30 年来研究流贬与流贬文学的著作约 23 部，其中唐代 9 部，宋代 5 部，明清各 1 部，其他 7 部；论文近 1600 篇，其中仅学位论文即有 300 余篇，博士论文至少 16 篇，而且从时段来看，从 20 世纪 90 年代至今，研究成果逐年递增，呈稳步上升的态势。②

毫无疑问，前述各类成果已展现出流贬文学研究多方面的开拓和喜人的发展态势，某种意义上，一门颇具规模且不乏理论和实践支撑的“流贬学”正呼之欲出。然而，这些研究中的部分成果也呈现出若干不可忽视的问题。整体而言，这些问题主要表现在以下几点：一是时段分布多寡不均，约 70%的成果集中在唐宋两代及清代，而其他朝代光顾者少，至于先秦、汉魏、六朝、金、元、明诸代则问津乏人。二是人物研究冷热不均，多数研究者将目光集中在了先秦的屈原、唐代的柳宗元、刘禹锡、韩愈和宋代的苏轼、秦观、欧阳修等人身上，而对其他流贬文人则关注不够，甚至全未顾及，由此形成热者极热、冷者甚冷的局面。三是对流贬地域的考察缺少广度和深度，引起研究者关注较多的，除唐宋时期的岭南、两湖地区以及清代的西北、东北地区外，其他地区不仅涉及者寡，而且即便涉及，也多是纯地理层面的知识罗列，而缺乏文化层面的深层剖析，缺乏对流贬者行走路线、路程、路况、行期、行速及贬地生活等方面的细密考索。四是制度研究多静态而少动态，多律法规定而少操作环节，多客观描述而少实施主体考析，由此导致相关论述与实际流程一间有隔。五是缺乏整体性观照、学理性洞见和理论性提升，不少研究多流于一般性叙述、碎片化考察，而少了些全视域把握、规律性概括，并因研究者缺乏对生命感悟的融入，也少了些真正打动人心的力量。

正是有鉴于此，我们将目光投射到那些在选题的新颖度、论述的细密度、观照的整体性上更具特色的论著，以期为此后的流贬文学研究提供若干导引和镜

① 参见李兴盛《东北流人史》(黑龙江人民出版社 1990 年版)、《中国流人史》(黑龙江人民出版社 1995 年版)、尚永亮《元和五大诗人与贬谪文学考论》(台北文津出版社 1993 年版)等。

② 参见本丛书所收凌云、罗昌繁、孙雅洁、朱春洁诸书绪论。

鉴。在这些论著中，我们特别重视的是一些硕士、博士学位论文，尤其是博士生的学位论文。盖因此种论文之选题是经过学生和导师多次切磋、商讨才确定的，其中蕴涵着对学术发展状况较为深透的理解，对选题开展前景较为全面的把握；而在具体开展过程中，又经过反复思考、修订和打磨，再经过预答辩、外审等审阅及问难环节，历时三四年或更长的时间而完成，故其最终成果多具较高的扎实度和学理性，在其研究对象所涉及的领域中，往往占据较前沿的学术位置。仅就管见所及，21 世纪以来，海峡两岸有关流贬文学研究的博士论文即有如下多种：

高良荃：《宋初四朝官员贬谪研究》（山东大学博士学位论文，2003 年）

张英：《唐宋贬谪词研究》（苏州大学博士学位论文，2009 年）

张玮仪：《元祐迁谪诗作与生命安顿》（台湾成功大学博士学位论文，2009 年）

吴增辉：《北宋中后期贬谪与文学》（复旦大学博士学位论文，2011 年）

严宇乐：《苏轼、苏辙、苏过贬谪岭南时期心态与作品研究》（复旦大学博士学位论文，2012 年）

赵忠敏：《宋代谪官与文学》（浙江大学博士学位论文，2013 年）

罗昌繁：《三国两晋贬谪文化与文学》（武汉大学博士学位论文，2014 年）

石蓬勃：《苏门诗人贬谪诗歌研究》（河北大学博士学位论文，2014 年）

赵文焕：《黄庭坚贬谪文学研究》（南京师范大学博士学位论文，2016 年）

赵雅娟：《北宋前期贬谪文化与文学》（武汉大学博士学位论文，2018 年）

蔡龙威：《南宋高宗朝贬谪诗研究》（吉林大学博士学位论文，2018 年）

周乔木：《方拱乾父子流贬文学研究》（黑龙江大学博士学位论文，2018 年）

段亚青：《唐代贬谪制度与相关文体研究》（武汉大学博士学位论文，2019 年）

朱春洁：《清代流人文学研究》（武汉大学博士学位论文，2020 年）

凌云：《两汉流贬制度与文学研究》(武汉大学博士学位论文，2021 年)

孙雅洁：《南朝贬谪制度与文学研究》(武汉大学博士学位论文，2022 年)

徐嘉乐：《元代贬谪制度与文学的多元考察》(武汉大学博士学位论文，2025 年)

以上论文，有个体研究，也有群体研究，有诗歌、词作研究，也有制度、文体研究，有某一时段研究，也有一代文学研究，在观察视角、学术观点、研究方法等方面均多有创获，取得了不俗的成绩；而其中特别值得关注的，是关乎某些前人较少涉足的断代流贬文学的整体研究。这些研究，视野相对阔大，领域较为新颖，因而更具学术上的开拓性。兹仅依时代序，就前列武汉大学凌云、罗昌繁、孙雅洁、段亚青、赵雅娟、朱春洁诸博士之学位论文，稍做介绍如下。

《两汉流贬制度与文学研究》：共五章十八节，重点考察两汉流贬的构成要素、主要类型以及法律性质和地位，其中对流贬的主要程序和相关操作，流贬者在流贬前后遭遇的处置措施，在时间、空间、身份类型诸方面的分布规律，以及导致流贬的不同原因和各朝流贬情形的论述，用力尤多。在此基础上，展开对两汉流贬文人之拟骚现象与流贬文学书写的重点讨论。

《三国两晋贬谪文化与文学》：共七章二十节，以朝代为经，以各朝典型贬谪案例为纬，对三国两晋五朝的贬谪事件予以宏观把握和微观考察。其中首章与尾章重在考察三国两晋时期的选官、职官、爵位、流徙刑制度，通过计量分析，揭示贬谪人次与对象、贬谪地域、贬谪缘由等概况，并对此期贬谪事件的特点与规律予以归纳总结。其他诸章分别以曹魏、蜀汉、东吴、西晋、东晋五朝为中心，考述各朝的贬谪案例及其与文化、文学、政治等诸多层面的关系。

《南朝贬谪制度与文学研究》：共五章十五节，前三章分别着眼于南朝贬谪制度、贬谪类型和事件以及贬谪的家族性特征等，特别是着眼贬官数量较多、较具特点的陈郡谢氏、顺阳范氏和彭城刘氏三个家族，以及宗室及其周边之文学集团，进行制度、家族、个案等方面的考察。最后两章聚焦于南朝贬谪文学之发展，重点观照谢灵运、颜延之、江淹等代表性作家之创作，以及南朝贬谪文人与时代文化精神之间的关系，对其特点和规律展开研探。

《唐代贬谪制度与相关文体研究》：共六章十九节，前三章以制度研究为切入点，结合“礼”“法”“权”三大因素，考察唐代贬谪制度的全貌及其运作过程，尤其注意将制度研究中静态的条文章程与动态的具体操作相结合，分析制度与人的互动，在运作过程中了解贬谪制度的特点及弥漫其周围的政治生态环境。后两章主要分析与贬谪制度相关的两种文体：一为贬谪制诏，一为贬谪官员谢上表，两种文体一自上而下，一自下而上，分别代表着贬谪的实施与完成，交织出一幅士人与皇权互动、逐步树立自我人格的生动图景。

《北宋前期贬谪文化与文学》：共六章十八节，将贬谪制度与贬谪文学的研究相结合，注重考察北宋前期贬谪制度之制定、实施的文化背景和特点，以及受此影响所形成的贬谪文学内容和艺术特色。由此两方面之关联沟通，揭示北宋前期贬谪制度、文化与贬谪文人主体精神之重塑、政治节操之作成间的关系，并对此期呈现的“道”与“位”、“进身”与“行己”诸问题展开新的思考。

《清代流人文学研究》：共五章十五节，以清代近三百年历史发展为轴线，重点择取初期从南到北的遗民流人、前期自江南到东北的科场案流人、前中期由江南至东北与西北的文字狱流人、中后期因中西冲突而遣发各地的流人为典型对象，论述了遣戍空间之“南/北”“东/西”(江南/塞北、西域)的转换，以及流人在政治、身份、时空交错中所形成的故国依恋、异域抗拒、戍地恐惧、服膺皇权、时代觉醒等复杂心理。

以上所述不过是这些论文极为简略的一个概貌。进一步说，这些论文除因各自研究对象不同而形成的独特性外，还在以下几个方面展现出若干共通性特点：

其一，以不同时代为切入点，在选题上进行新领域的开拓。这些选题，除唐、宋两代外，汉、三国、两晋、南朝(宋齐梁陈)诸代之流贬文学，前人均很少留意，更无纵贯一代或数代的研究论著；即就已成为研究热点的唐、宋两代和准热点的清代来说，关乎流贬制度与特定时段、特殊文体的研究，以及关乎东北、西北两大地域和四种流人类型的综合研究也不多见。就此而言，说这些论著在选题上具有开拓性，是符合实际的。

其二，聚焦于流贬制度的考察，为流贬文学研究奠定基础。流贬制度是政治制度的分支，既与不同时期之政治、文化精神相关，又与各代执政者之自身素质相关，从而展现出代有变化、宽严不同的多种样态。同时，这些制度有明文记载者，如《晋律》《唐律疏议》《唐六典》《宋刑统》《大清律例》及历代正史之《刑法志》等，也有无法律条文而在具体操作中不断变化者；至于流贬之认定、实施，如罪行上奏、法律推鞫、个案分析、贬诏下达等，既有有规可依者，亦有因人情好恶而灵活变动者，甚至有抛开法律，仅凭最高统治者之一时喜怒即施行者。它们大大丰富了流贬制度的内涵，并使之充满变易性和复杂性。凡此，均在以上各文中有程度不同的考索和呈现。

其三，注重事、地、人、文间的关联性，对流贬文人之心理、流贬文学之特点展开多层面探析。首先是在全面掌握文献资料的前提下，对事件发生的真实形态、原因、类型等做出客观认知和性质评判；其次从人文地理的角度切入，考察影响流贬者的贬途、贬地等空间环境；最后在此基础上，或由文而人，聚焦流贬者的生存状态和心路历程，或由人而文，把握流贬文学的风格、艺术特点。

其四，在研究方法上兼容并蓄，重在解决实际问题。除历史-文化研究、心理分析、比较研究等方法外，还主要采用两种方法：一是以考据为主的实证研究方法，在对该期所有流贬者之材料作穷尽式收罗的基础上，进行细密考订，由此编成由汉至唐各代之“流贬官考”或“流贬文人纪年”；一是以数据为主的定量分析方法，既对某一时代之流贬者的数量作出翔实统计(有名可考的流贬事件，涉及汉代 1413 人次，三国两晋 369 人次，南朝 619 人次，唐代 2828 人次，清代 1822 人次)，又从时间、空间两个维度，考察流贬者的发展变化和分布情形，由此形成对该时期流贬态势之全面了解和准确把握，并为此后研究者提供较为翔实的数据借鉴。

大概正是这样一些特点，使上述研究具有了某种整体的一致性。需要说明的是，这些论文作者都是我近三十年所指导的数十位博士生中较优秀的几位，在选题和写作过程中，我们切磋往还颇多，相互论难不少，而他们也常以其深细的探索和独到的看法，裨补我之未逮，由此共同深化了对流贬现象和流贬文学相关问题的理解，最终成就了这些虽仍有不小提升空间，但就其所研究对象而言已大抵完备的阶段性成果。所以我们将之汇聚一起，组成这套《中国古代流贬文学研究丛书》。因这套丛书有幸入选 2023 年度湖北省公益学术著作出版专项资金项目，为强化其系统性，遂依出版社要求，又增列了十多年前由我和我的几位硕士生冯丽霞、张娟、邹运月、程建虎诸君共同撰著的《唐五代逐臣与贬谪文学研究》一书(该书重点涉及初唐神龙逐臣、盛唐荆湘逐臣、中唐元和逐臣、晚唐乱离逐臣及唐五代逐臣离别诗等，由武汉大学出版社于 2007 年出版)，以使相关内容尽可能全面、丰富一些。

“道屈才方振，身闲业始专。天教声烜赫，理合命迍邅。”①白居易的话，道出了流贬与人生、命运、文学创作间的内在关联，也侧面揭示出流贬文学的价值所在。早在 20 年前，我在拙著《贬谪文化与贬谪文学》的后记中，曾深有感触地说过这样几句话：“要对‘贬谪文化与贬谪文学’这样一个涉及面极广而又与政治、文化、人生紧密相关的课题获得更深入的解会，仅凭一己之力是远远不够的，它需要对数千年历史资料的细密爬梳和阐释，需要具有理论深度的回应和挑战，需要一批志同道合者的切磋琢磨和商榷交流。”现在看来，这一目标虽远未实现，但通过持续的努力，正在逐步接近。朱熹有言：“旧学商量加邃密，新知培养转深沉。”②我们真切希望，通过这套丛书的出版，既能商量旧学，又能培养新知；既能为方兴未艾的流贬文学研究增添一些助力，也能由此引起学界同道的回应与挑战、商榷与交流，以期共同推进这一跨朝代、跨地域、跨学科课题的深化和细化，为实践层面和理论层面之“流贬学”的建立做些添砖加瓦的工作。

尚永亮

甲辰岁初匆草于古都长安寓所

① (唐)白居易著，谢思炜校注：《白居易诗集校注》卷十七《江楼夜吟元九律诗成三十韵》，中华书局 2006 年版，第 1339 页。

② (宋)朱熹：《鹅湖寺和陆子寿》，(清)吴之振等编选：《宋诗钞 · 文公集钞》，中华书局 1986 年版，第 1676 页。

目　　录

导论：贬谪、贬谪制度及其研究理路

严羽在《沧浪诗话》中曾言："唐人好诗，多在征戍、迁谪、行旅、别离之作，往往能感动激发人意。"①翻开唐代诗歌，那些浸透着诗人血泪的满纸悲歌确实可谓是唐代诗歌艺术领域中的奇葩，绽放出动人的风采。唐代贬谪诗歌，不仅仅描绘了异域陌生的景物与风情，更描写了有唐一代怀抱理想与志节的知识分子在遭受人生磨难之后内心的挣扎、恐惧与痛苦，书写了他们对政治、人生的审视与思考，展现出被贬者在面临人生重大转折时最具哲学深度的自我超越与救赎。贬谪，作为一种唐代普遍存在的对犯罪官员的惩处方式，给文学带来了新的发展契机，使得贬谪文学成为备受研究者关注的一类具有特殊审美意蕴的文学作品。研究贬谪诗歌离不开对贬谪本身的探讨，那么，贬谪究竟是一种什么性质的行为？其本质如何？贬谪作为一种制度其实施的具体过程如何？对当时的文人产生了怎样的影响？这一连串问题的解决需要我们对贬谪本身及唐代贬谪制度有更为深入的研究。文学的发展离不开特定的社会与政治背景，本书着力研究的是文学背后的政治与制度，通过对政治及制度的考察进一步理解贬谪文学的其然与其所以然。

一、贬谪与法律的关系

贬谪是一种针对犯罪官员的处罚措施，既然是犯罪，必然与法律相关，因为犯罪本应受到相应的法律制裁。那么，官员犯罪有没有按照法律进行处罚？官员犯罪的处罚在哪种程度、哪些层面上依据了法律，哪些方面没有依据法律？其与法律的关系如何？贬谪究竟是一种什么性质的行为？

---

① （宋）严羽撰，张健校笺：《沧浪诗话校笺》，上海古籍出版社 2012 年版，第 667 页。

首先，通过分析唐代贬诏中记载的贬官犯罪缘由可以发现，官员被贬的罪名基本都是国家法律中规定的犯罪罪名。唐代贬诏中，官员的贬谪罪名大体可以分为以下几种：

一是与谋反相关的。封建皇权至高无上，所有妄图颠覆国家政权、危害国家社稷安稳的行为都属于犯罪。贬诏中，这一类的罪辞分布也最为广泛，如“忘蔑君亲，潜图弑逆”①“志在倾邪，行惟险薄”②“因集不逞之徒，潜为乱常之计，乃欲远通叛虏，构此凶谋”③，等等。

二是与贪赃相关的。这类罪名在贬诏中也极为常见，如“心如溪壑，聚敛无厌”④“蓄邪黩货，实玷衣冠”⑤“凭此尸素，黩其货贿”⑥，等等。

三是与漏禁中语相关的。如“漏禁中之语，鬻宠授之朝恩”⑦“漏泄密令，张皇威福”⑧，等等。

此外举非其人、指斥乘舆、占人田地等，均是贬诏中经常出现的罪名，这些罪名是唐律中明确规定的犯罪罪名且有相应的处罚规定。例如，谋反是唐律“十恶”中的第一项，《唐律疏议》引《公羊传》云：“君亲无将，将而必诛”⑨“谓将有逆心，而害于君父者，则必诛之”⑩。其中又引《左传》云：“天反时为灾，人反德为乱”⑪“然王侯居宸极之至尊，奉上天之宝命，同二仪之覆载，作兆庶之父母。为子为臣，惟忠惟孝。乃敢包藏凶慝，将起逆心，规反天常，悖逆人理”⑫。唐律以人伦关系比喻君主与臣子的关系，臣子对君主尽忠，这既合天常也合人

---

① 《全唐文》卷四《贬裴虔通诏》，中华书局1983年影印本，第57页。

② 《全唐文》卷一一《免岐王珍为庶人制》，中华书局1983年影印本，第138页。

③ 《全唐文》卷一一《免岐王珍为庶人制》，中华书局1983年影印本，第138页。

④ 《全唐文》卷一一《流萧龄之岭南诏》，中华书局1983年影印本，第141页。

⑤ 《全唐文》卷一二《李义府罢相诏》，中华书局1983年影印本，第141页。

⑥ 《全唐文》卷二八《贬萧执珪卢季恂崔憬等诏》，中华书局1983年影印本，第319页。

⑦ 《全唐文》卷一二《李义府罢相诏》，中华书局1983年影印本，第149页。

⑧ 《全唐文》卷五六《贬王伾开州司马王叔文渝州司户参军制》，中华书局1983年影印本，第605页。

⑨ 刘俊文笺解：《唐律疏议笺解》，中华书局1996年版，第56页。

⑩ 刘俊文笺解：《唐律疏议笺解》，中华书局1996年版，第56页。

⑪ 刘俊文笺解：《唐律疏议笺解》，中华书局1996年版，第56页。

⑫ 刘俊文笺解：《唐律疏议笺解》，中华书局1996年版，第56页。

理，任何试图颠覆这种关系的行为都是犯罪，都要受到相应的刑罚处置。再如贪赃，唐律中也有相当细致的处罚规定，《唐律疏议》卷十一“职制”条下分别有“受财而为人请求及受财分求余官”“有事以财行求”“监主受财枉法与受财不枉法”“事后受财”“受所监临财物与乞取监临财物”等十余项与贪赃有关的罪行，其处罚措施或笞，或杖，或绞，或流。如“监主受财枉法与受财不枉法”条中规定：“诸监临主司受财而枉法者，一尺杖一百，一疋加一等，十五疋绞。”①同样地，漏泄禁中语亦有规定：“诸漏泄大事应密者，绞。”②举非其人有：“诸贡举非其人及应贡举而不贡举者，一人徒一年，二人加一等，罪止徒三年。”③指斥乘舆有：“诸指斥乘舆，情理切害者，斩。”④与此类似的还有占田过限、在官侵夺私田、造畜蛊毒、造厌魅及造符书诅咒欲以杀人等，唐律中都有明确的惩处规定。由此可见，贬谪罪名的拟定不是任意而为，而是附会相应法律条款而来。

其次，贬谪的实施需要法司参与，且遵循相应的法律程序。唐代朝廷对犯罪官员的处理需要经过一系列特定的法律程序，包括罪行上奏、法司推鞫、起草下达贬诏、贬途行程规定等。这些操作在细节方面虽然与唐前后期有所不同，但都有相关法律机构的参与，也都大体遵循相应的规定。比较受质疑的一点是皇帝特命，即贬谪过程中皇帝的意见有时可以超越相关法律程序而直接进行决断，这一点看起来与法律无关，事实上却也是符合法律规定的。《唐律疏议·名例律》“除名”条曰：“非常之断，人主专之。”⑤《唐律疏议·断狱律》“辄引制敕断罪”条曰：“事有时宜，故人主权断，制敕量情处分。”⑥且《唐律疏议·八议》曰：“八议人犯死罪者，皆条录所犯应死之坐及录亲、故、贤、能、功、勤、宾、贵等应议之状，先奏请议，依令都堂集议，议定奏裁。”⑦“议定奏裁”，刘俊文解析云：“即由尚书省召集在京诸司七品以上官员，于都堂会议，议之内容为‘原其本情，议其犯罪，称定刑之律而不正决之’，最后将议之结果报请皇帝裁决。全部程序的

① 刘俊文笺解：《唐律疏议笺解》，中华书局1996年版，第863页。
② 刘俊文笺解：《唐律疏议笺解》，中华书局1996年版，第758页。
③ 刘俊文笺解：《唐律疏议笺解》，中华书局1996年版，第697页。
④ 刘俊文笺解：《唐律疏议笺解》，中华书局1996年版，第810页。
⑤ 刘俊文笺解：《唐律疏议笺解》，中华书局1996年版，第197页。
⑥ 刘俊文笺解：《唐律疏议笺解》，中华书局1996年版，第2067页。
⑦ 刘俊文笺解：《唐律疏议笺解》，中华书局1996年版，第113页。

关键，在于皇帝的态度……故此程序之实质，乃是由皇帝直接控制八议者死罪的终审裁判权。”①又云：“众官之集议，仅是程序，唯有皇帝之敕裁，才对八议者免死特权之兑现具有决定之作用也。”②可见，唐代的法律本身为皇帝特权留出了空间，为大量皇帝专权的情形提供了法律支持。正因为如此，即使面对皇帝专权的不合理贬谪，朝臣在大多数情况下都只能默认。皇帝专权虽然不能明目张胆地决定一切，但在一些重要问题上，却往往起着决定性的作用。

最后，贬谪中的一些处罚方式本身便属于法律处罚方式。以往的研究者总结官员只要具备降级、外出与实职改任虚职这三大要素中的其中一项，便可以称为贬谪，“除名”“免官”“免所居官”均符合了降级这一点，因此，都属于不同的贬谪方式。而与此同时，它们又都是《唐律疏议》中明确规定的几种法律处罚，可见，贬谪处罚与法律处罚并不是互不相干，而是有交集的。与“除名”“免官”类似的还有流放，它同样既是贬谪处罚，也是法律处罚。事实上，对犯罪官吏施行法律处罚，从先秦时代起就有明确规定，《管子·明法解》有：“明主之治也，明于分职，而督其成事。胜其任者处官，不胜其任者废免。故群臣皆竭能尽力以治其事。”③秦《睡虎地秦墓竹简》中的《置吏律》一节也记载了秦官因滥用职权而要受到处罚的例子：“除吏、尉，已除之，乃令视事及遣之；所不当除而敢先见事，及相听以遗之，以律论之。”④汉律六十篇如《盗律》《捕律》《兴律》中亦有对官吏犯罪的相关规定。而所有这些针对犯罪官吏的法律处罚，都因至少具备了贬谪三要素的其中一项，所以同时也属于贬谪。一直到唐代，这些对官员的法律处罚手段仍然是贬谪实施的重要方式，因此我们说，贬谪跟法律并非截然区分的两套系统，而是密切相关的两个概念，二者在对犯罪官员的处罚方面存在相互交叠的诸多内容。

综上可知，唐代被贬官员在罪名拟定、贬谪程序、贬谪方式等方面都与法律相关，甚至是以法律为依据的，既然如此，唐代对犯罪官员的处理为什么不能严

---

① 刘俊文笺解：《唐律疏议笺解》，中华书局 1996 年版，第 117~118 页。

② 刘俊文笺解：《唐律疏议笺解》，中华书局 1996 年版，第 117~118 页。

③ 李山、轩新丽译注：《管子》下册卷二一《明法解》，上海古籍出版社 2019 年版，第 909 页。

④ 睡虎地秦墓竹简整理小组编：《睡虎地秦墓竹简》，文物出版社 1978 年版，第 94 页。

格按照法律的规定执行而要另外提出贬谪这一概念？事实上，贬谪概念的提出就必然要牵涉到唐代“法”的一种特性——法礼结合。唐代法律以“礼”为指导思想，融入了大量“礼”的内容，由此与法律相关的贬谪自然也与“礼”有了千丝万缕的关系，甚至可以说，贬谪制度是礼治影响下针对犯罪官员的一种特殊的惩罚制度。下文我们将就贬谪与礼的关系展开详细论述。

二、贬谪与礼的关系

“唐律的真髓蕴含在唐律与礼的密切关系之中，这种关系用一句话形容，就是‘唐律一准乎礼’。所谓‘一准乎礼’，当然不是指词句，而是指精神。质言之，唐律的全部律条都渗透了礼的精神。”①可见，礼是唐律背后更深层的文化因素，贬谪既然与法律有着密切的关系，那么，它与唐律背后的礼是否同样有着深刻的联系呢？

法与礼的关系一直是中国古代法律史上的重要课题，二者根源于对人性善恶的不同认识，礼根源于人性之善，希望通过一系列规范导人向善，法则是利用国家权威与强制性手段对不符合规范的行为进行惩治，以此限制人作恶。二者相比起来，礼对人的影响往往更为深远和根本，孔子在《论语·为政》中就有：“道之以政，齐之以刑，民免而无耻；道之以德，齐之以礼，有耻且格。”②这也就说明了在国家治理中，礼才是真正影响民众内心、稳定社会的根本力量。事实上，在整个国家治理的历史长河中，法与礼经历了一个不断尝试、选择与融合的过程，法礼结合的关键期是在汉代，结合方式是援礼入法。礼对法的渗透对犯罪的处罚方式产生了深刻的影响，具体体现于以下几个方面：一是援礼入法导致官员犯罪享有以官爵抵罪的法律特权；二是礼的思想导致贾谊“刑不至于君子”说的提出；三是礼的介入使春秋决狱、原心定罪成为新的罪行判断标准；四是礼法结合下官员惩治的目标与原则产生了新的变化。正是因为礼对法的逐步渗透，最终导致贬谪而非“五刑”成为唐代常见的官员犯罪处罚手段。

---

① 刘俊文笺解：《唐律疏议笺解》，中华书局1996年版，第36页。

② （宋）朱熹撰：《四书章句集注》，《论语集注》卷一《为政》，中华书局1983年版，第54页。

具体来说，首先，礼对法的渗透导致官员犯罪享有以官爵抵罪的法律特权。自古以来，法的特点是不容私情，所谓“不别亲疏，不殊贵贱，一断于法”①，礼则是辨尊卑，分上下，以等级制度为核心。礼对法的渗透就意味着将礼的等级性融入了法的普遍性，法的权威性又保障着礼的等级性。在我国古代，官员是存在于皇帝与普通百姓中间的一个阶层，负责协助帝王进行国家治理，官员一旦经过政府任命，就获得了区别于庶民的特权，包括领取俸禄、减免徭役、获得土地以及享受相应的法律特权，这种法律特权就决定了官员犯罪处罚的特殊性。安作璋将官员的法律特权分为程序法方面的特权与实体法方面的特权。程序法特权指的是被告人在参与诉讼的过程中为了加强自身的有利地位，需要先对身份进行核查，即“定名事里”，名，就是名分，事就是职事，里就是里籍，也就是说，在诉讼过程中，参与官员的身份、官级、爵级和里籍，都是需要考虑的因素，有官爵和特殊里籍之人在诉讼过程中可以享受一定的减刑特权，唐代的八议制度就是这种特权思想的一个延续。八议制度规定对官员犯罪的处罚不应该简单按照刑法上的条目进行，而是应该按照八议（议亲、议故、议贤、议能、议功、议贵、议勤、议宾）制度适当减轻。唐代官员犯罪除徒刑、流刑、死刑使用非常少之外，“对贵族和官僚的犯罪一般不科以真刑，而是通过议、请、减、赎及官当等，使之获得减免或易刑”②，这就是等级特权影响法律过程的体现。实体法特权则是指有官爵者可以享受以官爵抵罪的特权。《商君书·境内》有：“爵自二级以上，有刑罪则贬，爵自一级以下，有刑罪则已。”③其中，贬是降级的意思，已，止也，这里指取消爵位，可见，从秦代开始，爵位就可以用来抵消刑事处分。汉代沿袭秦代的夺爵抵罪制度，《捕律》规定：“与盗贼遇而去北，及力足以追逮捕之……弗敢就，夺其将爵一级，免之。”④《汉书》中也有：“吏迁徙免罢，受其故官属所将监治送财物，夺爵为士伍，免之。”⑤颜师古注曰：“谓夺其爵，令为士

① （汉）司马迁撰，（宋）裴骃集解，（唐）司马贞索引，（唐）张守节正义：《史记》卷一三〇《太史公自序》，中华书局 1959 年版，第 3291 页。

② 刘俊文笺解：《唐律疏议笺解》，中华书局 1996 年版，第 42 页。

③ 高亨：《商君书注译》，清华大学出版社 2011 年版，第 161～162 页。

④ 彭浩、陈伟、[日]工藤元男主编：《捕律》，《二年律令与奏谳书》，上海古籍出版社 2007 年版，第 149 页。

⑤ （汉）班固撰，（唐）颜师古注：《汉书》卷五《景帝纪》，中华书局 1962 年版，第 140 页。

伍，又免其官职，即今律所谓除名也。谓之士伍者，言从士卒之伍也。”①总而言之，无论是过程法特权还是实体法特权，礼制影响下等级特权的存在，为犯罪官员以官抵罪减轻处罚提供了相应的理论依据。

其次，在礼的思想基础上，贾谊提出了“刑不至于君子”说，这一观念导致官员犯罪往往会避免一般的、带有侮辱性质的刑罚处罚，而以贬谪的方式进行处理。汉代，贾谊“因感绛侯之困辱，因陈大臣廉耻之分”②，向汉景帝提出了“刑不至于君子”的建议，且被景帝采用。贾谊的观点基于儒家思想中对“礼义廉耻”之心的重视，在儒家思想中，廉耻之心就是士君子区别于一般民众的重要特点，子贡问：“何如斯可谓之士矣？”子曰：“行己有耻。”③也就是说，接受过儒家思想的这些士人的廉耻感、自尊心更为强烈，让他们受刑无异于一种人格的侮辱，“士可杀不可辱”是深深根植于士人内心深处的观念，基于此，贾谊认为，对官员犯罪进行惩罚应该照顾到其尊严与体面，而不可以有人格上的侮辱。再者，士人往往以“修身”为己任，且最富有自省精神，他们犯错可以通过自我反思修正自己的行为，而不必依赖刑罚，因此贾谊认为应该打破秦代以来法家“不别亲疏，不殊贵贱，一断于法”④的准则，而以礼义治之。贾谊的思想无疑带来了汉代执法的一系列变动，东汉《白虎通义》明确记载“礼为有知制，刑为无知设”⑤“刑不上大夫者，据礼无大夫刑”⑥，笞刑和杖刑也因有受辱之嫌，几不使用。唐代继承了这一思想，对犯罪官员也尽量避免采用带有侮辱性质的惩处手段，唐史中便记载过好几个反对士人施行杖刑的例子。《旧唐书·张廷珪传》有：“时监察御史蒋挺以监决杖刑稍轻，敕朝堂杖之，廷珪奏曰：‘御史宪司，清望耳目之官，有

① （汉）班固撰，（唐）颜师古注：《汉书》卷五《景帝纪》，中华书局1962年版，第141页。

② （南朝宋）范晔撰，李贤等注：《后汉书》卷四九《王充王符仲长统列传》，中华书局1965年版，第1658页。

③ （宋）朱熹撰：《四书章句集注》，《论语集注》卷七《子路》，中华书局1983年版，第146页。

④ （汉）司马迁撰，（宋）裴骃集解，（唐）司马贞索引，（唐）张守节正义：《史记》卷一三〇《太史公自序》，中华书局1959年版，第3291页。

⑤ （清）陈立撰，吴则虞点校：《白虎通疏证》卷九《五刑》，中华书局1994年版，第442页。

⑥ （清）陈立撰，吴则虞点校：《白虎通疏证》卷九《五刑》，中华书局1994年版，第442页。

犯当杀即杀，当流即流，不可决杖。士可杀，不可辱也。'"①张说也曾就张嘉贞请杖裴伷先一事慷慨陈词："臣闻刑不上大夫，以其近于君也。故曰：'士可杀，不可辱。'臣今秋受诏巡边，中途闻姜皎以罪于朝堂决杖，配流而死。皎官是三品，亦有微功。若其有犯，应死即杀，应流即流，不宜决杖廷辱，以卒伍待之。"②显而易见，礼的介入使得士人的尊严得到维护，在官员犯罪的实际操作中，"五刑"因有辱士人尊严尽量不施加于犯罪官员，官员犯罪大多以贬谪的方式进行处理了。

再次，礼的渗透使得春秋决狱、原心定罪成为新的罪行认定标准，此后判断官员罪行不再是简单地"一断于法"，而是需要参考更多的心理、动机、情感、道德等因素综合考量，如何处罚也不再是死板地依据法律一刀切，而是有了较大的讨论空间。春秋决狱又叫"经义决狱""春秋折狱""引经决狱"，意思是用儒家经典《春秋》中的原则、精神解读法律，并以此作为案件的量刑依据。原心定罪一般认为是春秋决狱的核心，它更侧重于"通过情感的共鸣来推断犯罪者的内心情感"③，本着推己及人的立场，从人之常情的角度理解犯罪行为。二者的出现一方面是因为汉代对儒家经典的重视，更重要的则是"源于秦的暴政造成的情感缺失……秦以法为教，以吏为师，严而少恩，网密于凝脂，刑法残酷，法律失去了顺应人情的内核，越来越体现出冷酷和机械性"④。秦法利用人情、人性的弱点进行专制，使得"法令烦憯，刑罚暴酷……亲疏皆危"⑤，最终导致"君臣乖乱，六亲殃戮，奸人并起，万民离叛"⑥的后果，秦国的严刑峻法造成的恶果到汉代迫切需要进行情感的调和及软化，于是春秋决狱、原心定罪等礼中的道德、情感

---

① (后晋)刘昫等撰：《旧唐书》卷一〇一《张廷珪传》，中华书局1975年版，第3153页。

② (后晋)刘昫等撰：《旧唐书》卷九九《张嘉贞传》，中华书局1975年版，第3091页。

③ 马婷婷：《汉代情论研究——兼论汉代情与礼、法的关系》，华中师范大学博士学位论文，2011年，第118页。

④ 马婷婷：《汉代情论研究——兼论汉代情与礼、法的关系》，华中师范大学博士学位论文，2011年，第124页。

⑤ (汉)班固撰，(唐)颜师古注：《汉书》卷四九《爰盎晁错传》，中华书局1962年版，第2296页。

⑥ (汉)贾谊撰，吴云、李春台校注：《治安策》，《贾谊集校注》，天津古籍出版社2010年版，第361页。

因素逐渐被人重视，甚至成为处罚犯罪的考量依据，礼的精神逐渐渗透司法实践，成为法律背后的核心。唐律在汉律的基础上更是集礼法结合之大成，礼的精神成熟地运用于实践中，并被整个社会公认。礼的介入导致对官员犯罪的量刑依据不再是简单机械冰冷的法律条文，而是综合了更多复杂的主观情感、道德等因素，由此，在唐代官员犯罪被贬的案例中，我们经常能见到官员们针对某一贬谪进行商讨的情形，在唐代流传下来的公文奏疏中，我们也经常能够见到大臣们上书探讨贬谪的相关文件，如褚遂良的《论房元龄不宜斥逐疏》、赵需的《谏复用卢杞为饶州刺史疏》、韦处厚的《论裴度不宜摈弃疏》、白居易的《论左降独孤朗等状》等。这些奏疏中，褚遂良、白居易等人分别从礼节、当下时局、君臣之义、人情、影响等方面陈述了他们对房玄龄、裴度、卢杞等朝臣的不同贬谪意见。由此可见，礼的渗透导致判断官员罪行的标准不再仅仅是固定的法条，而是更为丰富、多元且有人情味的其他要素，也就是说，礼法结合导致了官员量刑依据的变化，从而导致贬谪的产生与贬谪处罚的多样性。

最后，礼的精神在法律中的渗透导致唐代法律执行的最终目标并不是简单地对犯罪进行惩处，而是能够触动人的内心，导人向善，这同时也影响到了唐人对犯罪的贬谪处罚。唐律的实施原则是“德主刑辅”，《唐律疏议·名例律》明确德、刑的关系为“德礼为政教之本，刑罚为政教之用”①。正是因为唐律实施的最高原则是德与礼，因此国家在对犯罪官员处罚的过程中，往往会脱离死板的法律规定而采取贬谪的方式灵活进行。与“五刑”相比，贬谪既能起到惩罚犯罪的作用，同时又能帮助贬官以自省的方式改过迁善，进而提高国家的人才利用率，还能够彰显皇帝的宽容大度以及国家治理中的仁恕之道，强化国家的政治魅力，增强国家向心力，这显然比简单的刑罚处罚更有价值，由此贬谪自然而然成为替代刑罚的、更妥当的官员犯罪处罚方式。这一点，我们从中唐时期陆贽写给德宗的几篇奏疏也可以非常明显地见出，陆贽《再奏量移官状》云：“伏以国之令典，先德后刑。”②《三进量移官状》载：“如或以其贬黜，便谓奸凶，恒处防闲之中，长从摈

① 刘俊文笺解：《唐律疏议笺解》，中华书局1996年版，第3页。

② （唐）陆贽撰，王素点校：《再奏量移官状》，《陆贽集》卷二〇，中华书局2006年版，第659页。

弃之例，则是悔过者无由自补，蕴才者终不见伸……谓非帝王开怀含垢之大体，圣哲诱人迁善之良图也。”①还有其《论朝官阙员及刺史等改转伦序状》中道：“然则弃瑕录用者，霸王之道；记过遗才者，衰乱之源。夫登进以懋庸，黜退以惩过，二者迭用，理如循环。进而有过则示惩，惩而改修则复进，既不废法，亦无弃人。虽纤芥必惩，而才用不匮，故能使黜退者克励以求复，登进者警饬以恪居。上无滞疑，下无蓄怨，俾人于变，以致时雍。”②而无论是帮助犯罪官员改过迁善，还是彰显君王的仁恕之道，均符合唐律礼的最高指导思想，由此贬谪虽未写入法律，却也自然而然成为唐代处罚犯罪的重要手段。

与此同时，唐史中也的确有大量的案例表明，官员犯罪通常都是以贬谪而非法律规定的方式进行处理的。如贪赃。《唐律疏议》中“受所监临财物与乞取监临财物”“于使所或经过处受送遗及乞取”“监主受财枉法与受财不枉法”等诸多条目，都明确而详细地规定了受赃的法律处罚手段，随情节的严重程度要受到“笞”“杖”“流”“绞”等不同程度的处罚，但在具体实施过程中，赃罪却往往都以贬谪的方式进行处理了。如《旧唐书·玄宗下》中有“幽州节度使兼御史大夫张守珪以贿贬为括州刺史”③，崔日知“坐赃为御史李如璧所劾，左迁歙县丞”④，“前丰州刺史、天德军使浑瑊坐赃七千贯，贬袁州司马”⑤等。类似的还有漏禁中语，在贬谪诏书中，“漏禁中语”经常可以成为贬谪的谪词，说明被贬的缘由：如《李义府罢相诏》中“漏禁中之语，鬻宠授之朝恩，交占候之人，轻朔望之哀礼”⑥，《贬李揆袁州长史诏》有“更漏省中之语，端居相府，潜构祸胎”⑦，《贬王伾开州司马王叔文渝州司户参军制》中“而乃漏泄密令，张皇威福”⑧等。而在《唐律疏

① （唐）陆贽撰，王素点校：《三进量移官状》，《陆贽集》卷二〇，中华书局2006年版，第663页。

② （唐）陆贽撰，王素点校：《论朝官阙员及刺史等改转伦序状》，《陆贽集》卷二一，中华书局2006年版，第702~703页。

③ （后晋）刘昫等撰：《旧唐书》卷九《玄宗下》，中华书局1975年版，第211页。

④ （后晋）刘昫等撰：《旧唐书》卷九九《崔日用传》，中华书局1975年版，第3089页。

⑤ （后晋）刘昫等撰：《旧唐书》卷一七下《文宗下》，中华书局1975年版，第539页。

⑥ 《全唐文》卷一二《李义府罢相诏》，中华书局1983年影印本，第149页。

⑦ 《全唐文》卷四三《贬李揆袁州长史诏》，中华书局1983年影印本，第477~478页。

⑧ 《全唐文》卷五六《贬王伾开州司马王叔文渝州司户参军制》，中华书局1983年影印本，第605页。

议》中，漏禁中语则是要处以刑事处罚的，“诸漏泄大事应密者，绞”“非大事应密者，徒一年半”①等。可见，在礼的指导思想下，贬谪已经代替法律规定的五刑，成为唐代现实政治中对犯罪官员的普遍处罚方式。

正是因为礼的目标可以有灵活的实现方式，权因而有了介入的可能。在对贬谪的具体处理中，若遇到像太宗这样贤明的君主，当然会通过恰当的方式处理犯罪而实现礼的目标，但若遇到不那么圣明的皇帝，他们便常常会以维护自己的权力为中心，将贬谪变成实现自己权力的工具。又或者，这样的君主经常容易被身边的权臣利用，使得贬谪成为这些权臣维护自己权力的工具，如李林甫、元载等便是这样的权臣。只是，任何制度的实施都是有利有弊的，贬谪这一制度实行的优势在于遵循礼的精神，给士大夫以改过迁善的机会，其弊端则是容易使得权力的运作介入其中，影响贬谪目的实现。

三、贬谪与权的关系

中国古代的法律以礼为其基本精神，贬谪便是依据礼对犯罪官员进行处罚的一种措施，贬谪的主体是犯罪官员，指导思想是礼。然纵观史籍中的贬谪案例我们发现，贬谪在实现礼的外衣下，却常常成为权力的角斗场。礼的等级制规定了皇权的至高无上，为皇权在贬谪中的决定性作用提供了理论支撑，而作为皇权的延伸，权臣亦常常控制贬谪，使得贬谪成为实现自己利益的工具。总而言之，贬谪虽目标是礼，但其核心却是权力。

在唐代，权大于法是一个社会现实。《唐律疏议·名例律》“除名”条曰：“非常之断，人主专之。”②《唐律疏议·断狱律》“辄引制敕断罪”条曰：“事有时宜，故人主权断制敕，制敕量情处分。”③显然，皇权可以超越法律。既然法可以统于权，那么，官员犯法是否接受法律的处分便可以不依照某一条具体的法律，而可以以权力掌控为鹄的。

首先，皇权独大，皇帝可以利用自己的特殊身份实施贬谪。这一点从许多案

① 刘俊文笺解：《唐律疏议笺解》，中华书局1996年版，第758~759页。

② 刘俊文笺解：《唐律疏议笺解》，中华书局1996年版，第197页。

③ 刘俊文笺解：《唐律疏议笺解》，中华书局1996年版，第2067页。

件中的皇帝权断可以见出。如唐太宗权断党仁弘贪污案：

> 广州都督党仁弘尝率乡兵二千助高祖起，封长沙郡公。仁弘交通豪酋，纳金宝，没降獠为奴婢，又擅赋夷人。既还，有舟七十。或告其赃，法当死。帝哀其老且有功，因贷为庶人，乃召五品以上，谓曰："赏罚所以代天行法，今朕宽仁弘死，是自弄法以负天也。人臣有过，请罪于君，君有过，宜请罪于天。其令有司设藁席于南郊三日，朕将请罪。"房玄龄等曰："宽仁弘不以私而以功，何罪之请？"百僚顿首三请，乃止。①

党仁弘受金擅赋，赃污狼藉，法合至死，而唐太宗出于哀怜，权断为贷死除名。又如《资治通鉴》第二百二仪凤元年记载曰：

> 九月，壬申，大理奏左威卫大将军权善才、左监门中郎将范怀义误斫昭陵柏，罪当除名；上特命杀之。②

误斫昭陵柏，罪当除名，而皇帝却特命将其处死，可见，皇权的行使常常超越于法律之上。此外，唐代的几大冤案也均是皇帝权断的结果，如"五王"案、宋申锡案等，后文阐述贬谪程序时有专门论述，这里暂省略不谈。总而言之，唐代皇权是常常超越于法律之上而发挥作用的，唐代贬谪经常受到皇权的影响。

其次，皇权对贬谪的影响不仅仅体现在皇帝权断一个方面，有时还体现在权臣或宦官、藩镇对贬谪的影响。除皇帝之外，手握重权的权臣、宦官等常常成为皇帝权力的延伸，如李林甫、李辅国等人，他们曾经一度成为皇权的代表，按自己的意志操纵贬谪。

《新唐书·李林甫传》记载："林甫居相位凡十九年，固宠市权，蔽欺天子耳目，谏官皆持禄养资，无敢正言者。补阙杜琎再上书言政事，斥为下邽令。因以

① （宋）欧阳修、宋祁撰：《新唐书》卷五六《刑法志》，中华书局1975年版，第1412页。"党"，诸史均作"党"。

② （宋）司马光编著：《资治通鉴》卷二〇二，中华书局1956年版，第6496页。

语动其余曰：‘明主在上，群臣将顺不暇，亦何所论？君等独不见立仗马乎，终日无声，而饫三品刍豆；一鸣，则黜之矣。后虽欲不鸣，得乎？’由是谏争路绝。”①《资治通鉴》也记载：“李林甫为相，凡才望功业出己右及为上所厚、势位将逼己者，必百计去之；尤忌文学之士，或阳与之善，啖以甘言而阴陷之。世谓李林甫‘口有蜜，腹有剑’。”②此外，还有元载、李辅国等唐代一大批权臣都曾经依仗皇帝的权力操纵贬谪，甚至到晚唐，藩镇势力强大，也同样拥有了操纵贬谪的能力。如晚唐的于頔，《资治通鉴》记载：

> 山南东道节度使于頔因讨吴少诚，大募战士，缮甲厉兵，聚敛货财，恣行诛杀，有据汉南之志，专以慢上陵下为事。上方姑息藩镇，知其所为，无如之何。頔诬邓州刺史元洪赃罪，朝廷不得已流洪端州，遣中使护送至枣阳。頔遣兵劫取归襄州，中使奔归。頔表洪责太重，上复以洪为吉州长史，乃遣之。又怒判官薛正伦，奏贬峡州长史。比敕下，頔怒已解，复奏留为判官。上一一从之。③

于頔诬奏元洪，朝廷便需要按照其意志予以处罚，于頔表责之太重，朝廷便赶紧量移，对于頔提出的惩处措施，朝廷一概按其意愿行事，这样的情形之下，贬谪显然不是按照法律或是以礼为标准，而是完全以权力斗争为中心。若此犯罪官员正处于权力格局中掌权的一方，那任何罪行便都可以视作无罪，如李义府等历代权臣对无辜朝臣的杀害；而如果是身处被权力打压的一方，那即使本身没有任何罪行，也可能会遭遇最严酷的惩罚，如王朝异代之际，前朝大臣被清洗处决。由此，我们大概可以梳理出一个这样的关系：法律可以决定犯罪，而权力则可以控制法律，礼的指导思想在为官员提供优待的同时也给权力运作提供了相当的空间。相对于五刑，贬谪显然是一种更为灵活的权力调整手段，轻则可以贬任“东宫官”和“东都分司官”这样一些闲职，实现暂时的打压，重则可流放永不叙用，

① （宋）欧阳修、宋祁撰：《新唐书》卷二二三上《奸臣上·李林甫传》，中华书局1975年版，第6347~6348页。

② （宋）司马光编著：《资治通鉴》卷二一五，中华书局1956年版，第6972页。

③ （宋）司马光编著：《资治通鉴》卷二三五，中华书局1956年版，第7710页。

而这一切均掌握在当权之人的手中，由此，权力最终成为决定贬谪最核心也最关键的要素。

综上可知，唐代贬谪是一种针对犯罪官员的特殊处罚手段，贬谪的主体是犯罪官员，指导思想是礼，其核心及决定因素则是权。权是贬谪过程中政治运作的实质，而礼则为其提供合理性的精神支撑，礼的目标为权的运作提供生存的土壤，权的运作则又使得贬谪与礼的目标终于发生背离。明白三者之间的关系，有助于我们理解唐代贬谪制度的相关情形，理解唐代贬谪制诏及谢上表的文体特点及其背后种种复杂的文人心态。

四、贬谪制度及其特点

由前文可知，在法、礼、权三大因素的作用下，贬谪并未形成像法律一般严格、确定的实施标准，而是有着相当的讨论空间，这一空间的存在同时又为权力的活动提供了土壤，使得贬谪这一政治行为最终变得灵活多样且扑朔迷离。纵观整个唐代大大小小的贬谪案件可以发现，贬谪的适用范围非常之广，“上至当国宰辅，下至县城佐贰，所犯事由大到谋逆不轨，小到才不称职，均可施以贬谪”①，“贬谪的实施又较为灵活，轻者出守近郡，略施惩戒，不久即可召回，或委以重任；重者则斥诸遐荒，不许量移，终至死于虺蛇瘴疠之所”②。如此广泛而又灵活的贬谪实施情况不禁让我们怀疑，贬谪究竟是否有一特定的制度？是否有相应的实施规范？丁之方在《唐代的贬官制度》一文中就曾言：“与唐代官制、兵制、科举制度不同，贬官制度在实施时并没有一套完整详备的典章规制作为指导，而是直接由中书门下那些宣布贬官或量移的诏书敕令，以及各级官署的申牒行文来决定的。”③那么，我们研究贬谪及其制度的前提就是先要弄清楚贬谪究竟有无制度可言，这一点又与何为制度即制度的概念、制度研究理路的思考密切相关。以下我们通过梳理目前学界较为流行的三种制度研究路径进一步说明唐代贬谪制度的相关情形及本书的研究思路。

① 尚永亮：《唐五代逐臣与贬谪文学研究》，武汉大学出版社 2007 年版，第 3 页。
② 尚永亮：《唐五代逐臣与贬谪文学研究》，武汉大学出版社 2007 年版，第 4 页。
③ 丁之方：《唐代的贬官制度》，《史林》1990 年第 2 期。

20世纪90年代以来，学界对政治制度的研究大体有三种思路，一是邓小南倡导的“活”的制度史，二是阎步克主张的制度史观，三是侯旭东提倡的日常统治研究。邓小南的“活”的制度史是指一种“从现实出发，注重发展变迁、注重相互关系的研究范式”①，它“不再拘泥于典章的梳理，转而同时注意其功能与效用，注重动态的实施方式与运作过程”②。“与基于史志及各种典章文献，着意于制度的结构、功能、等级、沿革等方面的传统制度史研究不同，‘活’的制度史致力于探讨现实政治中实际运作的制度，这种制度并非静止的见于某一文本，也未必结构整齐、等级有序，而是一种动态的存在。制定者的设计和运作者的实施都会对其产生影响，尤其是后者基于现实效用和运作过程的考虑，不时会改变原初设计，使得制度常常处于不断的变动和调适之中。”③邓小南将过程、关系、行为作为“活”的制度史研究的三个维度，重视制度的实际运行，这一点与她对制度本质的理解密切相关，邓小南认为制度本身是“规范”与“人事”折中的结果，“制度所试图提供、试图规约的，基本上是行为的模式。而特定的官方行为模式在历史上究竟存在与否，取决于它是否曾经通过运行过程体现出来”④，也就是说，只有在现实政治中运行过的、发挥过作用的才叫制度，而这种运行中的制度也就是“活”的制度。与邓小南注重制度的运作不同，阎步克的制度研究更倾向于制度本位研究，注重制度的主体性、独立性。制度史观是他在传统的经济史观、文化史观之外，受社会科学理论中结构—功能主义影响而提出的探究中国社会历史变迁规律的全新视角，他“采用制度内部视角，注重梳理、挖掘制度设计内在的规则、原理”⑤。在他看来，制度本身“不止一纸空文而已，政治制度同样有血有肉，它们的结构有如精微的有机体，它们的运动呈现出韵律和节奏，它们

① 邓小南：《走向“活”的制度史：以宋代官僚政治制度史研究为例的点滴思考》，《浙江学刊》2003年第3期。

② 邓小南：《宋代政治史研究的“再出发”》，《历史研究》2009年第6期。

③ 孙正军：《何为制度——中国古代政治制度研究的三种理路》，《中国社会科学评价》2019年第4期。

④ 邓小南主编：《政绩考察与信息渠道：以宋代为重心》，北京大学出版社2008年版，第16~17页。

⑤ 阎步克：《古代政治制度研究的一个可选项：揭示“技术原理”》，《河北学刊》2019年第1期。

也经历着生、住、异、灭，像生命界的花木鸟兽一般，它们有时高歌猛进，有时也误入歧途，有时分道前行，有时又百川归海；不同制度间的碰撞、排斥、渗透和配合，同样错综多变、跌宕起伏，其精彩和微妙不亚于不同势力的联手、敌对和纵横捭阖”①。与此同时，他又将政治制度和政治势力作为考察政治体制的两个维度，“所谓政治制度，主要是政权的组织制度、人事制度和法律制度；所谓政治势力，指不同群体、集团、阶层、阶级的相互关系。前一个可以说是‘制’的方面，后一点可以说是‘人’的方面，‘制’与‘人’二者的结合，共同构成了‘政治体制’”。② 也就是说，在制度研究中，他不仅关注“制”，也关注“人”，强调制度与人的互动。侯旭东的日常统治研究则针对以往国家统治研究多专注于重大事件与重要人物的现状，提出将反复出现的各种日常活动如朝会、祭祀、廷议、上计等作为制度研究的一种取径。受文化人类学的影响，侯旭东重视从人的行为观察制度，“从人的角度分析人与制度的关系，人如何与制度周旋，所谓‘周旋’包含的内容不只是如何在制度支配下活动，也包括无视与超越制度、改造制度，以及围绕制度的表述与争夺。或许可以说，是用‘人与制度的关系’研究、补充与丰富‘制度’研究”。③ 他以自下而上的视角通过研究人与制度之间的复杂互动代替单调的制度分析，在对制度的认知中，他显然更注重的是人的能动性，注重对人与制度关系的考察。

综合以上可知，三种制度研究理路立足于三位学者对何为制度的不同认知而产生，总结这几种对制度的理解我们可以发现，制度研究大体可以分为制度内部视角的研究与制度外部视角的研究两种方式。制度内部视角的研究“倾向于将制度理解为静态存在的法令条文，由此侧重分析制度的结构、功能、等级、沿革乃至‘技术原理’等”④，而制度外部视角的研究“则视制度为各种关系、过程以及

---

① 阎步克：《品位与职位——秦汉魏晋南北朝官阶制度研究》，中华书局 2002 年版，第 647 页。

② 阎步克：《中国传统政体问题续谈》，《北京大学学报》(哲学社会科学版) 2017 年第 2 期。

③ 侯旭东：《谁说几滴水中不包含大海的某些特质》，2018 年 4 月 15 日，澎湃新闻，https://baijiahao.baidu.com/s? id=1597775164852127844&wfr=spider&for=pc。

④ 孙正军：《何为制度——中国古代政治制度研究的三种理路》，《中国社会科学评价》2019 年第 4 期。

人的行为交错下的产物，由此瞩目制度的动态运作过程，尤其注重包裹其中的人的行为”①。三种研究理路中，制度史观更倾向于前一种，而“活”的制度史与日常统治研究则更侧重于后一种。而无论如何，三种制度研究理路都为我们展开制度研究提供了非常有益的提示，那就是制度研究可以分为两个层面展开，一个是对制度静态条文的梳理，一个是对制度条文之下它的现实运作及人与制度关系的考察，这两个层面庶几囊括了制度研究的整体。

落实到本书唐代贬谪制度的研究亦是如此，从唐代的典章类著作如《唐会要》及唐王朝颁布的一系列关于贬谪的政策、法令法规来看，贬谪明显有其实施需要遵循的条文与法令，并不是随意而为之，制度研究便需要对这一制度的相关程序、法令进行总结梳理。与此同时，贬谪的执行过程中却也充满了大量人为的灵活变通的部分，展现出不同人对制度的不同影响，这一部分也理当纳入我们对制度的研究之中。总而言之，将制度研究中静态的条文章程与动态的具体操作相结合，分析制度与人的互动，在运作过程中了解贬谪制度及其特点是本书进行制度研究所要遵循的基本原则，也是笔者认为相对完整、妥当的制度研究方式。因此，在本书的制度研究中，我们除了分章论述贬谪制度诸如罪行上奏、法律推鞫、公文下达等一般程序之外，还在每一章，也就是贬谪制度的每一个相应的实施环节具体增加了对人的能动因素的讨论，这里的人既指皇帝，也指实施贬谪以及被贬谪的所有官员。在人与制度的互动中，人不仅被制度支配，同时也在改造和利用制度达成自己的目的，将二者结合起来，我们才能够对贬谪制度及弥漫于制度周围的政治生态有一个相对比较完整的理解。

① 孙正军：《何为制度——中国古代政治制度研究的三种理路》，《中国社会科学评价》2019 年第 4 期。

第一章 贬谪相关概念厘定及研究现状与意义

贬谪是我国古代常见的一种政治现象。何为贬谪？早从20世纪60年代开始，经过中外学者的共同研究，已基本就这一问题达成共识：贬谪指包括降级、外出、实职改任虚职三种方式在内的官员犯罪处罚手段。历来学者对贬谪的研究大多集中于贬谪与文学关系的探讨，对贬谪作为一种政治手段与制度的研究则相对缺乏，仅有的几篇文章也稍显粗泛而不够细密。本书主要研究唐代贬谪制度及其实施的各个环节，在此之前，本节拟从贬谪易混淆的相关概念以及贬谪制度的研究现状入手，确认贬谪的研究范围，并在此基础上梳理贬谪制度的研究意义。

第一节 贬谪相关概念厘定

研究贬谪制度首先要理解贬谪，前文从宏观上对贬谪与制度的概念进行了解析，具体到微观层面，贬谪还有几个比较容易混淆的细节问题，需要进行补充说明。

一、流放、流民

流放乃《唐律》中明确规定的“五刑”之一，《唐律》中的流放既包括官员的流放，也包括对犯罪的普通百姓的流放，本书主要论述的是对犯罪官员的流放，犯罪的普通百姓的流放并不在讨论的范围之内。流放与流民不同，因逃避租税或战乱等流离到外地的百姓是流民而不属于流放。李兴盛在《中国流人史》中曾对流民作过这样的界定：“流民是在古代社会中因土地兼并而丧失土地，无以为生，或为躲避天灾人祸及其他一些社会与自然因素而一度或长期流亡或出居于乡里以外之人。”①显然，流民并不属于本书所论范围。本书所谓流放，特指朝廷对犯罪官员的一种处罚手段，其主体是犯罪官员，这是本书探讨贬谪首先要明确的。

厘清了流民与流放的概念之后，我们要进一步辨析的是流放与贬谪，即本书讨论的贬谪范围中，包不包括流放的问题。早在 1998 年 2 月，张艳云的《唐代左降官与流人异同辨析》一文便从四大方面论述了左降官与流人的区别，这四点亦是后来文章中经常用来论述贬谪与流放不同的原因。第一，贬谪是一种行政处罚方法，而流刑是一种典型的、司法的刑事处罚，二者一个是刑事责任，一个是行政责任，性质完全不同；第二，左降官与流人在量移上存在差异；第三，左降官与流人在发遣外地上的差异；第四，左降官与流人在活动范围上的差异。这几大差异中，第一大差异即性质的差异是最主要的，也是后人在论述贬谪与流放时提及的最主要的差别。关于贬谪到底属于行政处罚还是刑事处罚的问题，彭炳金在其《唐代贬官制度研究》中认为，“贬官是唐代最常用的行政处分手段”，“唐代贬官的广泛运用不仅混淆了刑事处罚与行政处分的界限，而且侵夺了御史台和大理寺的司法权，贬官的广泛运用对唐代法制起了破坏作用”②。那么，这样的说法是否合理？贬谪究竟是行政处罚手段还是刑事处罚手段？事实上，贬谪的性质并不能简单地以行政处罚或是刑事处罚来划分。首先，从具体实例来看，贬谪方式既有如免所居官这样的轻微降级，又有从低品秩官到东宫官或东都分司官之类的升任，还有贬放于远恶之处的严酷惩处，如此形式丰富多样的处罚手段简单以现代法律的行政处罚与刑事处罚进行划分显然是不合适的。其次，行政处罚与刑事处罚是现代法律的概念，唐代法律本无行政与刑事的区别，我国古代法律最重要的特征便是“诸法合体，民刑不分”，《中国法制史》指出：“从战国时李悝著《法经》起，直到封建末世的《大清律》，历代具有代表性的法典基本上都是刑法典，同时也包含着民法、行政法、诉讼法等各方面的内容，这种混合编纂的结构形式，就是通常所说‘民刑不分’‘诸法合体’”③，“中国古代在诸法合体的结构形式中，始终以刑法为主，并以统一的刑法手段调整各种法律关系”④。既然中国

① 李兴盛撰：《中国流人史》，黑龙江人民出版社 2012 年版，第 3 页。
② 彭炳金：《唐代贬官制度研究》，《人文杂志》2006 年第 2 期。
③ 张晋藩等编撰：《中国法制史》，中国人民大学出版社 1981 年版，第 4 页。
④ 张晋藩撰：《薪火集：中国法制史学通论》，鹭江出版社 2003 年版，第 27 页。

古代法律并不明确区分刑事与行政，贬谪便谈不上混淆与破坏古代法律的刑事与行政处罚了。最后，唐代法律遵循“德礼为政教之本，刑罚为政教之用”的法律精神，而贬谪，恰好便是在充分考虑“德礼”的前提下产生的一种针对官员犯罪的特殊处罚手段，实现“德礼”乃是其初衷，亦是其最终目的。因此可以说，贬谪不仅没有对唐代法律造成破坏，反而是对唐代法律的有效补充与灵活运用。因此，我们不能简单以唐代贬谪与流放分属行政处罚与刑事处罚的不同类型而将二者剥离，让流放这一处罚手段在讨论贬谪时被剔除在外。从法律性质而言，贬谪与流放并不存在很大的差异，贬谪之所以没有像流放一样成为正式的法条是由贬谪这一行为的特性决定的，而不是因为其是行政处罚，与流放的刑事处罚不同所致。至于二者在发遣、量移及活动范围这几个方面，其差异也并不是绝对的，也有很多的相似之处，具体内容后文将有详细论述。由此可见，贬谪与流放并不是两个性质完全不同的概念，讨论贬谪当然要将流放也包括在内。

事实上，在依礼处罚犯罪这一根本性质上，流放与贬谪是相同的。流放作为中国古代历史上对罪犯的一种处罚方式很早就出现了，早在《尚书》中便有关于流放的记载，《尚书·舜典》中有“流共公于幽州，放驩兜于崇山，窜三苗于三危，殛鲧于羽山”①的说法，其后，夏商周春秋战国之后几乎所有的朝代都有流人，这一点，李兴盛在其《中国流人史》中有过非常详细的总结，这里不详列举。然而，无论是哪个时代的流放，根本上而言，都可以视作对犯罪的一种宽恕性的迁徙与处罚。且据李兴盛考察，流刑在最初开始使用时并不是“五刑”之一，也没有明确的法条，而只是作为“五刑”的一种宽宥处理的方式。《书》云：“‘流宥五刑’，谓不忍刑杀，宥之于远也。”②意思就是说，流放乃是对死刑的一种宽恕，这一点与唐代的贬谪何其相似。在唐代，贬谪一来不载于正式法条，二来也是一种对犯罪的宽恕性的处罚方式，希望通过贬谪让官员改过迁善，可见，从本质上讲，流放与贬谪都有着相同的内涵。到北朝的北魏与北周时，流刑“正式列为笞、杖、徒、流、死新‘五刑’之一”③，并以法条的形式固定下来且一直延续到唐代。

---

① （清）阮元校刻：《十三经注疏》卷三《舜典》，中华书局2009年版，第270页。

② （汉）孔安国注，（唐）孔颖达疏，喻遂生整理：《尚书正义》卷三《舜典第二》，见传世藏书《十三经注疏》第1册，海南国际新闻出版中心1995年版，第42页。

③ 李兴盛撰：《中国流人史》，黑龙江人民出版社2012年版，第14页。

可以说，《唐律》中关于流刑的规定乃是对上古流放的进一步完备与深化，到唐代，流刑仍然是对犯罪的一种宽宥式的处罚手段，《唐会要》中便曾解释“流为摈死”①。由此，我们可以说，唐代对犯罪官员的流放处罚应该属于贬谪的一个类别。

作为五刑之一，流放是处罚犯罪的一种方式，官员受到流刑处罚之后，不仅官职、爵位、勋官、户籍等全部被追夺，无官俸，而且还要放至边远、蛮荒之地，受到相应的监管。按照贬谪三要素来说，流放正好同时满足了贬谪降职与外放两大因素，官职从有降到无，地域从中心到边缘，因此笔者认为，贬谪制度的研究当然包括流放这一形式在内，尚永亮先生《唐五代逐臣与贬谪文学研究》中将流放列为贬谪的主要类型之一就是一个有力的证明。

从史料来看，官员的具体处罚也经常是贬流结合。如韦坚与皇甫惟明受李林甫谗言，“坚贬缙云太守，惟明播川太守，籍其家”②，后因诸弟诉枉，复贬坚江夏别驾，未几，长流临封郡。又如光宅元年，内史裴炎因进谏武则天还政而被诬陷谋反，刘景先及凤阁侍郎胡元范皆为之申理，后裴炎被斩，“刘景先贬普州刺史，胡元范流琼州而死”③。一件事情中，或是对同一个人先贬后流，或是对不同的人贬流结合，无论哪种情况，都能看出流放这一处罚在官员贬谪过程中的重要性，它实是官员贬谪中不可或缺的一个部分，只有将流放与贬降结合考察，才能更全面地理解贬谪的性质及其给士人带来的深刻影响。

二、贬谪主体身份

贬谪主体主要指犯罪官员(包括主动犯罪与被动犯罪，被动犯罪即连坐、栽赃等)，但有时候也有无官受黜的情形。五代王定保《唐摭言》中便有“无官受黜”一条。其中举出三个例子，分别为孟浩然、白居易和温庭筠。孟浩然，史载其

① (宋)王溥撰，牛继清校证：《唐会要校证》卷四一《左降官及流人》，三秦出版社 2012 年版，第 632 页。

② (宋)欧阳修、宋祁撰：《新唐书》卷一三四《韦坚传》，中华书局 1975 年版，第 4561 页。

③ (宋)司马光编著：《资治通鉴》卷二〇三，中华书局 1956 年版，第 6543 页。

“隐鹿门山，以诗自适。年四十来游京师，应进士不第”①，至于不第的原因，历史记载了一段他与玄宗之间“转喉触讳”的故事：

> 襄阳诗人孟浩然，开元中颇为王右丞所知。句有“微云淡河汉，疏雨滴梧桐”者，右丞吟咏之，常击节不已。维待诏金銮殿，一旦，召之商较《风》《雅》，忽遇上幸维所，浩然错愕伏床下，维不敢隐，因之奏闻。上欣然曰：“朕素闻其人。”因得诏见。上曰：“卿将得诗来耶！”浩然奏曰：“臣偶不赍所业。”上即命吟。浩然奉诏，拜舞念诗曰：“北阙休上书，南山归敝庐；不才明主弃，多病故人疏。”上闻之怃然曰：“朕未曾弃人，自是卿不求进，奈何反有此作！”因命放归南山。终身不仕。②

故事中说孟浩然不仕的原因乃触怒皇帝，被迫放还。要知道，孟浩然虽年四十才游京师，但其才华却是得到了当时朝廷之士的认可的，“尝于太学赋诗，一座嗟伏，无敢抗。张九龄、王维雅称道之”③，可见，如若没有特别的原因，孟浩然想要得到一个官职，并不是难事，况且其本身对官场也不无向往之心，然而，最终为何竟被放归南山了呢？这其中未必没有难以言说的苦衷，这则故事的真实性虽历来受人怀疑，然从这个角度来理解孟浩然的不仕却也有其合理之处。正因为孟浩然本有此做官的才能与资本，却被放归南山，因此这一事件才被王定保归入“受黜”一类。

相比于盛唐诗人孟浩然故事的传奇浪漫，第二个例子中唐诗人贾岛的故事便充满了政治斗争的权谋与残酷，《唐摭言》记载云：

> 贾岛，字阆仙。元和中，元白尚轻浅，岛独变格入僻，以矫浮艳；虽行坐寝食，吟味不辍。尝跨驴张盖，横截天衢，时秋风正厉，黄叶可扫。岛忽吟曰：“落叶满长安”，志重其冲口直致，求足一联，杳不可得，不知身之

---

① （后晋）刘昫等撰：《旧唐书》卷一九〇下《文苑下》，中华书局1975年版，第5050页。
② （五代）王定保撰：《唐摭言》，上海古籍出版社1978年版，第120~121页。
③ （宋）欧阳修、宋祁撰：《新唐书》卷二〇三《文艺下·孟浩然传》，中华书局1975年版，第5779页。

> 所从也。因之唐突大京兆刘栖楚，被系一夕而释之。又尝遇武宗皇帝于定水精舍，岛尤肆侮，上讶之。他日有中旨令与一官，谪去乃受长江县尉，稍迁普州司仓而卒。①

贾岛，史书记载其“累举，不中第”，可谓坐困场屋，宦途蹇阻。到 59 岁才被贬为遂州长江县主簿，从此结束了艰辛漫长的应举生涯，而其被贬原因，史书记载为“坐飞谤”②，之后再无说明。为迁就贾岛本无官职在身却被谪受长江县尉一事，历来多有研究者以自己的视角解释事件的始末。杜景华推测，贾岛实际上在蜀地做了十年小地方官③；施蛰存认为，贾岛在贬谪前官职可能高于贬谪后，故言贬斥。之所以会出现这样的两种推测，与人们对贬谪这一概念的认识有关，即将降职视作贬谪的必然条件，似乎没有官职便无从贬谪。事实上，能够实现惩罚才是贬谪的核心含义，而不在于具体的形式。史书中的“坐飞谤”应该就是贾岛被贬的真实原因，可能是因为触犯了某些权贵的利益而受到了打击。对一个长安文人圈中有名却又落魄的知识分子而言，怎样贬谪才能够既行贬谪之实，同时又不必激起外界的不满，这需要一种艺术。“用进士及第的待遇进行安置，表面上显示出对贾岛的破格重用，是对贾的恩典，既可堵世人言权贵打击报复用心之口，又摸准了贾岛醉心求仕的心理，让贾不敢申辩，乖乖就范。实际上达到了用九品微官将一个 59 岁的不合时宜的老人打发到荒山僻壤之地的目的，使其永离京师，远离群体，孤身一人，自然便再也掀不起风浪，从而彻底解决了问题。施害者貌似宽厚，受害者哑巴黄连，旁观者无话可说，其结果是各得其所。”④可见，到贾岛这里，“无官受黜”已经失去了孟浩然故事中的传奇色彩，反而包含了复杂的政治阴谋，体现了政治斗争的残酷性。

此外，《唐摭言》中记载的“无官受黜”的例子还有温庭筠。

---

① （五代）王定保撰：《唐摭言》，上海古籍出版社 1978 年版，第 121 页。

② （宋）欧阳修、宋祁撰：《新唐书》卷一七六《贾岛传》，中华书局 1975 年版，第 5268 页。

③ 杜景华：《贾岛生平故里丛考》，《学术交流》2000 年第 5 期。

④ 张震英：《贾岛坐飞谤责授事迹考辩》，《学术论坛》2008 年第 5 期。

开成中，温庭筠才名籍甚；然罕拘细行，以文为货，识者鄙之。无何，执政间复有恶奏庭筠搅扰场屋，黜随州县尉。时中书舍人裴坦当制，忸泥含毫久之。时有老吏在侧，因讯之升黜，对曰："舍人合为责辞，何者？入策进士，与望州长马一齐资。"坦释然，故有泽畔长沙之比。庭筠之任，文士诗人争为辞送，惟纪唐夫得其尤。诗曰："何事明时泣玉频，长安不见杏园春；凤皇诏下虽沾命，鹦鹉才高却累身！且饮绿醽销积恨，莫辞黄绶拂行尘；方城若比长沙远，犹隔千山与万津。"①

相比于孟浩然被贬的传奇性与贾岛贬谪的残酷性，温庭筠的例子则更有一种幽默感、戏剧性。温庭筠才高而无形，《旧唐书·温庭筠传》记载其"初至京师，人士翕然推重。然士行尘杂，不修边幅，能逐弦吹之音，为侧艳之词，公卿家无赖子弟裴诚、令狐缟之徒，相与蒱饮，酣醉终日，由是累年不第"②。《新唐书·温庭筠传》亦言"数举进士不中第，思神速，多为人作文"③。温庭筠最终因搅扰场屋而被贬随州县尉，被贬之后，中书舍人裴坦草诏，却不知这无官而授予官职是升是降，询之老吏，老吏言可为降，为什么呢？因为入策的进士，其身份与望州的长史、司马官资差不多。唐代，上州长史从五品上、上州司马从五品下。而温庭筠，虽然从无官到有官，却是随州县尉这样一个从九品下的小官，身份地位显然较进士低了许多，况且在得到这个官职的同时，他也失去了如普通进士一般的晋升渠道，宦途基本无望，由此，虽是授官，亦属贬谪。

由以上几个例子可知，贬谪主体虽大多是拥有官职的犯罪官吏，但有时也可以是即将步入仕途的进士或准进士，朝廷通过给他们安排一个边远地区的小官，以此断送其政治前途，亦不失为一种严酷的贬谪。前文所提孟浩然、贾岛、温庭筠，均以诗留名于大唐诗坛，政治上则从一开始，便被其文人性格中的不通人情、刚直、风流而扼杀于摇篮之中了。

---

① （五代）王定保撰：《唐摭言》，上海古籍出版社 1978 年版，第 121 页。

② （后晋）刘昫等撰：《旧唐书》卷一九〇下《文苑下·温庭筠传》，中华书局 1975 年版，第 5079 页。

③ （宋）欧阳修、宋祁撰：《新唐书》卷九一《温庭筠传》，中华书局 1975 年版，第 3787 页。

三、两种外出驱动力

贬谪的外出驱动力是指促使官员被降职外任、投置闲散的力量，这种力量的主动或被动同样影响着贬谪事件的成立与否。目前学界对贬谪概念研究的共识是：降职、外任、投置闲散乃贬谪的三大要素，三者既可共同形成贬谪，也可独立形成贬谪。然而，这其中却还有一个非常重要的因素需要引起我们的注意，即驱动降职外任的力是主动的还是被动的，如果是被动的我们可称之为贬谪，若是主动外出，则不可称之为贬谪。

仔细考察贬谪相关案例可以发现，官员或是为经济因素、或是为政治因素，经常有主动请求外放、降职或投置闲散的行为，这类行为我们并不能将其称为贬谪。唐前期，朝廷勋旧重臣因功高而自请罢职者较多，这与当时朝廷草创未久的政治现实紧密相关，长孙无忌、魏徵、李靖都属于这样的情形。长孙无忌与太宗乃布衣之交，有姻亲之好，高祖起兵后便追随唐太宗征战，成为其心腹谋臣，后参与策划帮助唐太宗夺取大权的玄武门之变。太宗即位，“迁左武侯大将军，贞观元年，转吏部尚书，以功第一，进封齐国公，实封千三百户。太宗以无忌佐命元勋，地兼外戚，礼遇尤重，常令出入卧内。其年，拜尚书右仆射”①。如此礼遇自然容易遭到嫉妒，不久便有人密表称无忌权宠过盛，虽有太宗的信任，然无忌深以盈满为诫，恳辞机密，终拜开府仪同三司，解尚书右仆射。尚书右仆射乃宰相，拥有一人之下万人之上的大权，开府仪同三司乃文散官的最高官阶，从一品，是一种荣耀，可据以提高俸禄，却无实权，长孙无忌从有实职到虚衔的转变看似贬谪，然因其乃自请，便不属于贬谪。类似的还有李靖、魏徵。李靖为唐王朝的建立及发展立下赫赫战功，南平萧铣、辅公祏，北灭东突厥，西破吐谷浑，封卫国公，世称李卫公；魏徵多次犯颜进谏，辅佐唐太宗共创“贞观之治”的大业，加左光禄大夫，进封郑国公。二人于文武二道为唐开国重臣，然亦都以功高而忌满盈，靖寻以足疾上表乞骸骨，言甚恳至；徵以目疾频表逊位，太宗难违。因下优诏，靖加授特进，听在第摄养；徵拜特进，仍知门下事。很明显，其二人

① （后晋）刘昫等撰：《旧唐书》卷六五《长孙无忌传》，中华书局1975年版，第2446～2447页。

的荣誉性的散官品位均有提升，实权却都大大削夺，两人的情形虽类似贬谪，但因其乃主动自请，亦不能言之为贬。

如果说魏徵、李靖等人的行为是政治上的避忌满盈、功成身退的话，那么，另有一类人的请居闲职则更多了对政局的恐惧，实为明哲保身。白居易与韩愈自请为东都分司官便是非常明显的例子。自安史之乱皇帝不再东幸之后，东都分司官便不断闲散化，不再拥有实权，因此也逐渐成为安置贬谪官员的常用职位，唐后期这样的情形较多，这与当时士人因为党争等因素逐渐丧失政治热情相关。如韩愈元和二年以国子博士分司东都，关于分司东都的原因，韩愈在《四门博士周况妻韩氏墓志铭》中说："开封从父弟愈于时为博士，乞分教东都生，以收其孥于开封界中教畜之，而归其长女于周氏况。"①这里说分司东都是因为要照料和教育子女。然而，李翱《故正议大夫行尚书吏部侍郎上柱国赐紫金鱼袋赠礼部尚书韩公行状》却云："改江陵府法曹参军，入为权知国子博士。宰相有爱公文者，将以文学职处公。有争先者，构公语以非之。公恐及难，遂求分司东都。权知三年，改真博士。"②韩愈好友皇甫湜于《韩愈神道碑》也说："累除国子博士，不丽邪宠，惧而中请分司东都避之。"③可见，韩愈自请分司东都实有全身远祸的心理，这一点段承校于《韩愈自请分司东都原因探析》一文中进行过具体的考证，韩愈自请分司东都实是为了避开有宦官集团背景的裴均与李吉甫集团的人事纠葛，避免陷入权力斗争的漩涡，这是其于政治中途的暂且撤退，有理性的导引，无一丝被处罚的不满，因此不能算是贬谪。类似的还有白居易为官生涯中的四次自请分司东都。被贬江州刺史应该是白居易一生一个比较重要的转折点，这之前他心性激切，上书言事，不避忌讳，这之后，宦情可谓日渐淡薄，请外迁杭州刺史便可见出这一心态。"于是，天子荒纵，宰相才下，赏罚失所宜，坐视贼，无能为。居易虽进忠，不见听，乃丐外迁"，秩满，乞请分司东都。第二次请求外任分司东都乃在太和初，其时"二李党事兴，险利乘之，更相夺移，进退毁誉，

① （唐）韩愈撰，刘真伦、岳珍校注：《韩愈文集汇校笺注》，中华书局2010年版，第2681～2682页。

② 《全唐文》卷六三九《故正议大夫行尚书吏部侍郎上柱国赐紫金鱼袋赠礼部尚书韩公行状》，中华书局1983年影印本，第6459～6460页。

③ 《全唐文》卷六八七《韩愈神道碑》，中华书局1983年影印本，第7037页。

若旦暮然”，居易因其妻与党争中人稍有关系，因此“愈不自安，惧以党人见斥，乃求致身散地，冀于远害”①，请以太子宾客分司东都。五年，除河南尹，七年，复授太子宾客分司。第四次是大和九年，《旧唐书·白居易传》载：“开成元年，除同州刺史，辞疾不拜。”②疾病只是一个方面，不就任的主要原因还是怕政治上的动荡，“请君休说长安事，膝上风清琴正调”③，对长安提都不愿提及，可见他想远离朝廷的混乱局面，远离政治漩涡的心理。此时的分司东都已不再是朝廷贬谪官员的一种方式，而是士大夫为躲避党争的一种手段，反映的是其消隐的政治热情与自适的隐逸情趣。

除去因政治上的恐惧自请外迁以外，官员主动请求降职的另一原因乃经济上的困窘。如晚唐大诗人杜牧，大中二年八月，杜牧由睦州刺史擢为司勋员外郎、史馆修撰，次年底上表乞杭州。在其《上宰相求杭州启》中，杜牧述说了对杭州刺史这样一个外官的理解：“杭州户十万，税钱五十万，刺史之重，可以杀生，而有厚禄。”④他认为“作是刺史，则一家骨肉，四处皆泰；为京官，则一家骨肉，四处皆困”⑤。然而，此次求官杭州却没有成功。大中四年，杜牧转吏部员外郎，又三次上表求湖州，从其上表之四《启》中，我们可以更明显地看出，杜牧请求出任州刺史乃是出于经济方面的考虑。其中《第二启》详细说明了自己为弟弟治疗眼疾的经过，兄弟相见之难、生计之艰、病痛之苦，中间始终贯穿着殷殷的真切情意。“此行也必祈大郡，东来谋汝医药衣食，庶几如志”⑥，“念病弟丧明，坐废十五年矣，但能识某声音，不复知某发已半白，颜面衰改。是某今生可以见顗，而顗不能复见某矣，此天也，无可奈何。某能见顗而不得去，此岂天乎！而悬在相公”⑦，生命衰败中骨肉不可复见之痛，让人为之动容。病弟孀妹，寓居

① (宋)欧阳修、宋祁撰：《新唐书》卷一一九《白居易传》，中华书局1975年版，第4303页。

② (后晋)刘昫等撰：《旧唐书》卷一六六《白居易传》，中华书局1975年版，第4355页。

③ (唐)白居易撰，谢思炜校注：《白居易诗集校注》，《赠谈客》，中书书局2006年版，第2516页。

④ 吴在庆撰：《杜牧集系年校注》，中华书局2008年版，第1019页。

⑤ 吴在庆撰：《杜牧集系年校注》，中华书局2008年版，第1019页。

⑥ 吴在庆撰：《杜牧集系年校注》，中华书局2008年版，第1010页。

⑦ 吴在庆撰：《杜牧集系年校注》，中华书局2008年版，第1010页。

淮南，全靠三千里外一郎吏，即自己的照顾，然总悉多欠缺，为资弟妹衣食，其反复申诉“湖州三岁，可遂此心”①，求官心切可见一斑。考唐代俸禄，员外郎，月俸四万，湖州、杭州乃上州，上州刺史月俸八万，且据陈寅恪《元白诗中俸料钱问题》一文考察，“唐代中晚以后，地方官吏除法定俸料之外，其他不载于法令，而可以认为正当之收入者，为数远在中央官吏之上”②，更何况是富庶的苏杭地区，由此可见，杜牧的确是为经济原因自求以京官出为湖、杭二州刺史，这种情形，我们不能将之视作贬谪。

类似的例子文献中所在多有。天宝末，便有归崇敬“以家贫求为外职，历同州、润州长史”③；昭宗时，郑綮“以进士登第，历监察、殿中，仓、户二员外，金、刑、右司三郎中。家贫求郡，出为庐州刺史”④；穆宗时期，集贤学士薛放，时任礼部尚书兼集贤殿学士，然“孤孀百口，家贫每不给赡，苦俸薄，因召对，恳求外任”⑤，乃授以江南西道观察使。而无论是同州、润州、庐州，还是江南西道观察使治所洪州，都是上州，俸钱亦应相当优厚，外任可治家贫，这样有目的的求出，不仅不是打击，甚至是一种优待。故而，凡是自求的，无论是降职还是处闲，抑或是外放，我们均不认为属于贬谪的范围。

第二节　本论题的研究现状与不足

上文具体探讨了贬谪的概念、性质，并对贬谪的一些细节问题进行了辨析。所谓贬谪，是通过对所任官职、任职地域调整而实现的对官员的一种惩戒，也可以认为是一种平衡各种权力关系的政治手段。贬谪制度是中国古代官僚政治制度中的一项重要内容，与科举制度、考课制度、赦免制度等共同构成中国古代帝王实现国家管理的重要环节。回首百年制度研究史，与贬谪制度相关的研究大致有

---

① 吴在庆撰：《杜牧集系年校注》，中华书局2008年版，第1011页。

② 陈寅恪撰：《金明馆丛稿二编》，上海古籍出版社1980年版，第69页。

③ （后晋）刘昫等撰：《旧唐书》卷一四九《归崇敬传》，中华书局1975年版，第4015页。

④ （后晋）刘昫等撰：《旧唐书》卷一七九《郑綮传》，中华书局1975年版，第4661页。

⑤ （宋）王钦若等编：《册府元龟》卷四八《帝王部·从人欲》，中华书局1960年影印本，第546页。

以下两类：

一类为宏观的制度史研究。如陈寅恪《隋唐制度渊源略论稿》①、吴宗国《中国古代官僚政治制度研究》②与《盛唐政治制度研究》③、张鸣《中国政治制度史导论》④、白钢《中国政治制度通史》⑤等。这些论著为我们了解唐代政治制度提供了一个广阔的学术视野，便于我们将贬谪制度放在一个完整的原生态的历史环境中加以考察，从而对其制度的形成、特点等各方面有更加深入的认知。

另一类为对唐代某一官僚机构运行制度的详细考述。这样的研究如严耕望《唐仆尚丞郎表》⑥和专文《论唐代尚书省之职权与地位》⑦、刘后滨《唐代中书门下体制研究》⑧、胡沧泽《唐代御史制度研究》⑨、罗永生《三省制新探》⑩等。这些对制度的研究为我们更深刻地认识唐代每一职能机构的运作情况提供了很多便利。

贬谪看似简单的官职调整，事实上却关涉甚多，其与选官制度、国家各机关的设置及配合、官制、国家对地方的统治制度等都有着非常密切的联系。因此，前人无论从宏观层面对制度史的探索，还是从微观层面对相关机构运行制度的考察，都为我们研究贬谪制度作了很好的铺垫，提供了许多启示。至于贬谪制度的相关研究，通过搜集整理，大概有以下三个方面的成果。

一、贬谪制度研究

较早对贬谪进行研究的是日本学者清水茂，其1957年发表的《柳宗元的生活

① 陈寅恪撰：《隋唐制度渊源略论稿》，中华书局1963年版。
② 吴宗国撰：《中国古代官僚政治制度研究》，北京大学出版社2004年版。
③ 吴宗国撰：《盛唐政治制度研究》，上海辞书出版社2003年版。
④ 张鸣撰：《中国政治制度史导论》，中国人民大学出版社2004年版。
⑤ 白钢撰：《中国政治制度通史》，社会科学文献出版社2011年版。
⑥ 严耕望撰：《唐仆尚丞郎表》，上海古籍出版社2004年版。
⑦ 黄清莲编：《制度与国家》，中国大百科全书出版社2005年版。
⑧ 刘后滨撰：《唐代中书门下体制研究》，齐鲁书社2004年版。
⑨ 胡沧泽撰：《唐代御史制度研究》，文津出版社1993年版。
⑩ 罗永生撰：《三省制新探》，中华书局2005年版。

体验及其山水记》①一文，具体探讨了贬谪经历与柳宗元文学创作之间的关系。而较早对贬谪进行制度研究的也是日本学者，1967 年八重津洋平发表的《有关唐代官僚受贬的二、三个问题》②就是从制度层面研究贬谪的重要成果，文章对贬降的概念、官员被贬降日期及行程等方面的规定、量移制度、贬谪原因、唐律中与贬降有关的条文等进行了比较缜密的论述，并第一次为"贬"下定义，指出"'贬'是官员因职务上的失职、不符合官人身份的道德败坏及争夺政治权力失败，而受到品阶降低或由中央政府官迁出为地方官的政治行为"。这一论述被之后国内研究者所采用，其研究思路开启后来贬谪制度研究新路径。

贬谪真正进入国内研究者的视野则要到 20 世纪 80 年代，1981 年顾学颉在武汉大学学报上发表的《白居易贬谪江州的前因后果》③是第一篇与贬谪相关的学术论文。之后有叶明镜的《苏东坡贬谪惠州》④、陈博惠的《能雪魂忠死亦甘——试评苏轼被贬岭南时期的诗作》⑤、陈启汉的《贬谪岭南的苏轼》⑥、杨应彬的《苏轼在岭南的社会和文学活动》⑦和余荣盛的《试论柳宗元贬谪时期的文学创作》⑧等文章。这一时期的研究主要集中于通过对历史事实的梳理，阐明一些与贬谪相关的问题，文学方面的研究由于受意识形态的影响还比较明显，较少创获。从 1984 年到 1988 年，金五德《试论王维贬谪济州期间的诗歌》⑨、韩敏《苏轼谪居海南事迹系年》⑩、《苏轼岭海时期的心理模式》⑪及陈乐素《流放岭南的元祐党人》⑫等

① [日]清水茂、华山：《柳宗元的生活体验及其山水记》，《文史哲》1957 年第 4 期。

② [日]八重津洋平：《有关唐代官僚受贬的二、三个问题》，《法与政治》第 18 卷第 2 号(1967 年 6 月)。

③ 顾学颉：《白居易贬谪江州的前因后果》，《武汉大学学报》(社会科学版)1981 年第 3 期。

④ 叶明镜：《苏东坡贬谪惠州》，《惠阳师专学报》(社会科学版)1981 年第 1 期。

⑤ 陈博惠：《能雪魂忠死亦甘——试评苏轼被贬岭南时期的诗作》，《广州研究》1983 年第 1 期。

⑥ 陈启汉：《贬谪岭南的苏轼》，《广州研究》1984 年第 3 期。

⑦ 杨应彬：《苏轼在岭南的社会和文学活动》，《学术研究》1984 年第 6 期。

⑧ 余荣盛：《试论柳宗元贬谪时期的文学创作》，《惠阳师专学报》(社会科学版)1984 年第 1 期。

⑨ 金五德：《试论王维贬谪济州期间的诗歌》，《长沙水电师院学报》(社会科学版)1986 年第 2 期。

⑩ 韩敏：《苏轼谪居海南事迹系年》，《海南大学学报》1986 年第 4 期。

⑪ 韩敏：《苏轼岭海时期的心理模式》，《北方论丛》1989 年第 4 期。

⑫ 陈乐素：《流放岭南的元祐党人》，《求是集》第二集，广东人民出版社 1984 年版。

文章的出现，分别从诗歌艺术特色、诗人心理状态及贬谪与党争的关系入手考察贬谪，大概厘出了与贬谪相关的几大研究领域。90 年代初，以尚永亮先生的博士论文《元和五大诗人与贬谪文学考论》①为标志，贬谪文学的相关研究开始深化，且一时之间，蔚为大观。总之，整个 20 世纪八九十年代，贬谪在国内的研究逐渐向贬谪文学的研究靠拢，于制度层面则相对空白。

1991 年，又出现了另一位对贬谪制度进行研究的日本学者——辻正博。与八重津氏的宏观研究不同，辻正博所作《唐代贬官考》②一文按照时间、地点、官阶的变化，将唐代被贬为刺史、别驾、长史、司马、县令、县尉等外官的情形进行了分类统计，探究唐代的地方统治状况及其历史变迁。大量的分类统计让许多隐藏于历史迷雾中的细节问题浮出水面，而量化统计的方式也为后来的贬谪制度研究作了很好的表率。也就是在 90 年代，我国学者同样注意到了对贬谪制度的研究。最早的成果应是丁之方的《唐代的贬官制度》③，文章对“贬谪”的定义吸取了八重津氏的看法，认为贬谪是指对官吏的行政处罚方式，包含降职与迁往外地这两大要素，并且具体阐述了贬官的原因、规则，官吏迁转及贬官作用，提出研究贬谪制度的意见，对贬谪制度的研究起了奠基性的作用。

进入 21 世纪，贬谪制度的研究也有了新进展，主要出现了以下几个方面的研究。第一为贬谪制度与文学的研究。此类研究有李中华与唐磊的《唐代贬官制度与不平之鸣——试论开明专制下的文人遭遇与心声》④、朱玉麒的《唐代诗人的南贬与屈贾偶像的树立》⑤、张蜀蕙的《开辟与安顿——唐代文人南方经验中的宗教经验与国族论述》⑥等论文，通过简要的贬谪制度的探析来分析贬谪文人的文学、情感和思想状态。第二为贬谪制度在地域方面的研究。具体有唐晓涛、谢振

---

① 尚永亮：《元和五大诗人与贬谪文学考论》，文津出版社 1993 年版。

② ［日］辻正博：《唐代贬官考》，杨一凡主编，徐世虹译：《中国法制史考证》丙编第 2 卷，中国社会科学出版社 2003 年版。

③ 丁之方：《唐代的贬官制度》，《史林》1990 年第 2 期。

④ 李中华、唐磊：《唐代贬官制度与不平之鸣——试论开明专制下的文人遭遇与心声》，《华中师范大学学报》（人文社会科学版）2001 年第 3 期。

⑤ 朱玉麒：《唐代诗人的南贬与屈贾偶像的树立》，《西北师大学报》（社会科学版）2006 年第 1 期。

⑥ 张蜀蕙：《开辟与安顿——唐代文人南方经验中的宗教经验与国族论述》，中国唐代文学学会第十四届年会暨唐代文学国际学术讨论会会议论文，安徽，2008 年 10 月，第 35 页。

治的《唐代桂管与贬官作用详论》①以及李方的《唐代西域的贬谪官吏》②，从地域的角度分析贬官的原因及作用。第三为贬官制度的研究。代表性成果有彭炳金的《唐代贬官制度研究》③《论唐代的左降官》④，通过辨析左降官与一般贬官的区别，从贬官制度的特点、适用范围等角度较为全面地探讨了贬谪制度。最后还有尚永亮先生的《唐五代贬官规律与特点综论》⑤一文，从更为宏观的层面对唐五代贬官的原因及特点进行了整理。除此之外，这一时期还出现了与贬谪制度相关的硕士论文三篇，分别为邹运月的《晚唐贬谪诗人和贬谪文学》⑥、何春明的《唐代京官贬黜初探》⑦、宋菁的《唐代江南地区贬官研究》⑧，大体上仍是以文学、地域为切入点探究与贬谪相关的一些制度问题，与单篇论文相比，这几篇硕士论文对贬谪制度的研究更加全面深入。此外有厦门大学郝黎的博士论文《唐代官吏惩治研究》⑨，其中涉及对官吏的行政处罚与刑事处罚两大类，也即贬谪与流放，并列举考察了影响官吏惩治的几种制度性因素，对我们研究贬谪制度有一定的启示。2007 年，尚永亮先生的《唐五代逐臣与贬谪文学研究》⑩一书出版，书的第一编“唐五代贬谪制度与逐臣类型的总体考察”一章，从贬官类型、逐臣考述、唐五代贬谪的规律特点等方面具体研究贬谪制度诸层面，其中大量的数据统计为我们进行贬谪文学研究奠定了扎实的基础。纵观国内外对贬谪的研究可以发现，目前对贬谪制度的研究虽然有所涉及，但还非常不全面，沿传统而下的研究或是探索制度与文学相关诸层面，或是从地域角度切入展开论述，而于贬官涉及的机

① 唐晓涛、谢振治：《唐代桂管与贬官作用详论》，《玉林师范学院学报》2002 年第 4 期。

② 李方：《唐代西域的贬谪官吏》，《新疆大学学报》(哲学人文社会科学版)2007 年第 6 期。

③ 彭炳金：《唐代贬官制度研究》，《人文杂志》2006 年第 6 期。

④ 彭炳金：《论唐代的左降官》，《晋阳学刊》2007 年第 2 期。

⑤ 尚永亮：《唐五代贬官规律与特点综论》，《华中师范大学学报》(人文社会科学版)2008 年第 1 期。

⑥ 邹运月：《晚唐贬谪诗人和贬谪文学》，武汉大学硕士论文，2004 年。

⑦ 何春明：《唐代京官贬黜初探》，中央民族大学硕士论文，2005 年。

⑧ 宋菁：《唐代江南地区贬官研究》，上海师范大学硕士论文，2013 年。

⑨ 郝黎：《唐代官吏惩治研究》，厦门大学博士论文，2014 年。

⑩ 尚永亮：《唐五代逐臣与贬谪文学研究》，武汉大学出版社 2007 年版。

构、形式、程序等方面的分析则相对阙如，对贬谪于其历史发展过程中所呈现的特点及形式等各方面的变化也没有进行整理，贬谪与一个完整的制度研究之间还存在相当的距离。

二、流放制度研究

关于流刑制度，日本学者较早予以关注。桑原鹭藏在1929年《支那法制史论丛》上发表《支那的古代法律》，对流刑制度中的细节如流放的起始点、流放路线等问题提出了自己的观点。1958年日本学者仁井田隆《中国古代法制史研究·刑法》对唐代流刑制度作了阐述；滋贺秀三的《刑罚的历史——东洋》①探讨了流刑犯流放的起始点问题，并与桑原鹭藏进行商榷，他认为流刑犯流放距离应以罪人的乡里为起点。20世纪90年代，日本学者辻正博的《唐代流刑考》②全面考察流刑的渊源、特征、流刑分化过程及官员量移与放还问题，是迄今为止对流刑研究最为系统的优秀文章。与此同时，我国学者齐涛也发表了《论唐代流放制度》③一文，对唐代流放的种类、应用、执行及特点作了论述。之后有刘启贵《我国唐朝流放制度初探》④与李毅的《论唐代的流刑及其执行情况》两文，刘文对唐代流放官员的类型、原因、目的、执行情况以及唐代流刑的特点进行了初步的探讨，文章的逻辑性较强，但在流刑类别、流官的迁转等方面仍有深入研究的余地。李文则在简述流刑基本情形的基础上对其执行过程中的变异情况进行分析，然最终落脚在封建时代有法不依的层面，其论述虽有一定的合理性却还不够全面，还有进一步开掘深化的空间。

进入21世纪，流放研究取得了很大进展，出现了一系列丰富的研究成果。王雪玲《两〈唐书〉所见流人地域的分布及其特征》⑤为流放与地理方面的研究，

---

① ［日］滋贺秀三：《刑罚的历史——东洋》，杨一凡主编，徐世虹译：《中国法制史考证》丙编第1卷，中国社会科学出版社2003年版。

② ［日］辻正博：《唐代流刑考》，梅原郁编：《中国近世的法制与社会》，京都大学人文科学研究所1993年版。

③ 齐涛：《论唐代流放制度》，《人文杂志》1990年第3期。

④ 刘启贵：《我国唐朝流放制度初探》，《青海社会科学》1998年第1期。

⑤ 王雪玲：《两〈唐书〉所见流人地域的分布及其特征》，《中国历史地理论丛》2002年第4期。

文章统计了唐代流人流放地与京城的距离，分析了如此分布的原因，初步探讨了唐代流人对地方的影响。韩鹤进、黄梅的《唐代流人管理制度探析》①利用文献勾勒唐代流人管理制度，从发遣、行程、居作、流放期限以及流人入仕等几个方面进行阐述，论述详细。张春海发表于《复旦学报》的《试论唐代流刑与国家政策、社会分层之关系》②切入点则更加新颖，文章认为流刑制度的变迁与国家需要一致，而且流放地域与流人身份相关，被流放到西北军镇的绝大多数都是贫民百姓，而流放到岭南、黔中等南方各地的则大多是统治集团中人，因此导致北方地区缺乏文化基础而南方文化则越来越繁荣，最终甚至影响到了北宋的积弱局势。另有陈玺③对长流制度与陈俊强④对唐代前期流放官人的研究，整体而言都是对流放制度的尽量恢复，包括实施程序与制度的发展变迁，研究都很细致。除此之外，这一时期还出现了与流放相关的五篇硕士论文，分别是韩鹤进的《唐代流人问题研究》⑤、张茵茵的《唐代流刑制度研究》⑥、李方的《唐律流刑考析》⑦、郭翠霞的《唐代流人相关问题研究》⑧及王春霞的《唐代流刑制度研究》⑨。韩文作为最早的与流放相关的硕士论文，从流人概念、地域分布、流放原因及流人管理等几方面进行叙述，较为全面。张文则在此基础上，探寻了流放制度的渊源，并对其发展与影响作了进一步深入，增加了历史感。李文的特点在于分析了唐律中许多关于流刑的规定，让人对当时法律制度本身有了更加直观的了解。郭文则在一般的流放原因、执行等研究之外用一章论述了唐代各个时段流放制度的特点，使有唐一代的流放制度特点更加清晰。王春霞论文的独到之处在于总结了四种唐代流刑惩治的犯罪类型，让人对流刑所犯之罪行一目了然。整体而言，这一时期对流刑制度的研究取得了相当不错的进展，其不足之处则在于对于流放与贬谪的关

---

① 韩鹤进、黄梅：《唐代流人管理制度探析》，《牡丹江教育学院学报》2005 年第 6 期。

② 张春海：《试论唐代流刑与国家政策、社会分层之关系》，《复旦学报》（社会科学版）2008 年第 2 期。

③ 陈玺：《唐代长流刑之演进与适用》，《华东政法大学学报》2013 年第 4 期。

④ 陈俊强：《唐代前期流放官人的研究》，《中国古代法律文献研究》2015 年。

⑤ 韩鹤进：《唐代流人问题研究》，陕西师范大学硕士论文，2004 年。

⑥ 张茵茵：《唐代流刑制度研究》，河北师范大学硕士论文，2008 年。

⑦ 李方：《唐律流刑考析》，吉林大学硕士论文，2007 年。

⑧ 郭翠霞：《唐代流人相关问题研究》，陕西师范大学硕士论文，2011 年。

⑨ 王春霞：《唐代流刑制度研究》，青海师范大学硕士论文，2011 年。

系研究较少，“左降官与流人”为何能够放在一起称呼，其区别何在？对帝国统治而言，其相同与不同之处究竟何在？有着怎样的意义？对士人的影响有什么不同？等等，这些问题还需要在之后的研究中进一步挖掘。

三、贬谪制度与流放制度综合研究

综合研究贬谪与流放的文章，其一为 1998 年 2 月张艳云的《唐代左降官与流人异同辨析》①，文章具体从四大方面论述左降官与流人的区别，该文第一次注意到贬谪与流放间的关系，然于二者相似的一面则探究较少。其二为古永继的《唐代岭南地区的贬流之人》②，此文对官员贬流到岭南地区的原因及贬流后的情况进行论述，开创了唐代贬流官地域研究的新领域。继古永继《唐代岭南地区的贬流之人》之后，21 世纪将贬谪与流放综合研究的文章也取得了更加丰富的研究成果，其中有唐晓涛的《唐代贬官与流人分布地域差异探究——以岭西地区为例》③，唐晓涛、李义凡的《试析唐代邕管、容管之贬官、流人》④，分别探讨了地域与贬谪、流放的关系，可以说是从地域角度对贬流提出的新认识。此外还有两篇研究流贬问题的硕士论文，分别是梁作福的《唐玄宗朝京官外贬流放问题初探》⑤与熊昂琪的《唐代流贬官吏与南方社会经济研究》⑥，梁文以玄宗一朝为例，通过对玄宗朝外贬官员的原任官职、外任官职、贬谪原因、贬谪地区的分析，企图揭示一些与贬谪相关的问题；熊文则是影响研究，探讨流贬官员对流贬地区的经济文化的影响，为我们研究流贬制度打开了新的思路。最后要提到的还有 2010 年浙江大学梁瑞的博士论文《唐代流贬官研究》⑦，文章从制度的各个层面探讨了贬谪与流放的程序，是迄今为止研究贬谪制度最翔实的一篇论文。然而贬谪与流

---

① 张艳云：《唐代左降官与流人异同辨析》，《唐史论丛》1998 年第 1 期。

② 古永继：《唐代岭南地区的贬流之人》，《学术研究》1998 年第 8 期。

③ 唐晓涛：《唐代贬官与流人分布地域差异探究——以岭西地区为例》，《玉林师范学院学报》2002 年第 2 期。

④ 唐晓涛、李义凡：《试析唐代邕管、容管之贬官、流人》，《经济与社会发展》2007 年第 1 期。

⑤ 梁作福：《唐玄宗朝京官外贬流放问题初探》，天津师范大学硕士论文，2007 年。

⑥ 熊昂琪：《唐代流贬官吏与南方社会经济研究》，陕西师范大学硕士论文，2012 年。

⑦ 梁瑞：《唐代流贬官研究》，浙江大学博士论文，2010 年。

放作为两种不同的处罚系统，其实施程序也有不同之处，简单地将两种制度放在一起进行研究而不对其各自的特点进行梳理，对于贬谪制度而言仍是不够的。此外，对于贬谪的具体程序，梁文的研究也略显简单，贬谪制度这一课题的深化，仍需我们进一步的努力。

综合这几年与贬谪制度相关各方面的研究成果可以看到，关于贬谪制度的研究大多集中于贬谪原因、贬谪地域、贬官迁转等方面，而于贬谪机构、程序、俸禄等与贬谪制度相关的其他层面则论述极少。对贬谪的历史发展过程，贬谪官员官职安置的变迁，贬谪随着朝廷各行政机构职能与重要性的变化呈现出的变化的探索等方面，都还存在相当的研究空间，与此同时，和贬谪相关的一系列概念，也需要进一步厘清，这些都是本书研究唐代贬谪制度的用力之处，希望能够对以往的研究有所补益。

第三节　选题的研究意义

第一，就选题切入角度来看，制度研究一般指在钩沉史料的基础上，对某一制度作出尽可能真实的还原。其意义不仅在完整、全面地探寻历史真实，更在于建立言之有据的理性认知。唐代制度研究从中央的宰相制度、三省制度、科举制度到地方的藩镇制度等，学界已有相当完整而深入的探索。而对于贬谪，却一直集中于其与文学之间的互动关系研究，其中包括贬谪与文人心态、贬谪与地理、贬谪与民俗文化、贬谪与文学审美等几大方面。仅有的一些于制度层面的研究，也较多集中于探讨贬谪的概念、原因、特点，而缺乏一种完整而全面的制度性研究。本书拟通过对所有贬谪相关文献的整理阅读与分析，以期最大程度上恢复贬谪制度的原貌，并通过对贬谪制度的实际运作情况的研究，动态地还原唐代贬谪制度真实图景。

第二，从研究对象来看，贬谪制度具有其他制度所不具备的一大特点，即人性、人情、权力等因素的介入非常严重。贬谪实施的对象为犯罪官员，唐律“一准乎礼”的指导思想规定了官员即使犯罪也可以享受一定的特权，如“议”“请”“减”“赎”等不同形式的优崇方式。贬谪便是基于这种“刑不上大夫”的礼制思想而出现的一种特殊的处罚方式，其既拥有如法律一般的特定的实施制度，又有极大的情、权介入的空间，特别是权的介入，唐代后期许多重大案件中官员的贬谪都是权力介入综合产生的结果。贬谪以犯罪官员为主体，以礼为指导思想，以权为核心内容，这是其最主要的特点，深入揭示这一特点不仅有助于我们理解贬谪制度，更有利于我们深入了解唐代文人的被贬心态。

第三，贬谪制度相关公文——贬谪制诏和贬谪官员谢上表研究是此前与贬谪相关的文体研究领域相对空白的部分，然而其中却蕴藏着丰富的政治文化讯息，传递着被贬士人心灵的呼声。这两种文体一种是自上而下，一种是自下而上，分别代表着贬谪的实施与完成。贬谪制诏体现出贬谪的权威性及其背后的礼制文化旨趣，贬谪官员谢上表则是被贬官员的心灵剖白，传达着士人对皇权政治的恐惧与依恋。两种文体完成了贬谪这一动作的闭环，更交织出一幅士人与皇权互动，逐步树立自我人格的生动图景。对这两种公文文本加以研究，深入探究其背后的政治文化密码，是本书另一个较新颖的、有意义的研究角度。

第二章　唐代贬谪的原因、方式及贬官安置的几种主要职位

贬谪的起源甚早，经历汉、魏晋南北朝一直到唐代，贬谪逐渐形成了稳定完整的实施制度。从贬谪原因来看，唐代贬官有的因政治原因被贬，有的因经济原因被贬，还有的因军事或失礼败俗的行为被贬。唐代贬官的方式多种多样，官员的四大官阶系统中，任何一个官阶的降低都可视为贬谪，除名、免官、免所居官这些不常被提及的方式也属于贬谪。唐代常见的贬官安置职位有节度使、东宫官、东宫东都分司官，还有刺史、别驾、长史、司马等，这些官职的品级有的高于、有的低于贬官的贬前职位，然而根据实际情况分析，都属于贬谪。

第一节　唐代贬谪原因探析

贬谪是一种对犯罪官员的处罚手段，唐代官员各种形式的犯罪大多以贬谪的方式进行惩处。唐代官员被贬的原因有许多：有的因为政治斗争而被贬，有的因为经济上的贪赃而被贬，还有的因军事上的失利或是失礼败俗的行为等被贬。本节拟就唐代贬官的贬谪原因进行梳理，以期对贬谪及其在唐代政治生活中的地位有进一步的认识。

一、政治原因导致的贬谪

贬谪自其出现便与政治有着非常紧密的关系。贬谪的原因中，最常见的一种就是因政治斗争而遭贬，具体包括因储位争夺、王朝异代、后宫干政、权臣专权、朋党之争等导致的贬谪。此外，臣子上书切谏、官员因性格原因而导致政敌攻击等也是造成贬谪的常见政治原因。以下我们就这些情况分别举例予以说明。

第一，中国古代封建国家虽然制定了王位继承的基本原则，如“立嫡以长不以贤，立子以贵不以长”①，然在具体的王位继承中，却往往充满了权力斗争的腥风血雨，如武德时期太子建成谋反，高宗时期屡废太子等。还有权臣、公主与皇后勾结谋害太子的例子，如神龙元年，中宗韦皇后、上官婕妤等与武三思勾结威胁太子地位，太子与李多祚等帅兵诛杀，事败，太子、李多祚被诛，“太子兵所经诸门守者皆坐流”，永和县丞宁嘉勖因解衣裹太子首号哭，被贬兴平县丞②，特进、齐国公魏元忠因与太子预谋，累贬思周务川尉③。伴随着皇位斗争的还有大批先朝臣子被贬被流，如中唐著名的永贞革新。这次政变以王伾、王叔文、刘禹锡、柳宗元等人为中心而展开，但因反对派的打击，改革只持续了一百多天便宣告失败，失败之后，贬王伾为开州司马，王叔文为渝州司马，太子纯即位后，更贬刘禹锡为连州刺史，柳宗元为邵州刺史，韩泰为抚州刺史，韩晔为池州刺史，此后继续追贬刘禹锡为朗州司马，柳宗元为永州司马，韩泰为虔州司马，韩晔为饶州司马等，史称“二王八司马”。宪宗在东宫时便看不惯王伾等人的作为，因此，在俱文珍等宦官拥立即位之后，首先做的事情便是贬谪前朝这批革新派朝臣，并规定即使遇赦，这些人亦不在量移之列。陈寅恪总结这一现象云：“皇位继承之无固定性及新旧君主接续之交，辄有政变发生，遂为唐代政治史之一大问题也。”④王朝异代暗示着一种你死我活的权力斗争，争夺的胜利者即是新的权力掌控者，在其领导下，新旧权力将全面翻盘，而贬谪便是实现新的权力布局的一种非常重要的方式，柳宗元等人的被贬就是这种政治翻盘的必然结果。

第二，后宫执政或干政亦往往容易造成大批朝臣被贬，如武则天对可能威胁自己政权之人的打击。光宅元年，徐敬业等据扬州叛，武则天诏令裴炎等论此事，裴炎曰：“若太后反政，则此贼不讨而解矣。”⑤这句话不仅引得御史中丞弹劾裴炎有异图，同时也极大地刺激了武则天最敏感的神经，此后，虽有胡元范等

---

① （清）阮元撰：《十三经注疏》之卷二三《春秋公羊经传注疏》，中华书局 1980 年版，第 2325 页。

② （宋）司马光编著：《资治通鉴》卷二〇八，中华书局 1956 年版，第 6729 页。

③ （后晋）刘昫等撰：《旧唐书》卷九二《魏元忠传》，中华书局 1975 年版，第 2954 页。

④ 陈寅恪撰：《唐代政治史述论稿》中篇《政治革命及党派分野》，商务印书馆 2011 年版，第 246 页。

⑤ （后晋）刘昫等撰：《旧唐书》卷八七《裴炎传》，中华书局 1975 年版，第 2844 页。

大量朝臣证炎不反，但武则天仍坚持认为“炎反有端”①而斩其于都亭驿。与此同时，胡元范被流，刘齐贤、郭待举等被贬，裴伷先因上封事言裴炎之冤亦配流岭南瀼州。除此之外，武则天为了确保自己政权的稳定性还任用酷吏，酷吏们罗织罪名，对大量朝臣进行了子虚乌有的诬构以致其被贬谪。与武则天手段类似的还有中宗时期韦后对五王的贬谪。中宗时，韦后与武三思勾结，一起对功臣五王进行了打击。神龙元年三月，武三思与韦后谮敬晖等恃功专权，将不利于社稷，中宗夺敬晖等实权。神龙二年，中宗“左迁晖为朗州刺史，崔玄暐为均州刺史，桓彦范为亳州刺史，袁恕己为郢州刺史”②，五月，因驸马都尉王同皎牵连，五王再次被贬，到七月全部流放，流放途中，武三思又派酷吏周利用将五王矫制杀害，与此同时，一大批受王同皎与五王牵连的朝臣也全部流贬。后宫本不应干预政事，其无论是执政还是干政都是超出自身权力范围的争权行为，女性的特殊身份又使其更为敏感多疑，由此，贬谪便成为她们用来消除政治威胁的常用手段。

第三，权臣专权是更为常见的一种导致贬谪的政治因素。权臣是指除皇帝之外朝廷中的第二号专权人物，其或因赢得皇帝的信任或因权力威胁皇权而掌握朝中大权，贬谪常常是维护或是彰显其权力的一种手段。这一专权人物有时是朝中宰相，如李林甫。《资治通鉴》载“凡才望功业出己右及为上所厚、势位将逼己者，必百计去之”③，凡是威胁到李林甫权力的，李林甫都会想办法予以贬谪外出。有时这一专权人物可能是宦官，如李辅国。其在肃宗即位过程中曾立下功劳，肃宗即位以后，李辅国便恃功骄横，明谓上曰：“大家但居禁中，外事听老奴处分。”④可见李辅国的专权程度，甚至在皇帝面前都敢要求自己的权力，若朝中有人妨碍了自己权力的实现，将其贬谪必然不在话下。辅国曾求为宰相，讽仆射裴冕联章荐己，“肃宗密谓宰臣萧华曰：‘辅国欲带平章事，卿等欲有章荐，信乎?’华不对，问裴冕，曰：‘初无此事，吾臂可截，宰相不可得也。’华复入奏，上喜曰：‘冕固堪大用。’辅国衔之。宝应元年四月，肃宗寝疾，宰臣等不可谒见，辅国诬奏华专权，请黜之，上不许，辅国固请不已，乃罢华知政事，守礼

① （宋）司马光编著：《资治通鉴》卷二〇三，中华书局1956年版，第6541页。
② （宋）司马光编著：《资治通鉴》卷二〇八，中华书局1956年版，第6718页。
③ （宋）司马光编著：《资治通鉴》卷二一五，中华书局1956年版，第6972页。
④ （宋）司马光编著：《资治通鉴》卷二二二，中华书局1956年版，第7244页。

部尚书。及帝崩，华竟被斥逐”①。由此，辅国凭自己的权力操纵贬谪可见一斑。这一专权人物还有可能是藩镇。安史之乱以后，藩镇力量越来越强大，连皇帝都畏惧其三分，如唐朝末年坐大的节度使李茂贞。自打败黄巢与李昌符以来，李茂贞势力越来越强大，渐次不把朝廷放在眼里。昭宗攻打李茂贞失败之后，茂贞更是要求朝廷处罚杜让能，皇帝无奈，于是杜让能被贬时皇帝“涕下不自禁”，语让能曰：“与卿诀矣。”②与此同时，又对李茂贞说：“惑朕举兵者，三人也，非让能之罪。”③可见，皇帝并不认为杜让能有罪，而是权力不敌李茂贞迫于形势的不得已。总之，权臣因其权力之大与维护其独大之权的需要常常控制贬谪，这是唐代因政治导致贬谪的主要形式之一。

第四，朋党之争也是导致唐代贬谪最重要的政治原因。执政大臣因意见不合发生冲突的情况唐前期就已存在，逐渐演化为激烈的朋党之争则是元和至大中四十余年间的牛李党争。从元和三年参加贤良方正、直言极谏考试的牛僧孺、李宗闵等考试案开始，牛僧孺便与李德裕之父李吉甫结怨，穆宗长庆三年，李逢吉为相，出翰林学士李德裕而引牛僧孺，太和三年，李宗闵以中人助秉政，再次出兵部侍郎李德裕，且“凡德裕所善，悉逐之”④，太和七年，文宗征李德裕为兵部尚书同平章事，“德裕因以排其所不悦者”，张仲方、杨虞卿、杨汝士等被贬。之后加上李训、郑注等的加入，牛李二党所争越来越激烈，甚至出现“贬逐无虚日”⑤的局面。二党之间的争夺一直持续到李德裕于大中二年被贬崖州司户，大中三年卒于崖州才宣告结束，由党争带来的贬谪也才终于画上了句号。党争中，政见相左的双方一旦哪一方掌握政权便会对另一方采取贬谪流放等各种各样的清理手段，以保证自己权力的稳定性，牛李党争持续四十多年，带来的贬谪局面之大、人数之多亦是非常罕见的。

---

① （后晋）刘昫等撰：《旧唐书》卷一八四《宦官·李辅国传》，中华书局1975年版，第4760~4761页。

② （宋）司马光编著：《资治通鉴》卷二五九，中华书局1956年版，第8569页。

③ （宋）司马光编著：《资治通鉴》卷二五九，中华书局1956年版，第8569页。

④ （宋）欧阳修、宋祁撰：《新唐书》卷一八〇《李德裕传》，中华书局1975年版，第5331页。

⑤ （宋）司马光编著：《资治通鉴》卷二四五，中华书局1956年版，第8029页。

除了以上论述的四点，因政治原因导致的贬谪还存在一些其他的形式，如直言极谏，或官员因专断而导致朝臣诬陷等。直言极谏如褚遂良进谏高宗不可立武昭仪为皇后，被贬潭州都督；杜甫上疏言房琯有才不宜贬黜，被贬华州司功参军；韩愈上疏谏迎佛骨被贬潮州刺史等。这些例子中，臣子被贬乃其与最高权力者政治观点发生冲突所致，由此我们亦将其视为因政治原因导致的贬谪。官员因专断而遭朝臣诬陷被贬的例子如宇文融。史载“公卿以下惧融恩势，皆雷同不敢有异词”，宇文融自身行事高调，毫不避忌，“融乃驰传巡历天下，事无大小，先牒上劝农使而后申中书，省司亦待融指挥而后决断”①，且(融)“躁急多言，又引宾客故人，晨夕饮谑，由是为时论所讥”②。如此一种位高权重、旁若无人的状态，甚至连张说都恶其为人，以致“融之所奏，多建议争之”③，因此，宇文融最终被贬汝州刺史也便很好理解了。官员是生活于整个政治权力格局之中、进行政治活动的一类人，其言行不可避免地要卷入各种各样的政治关系之中，专断显然非常不利于政治关系的和谐，容易引发权力的冲突与争斗，争斗失败的一方则往往会遭遇贬谪的命运，这便形成了大量的政治贬谪，它是贬谪中非常常见、存在也极为广泛的一种形态。

二、经济、军事原因导致的贬谪

除了政治原因外，经济、军事因素也是导致贬谪的重要原因，这一类型的贬谪在唐代贬谪中非常常见，其中，经济原因更是经常成为政敌诬陷贬官的重要借口。本节主要就经济、军事两种因素造成的贬谪进行探讨。

经济原因造成贬谪的主要形式是贪赃。《唐律疏议》中关于贪赃有非常细致的规定，其中，“受人财为请求”“有事以财行求”“监主受财枉法”“事后受财”“受所监临财物”“因使受送遗”“监临受供馈”“率敛所监临财物”等条讨论的都是贪赃的问题。就处罚而言，有的笞，有的杖，有的徒，有的流，还有极少数几种是绞，各不相同。但是，通过研究唐代官员的赃罪问题可以发现，唐代实际政治

① (后晋)刘昫等撰：《旧唐书》卷一〇五《宇文融传》，中华书局1975年版，第3219页。
② (后晋)刘昫等撰：《旧唐书》卷一〇五《宇文融传》，中华书局1975年版，第3221页。
③ (后晋)刘昫等撰：《旧唐书》卷一〇五《宇文融传》，中华书局1975年版，第3221页。

活动中对官员犯赃罪的处罚，整体而言是比法律规定的处罚方式更为严厉的。在实际对赃罪的处理中，降职是相对较轻的处罚方式，犯赃官员大多都处以流放，且是流放到极远恶之处，有的还要加杖刑与除名一起进行。如《唐语林》中记载："宗楚客兄秦客，潜劝则天革命，累迁内史，后以赃罪流于岭南死。"①吏部侍郎李彭年"以赃污为御史中丞宋浑所劾，长流岭南临贺郡"②，宋浑及弟恕以赃，诏浑流岭南高要郡，恕流南康郡。"马平阳为夔州刺史，元和十年以贪虐贬为韶州司户。"③"夏侯至为汴州刺史，元和十年以贪虐贬潮州司户。"④"孟孚为苏州嘉兴县令，敬宗宝历元年六月，坐赃，杖四十，除名，流康州。"⑤等等，可见唐代对经济犯罪的重视程度。

唐代赃罪一般都要处以流放远恶之州的处罚，这种处罚极少因官员的特殊身份而得到优待，即使优待，也仅是可以免除就地处死的命运。如永徽二年华州刺史萧龄之因"受左智远及冯盎妻等金银奴婢等"诏令群臣奏议，皇帝大怒，"令于朝廷处尽"⑥。据前文《唐律疏议》记载可知，无论是"受人财而为请求"还是"诸监临主受财而不枉法""诸监临主受财而枉法者"等，大部分赃罪的处罚方式都是流放，而皇帝一怒之下却要将其就地处死，可见皇帝对赃罪惩处的态度之严厉。后在御史大夫唐临关于"天下太平合用尧舜之典""律有八议，并依周礼旧文"⑦等一番情理兼备的劝谏之后，高宗才将其流放于岭南。由此可见，即使经过大臣的进谏，经过八议的减轻，犯赃罪者也仅仅是能够暂时保住性命而难以避免流放的厄运。与此相类似的还有吴士矩，《新唐书·吴士矩传》记载开成初，士矩"为江西观察使，乡宴侈纵，一日费凡十数万。初至，库钱二十七万缗，晚年才九

① （宋）王谠撰：《唐语林》卷三《方正》，上海古籍出版社 1978 年版，第 86 页。

② （后晋）刘昫等撰：《旧唐书》卷九十《李彭年传》，中华书局 1975 年版，第 2921 页。

③ （宋）王钦若等编：《册府元龟》卷七〇〇《牧守部·贪黩》，中华书局 1960 年影印本，第 8354 页。

④ （宋）王钦若等编：《册府元龟》卷七〇〇《牧守部·贪黩》，中华书局 1960 年影印本，第 8354 页。

⑤ （宋）王钦若等编：《册府元龟》卷七〇七《令长部·贪黩》，中华书局 1960 年影印本，第 8418 页。

⑥ （宋）王溥撰，牛继清校证：《唐会要校证》卷三九《议刑轻重》，三秦出版社 2012 年版，第 608 页。

⑦ （宋）王溥撰，牛继清校证：《唐会要校证》卷三九《议刑轻重》，三秦出版社 2012 年版，第 608 页。

万，军用单匮，无所仰”，后事泄，“中外共申解，得以亲议，文宗弗穷治也，贬蔡州别驾”①。基于八议中“议亲”的考虑，吴士矩才有机会以贬谪的方式进行处罚，然而，大臣对这样的处罚却并不满意，以至于“谏官执处其罪”，御史中丞狄兼谟亦上疏：“陛下擢任士矩，非私也，士矩负陛下而治之，亦非私也。请遣御史至江西即讯，使杜江淮它镇循习意。”②这样的奏疏使得处罚吴士矩不再仅仅是处理一个贪赃的问题，而是在为整个江淮地区藩镇处罚赃罪立表率，在这样的威压之下，皇帝最终还是将吴士矩流放端州。可见，赃罪想要避免流放的处罚是非常困难的，在面对赃罪的问题上，连保护封建官员等级特权与利益的“八议”制度都极难发挥作用。再有朱叔夜的例子，《新唐书·殷侑传》中记载朱叔夜因侵牟士卒，赃数万，家畜兵器，被殷侑罢为左武卫大将军，然皇帝却因殷侑治朱叔业之罪太轻，不仅将殷侑出为山南东道节度使，更是将叔夜赐死。从这个例子，我们更可见出皇帝对赃罪的态度之严厉。总而言之，赃罪在唐代是一种非常严重的罪行，其处罚甚至极少考虑官员的特殊身份予以优待，这是唐代赃罪与其他形式的犯罪最大的区别所在。

当然，赃罪处罚也并不都是流放于远恶之州，有时赃罪也会以贬官的方式进行处理，只是，受贬官处罚的这些官员大部分都是宰相或者宠臣。如大历二年，代宗贬太子少保李遵永州司马，“坐赃也”③。还有一些酷吏，如延载元年，殿中丞来俊臣“坐赃，出为同州参军”④。神龙初，左台侍御史姚少之因贪赃五千余贯，韦皇后妹为之保持，姚少之“遂黜放为岭南琼山尉”⑤。还有天宝十四年，澧阳长史吉温因“坐赃七千匹及夺人口马奸秽事发”⑥，被贬端州高要尉等。可见，

---

① （宋）欧阳修、宋祁撰：《新唐书》卷一五九《吴士矩传》，中华书局 1975 年版，第 4956 页。

② （宋）欧阳修、宋祁撰：《新唐书》卷一五九《吴士矩传》，中华书局 1975 年版，第 4956 页。

③ （后晋）刘昫等撰：《旧唐书》卷一一《代宗纪》，中华书局 1975 年版，第 286 页。

④ （后晋）刘昫等撰：《旧唐书》卷一八六上《酷吏·来俊臣传》，中华书局 1975 年版，第 4840 页。

⑤ （后晋）刘昫等撰：《旧唐书》卷一八六下《酷吏·姚少之传》，中华书局 1975 年版，第 4852 页。

⑥ （后晋）刘昫等撰：《旧唐书》卷一八六下《酷吏·吉温传》，中华书局 1975 年版，第 4857 页。

特殊时期，特殊人物，皇帝对赃罪的处罚亦有相当的自由度，但整体而言，对赃罪的处罚在唐代都可以说是比较严苛的。

由经济原因造成的犯罪除了赃罪以外，还有一些其他的情形，如中书令褚遂良便有因“市地不如值”①而被贬同州刺史的例子；开元二十四年，李泳为邓州南阳县令，“坐擅兴赋役，贬康州都城县尉”②；还有代宗朝“御史大夫崔涣为税地青苗钱使，给百官俸钱不平，诏尚书左丞蒋涣按鞫，贬崔涣为道州刺史”③等。更多的时候，皇帝都会以制敕的形式将临时需要规定的与经济相关的犯罪及处罚颁发实行，如宪宗时发布的《定赃估敕》：“元和三年正月敕：今后应坐赃及他罪当赎者，诸道委观察判官一人专勾当，及时申报。如蔽匿不申者，节级科贬加罪。”④《停实估敕》：“敕：所纳匹段，并依中估，明知加价纳物，务在利及疲人，若更征剥实钱，即是重伤百姓。自今已后，送省及留使匹段，不得剥征折估钱。但委刺史县令分明告谕，令加意织造，不得滥恶，故违节级科贬。”⑤《禁私贮见钱敕》：“近日布帛转轻，见钱渐少，皆缘所在壅塞，不得通流。宜令京城内文武官寮，不问品秩高下，并公郡县主中使等，下至士庶商旅等，寺观坊市，所有私贮见钱。并不得过五千贯。如有过此，许从敕出后，限一月内，任将别物收贮。如钱数较多，处置未了，任便于限内于地界州县陈状更请限。纵有此色，亦不得过两月。若一家内别有宅舍店铺等，所贮钱并须计用此数。其兄弟本来异居曾经分析者，不在此限。如限满后有违犯者，白身人等，宜付所司痛杖一顿处死。其文武官及公主等，并委有司闻奏，当重科贬。”⑥此外还有《请令诸道年终勾帐奏》《定内外官料钱奏》《禁额外征税制》等制敕，都是国家规定的因经济原因犯罪的形式，且其中规定了相应的贬谪措施。由此可知，唐代因

① （宋）欧阳修、宋祁撰：《新唐书》卷一一六《韦思谦传》，中华书局1975年版，第4228页。

② （宋）王钦若等编：《册府元龟》卷七〇七《令长部·黜责》，中华书局1960年影印本，第8414页。

③ （后晋）刘昫等撰：《旧唐书》卷一一《代宗纪》，中华书局1975年版，第290页。

④ （宋）王溥撰，牛继清校证：《唐会要校证》卷四〇《定赃估》，三秦出版社2012年版，第624页。

⑤ 《全唐文》卷六一《停实估敕》，中华书局1983年影印本，第654页。

⑥ 《全唐文》卷六二《禁私贮见钱敕》，中华书局1983年影印本，第660页。

经济原因导致的犯罪形式是多种多样的，其中数量最多且处罚最为严重的就是赃罪，这也是皇帝最为重视的一种犯罪形式，以至于在唐律中都有大量的相关条目予以说明。

除了经济类型的犯罪，唐代法律也以相关条目规定了军事类型的犯罪。如擅兴律中的“擅发兵”“校阅违期”“乏军兴”“征人稽留”“主将守城弃去”“主将临阵先退”等。其处罚规定如“主将守城弃去”条：“诸主将守城，为贼所攻，不固守而弃去及守备不设，为贼所掩覆者，斩。”①“主将临阵先退”条：“诸主将以下，临阵先退，若寇贼对阵，舍杖投军及弃贼来降而辄杀者，斩。”②此外还有其他如徒、流、绞等惩罚方式。与对赃罪往往加重处罚相反，军事犯罪则大多并未如法律中规定的那样处斩，而是多以流放、除名、除名白衣从军自效、贬谪等较轻的方式予以惩处，且不同的时代，处罚偏好的方式也有所不同。唐朝初年，大多数武将因战争失败而受减死流放处罚，极个别的除名。如武德元年，因突厥寇马邑，高迁因贼兵胜而斩关宵遁，除名徙边③；武德五年有诏独孤晟将兵击郡璋，独孤晟失期不至，徙边④；贞观九年，李道彦为赤水道行军总管，与党项首领约定党项资给粮运，道彦背约，诸羌怨怒，道彦军大败，减死徙边⑤；还有同年樊兴因逗留失军期而减死徙边⑥等。相比之下，处以除名的仅有高祖武德元年刘文静、殷峤因兵败除名一例⑦。可见，减死徙边是这一时期处罚武将的常用手段。军事失利本是死刑大罪，但朝廷出于仁恕之道的考虑，免除其死刑，而采取了流放的处罚方式。到高宗、武后时期，对部分军将的流放处罚逐渐减少，除名、免官和白衣从军自效的方式逐渐增多。如显庆五年，刘仁轨因征辽误军期而被免官，以白衣随军自效⑧；咸亨元年，行军大总管薛仁贵与副总管阿史那道真、郭

---

① 刘俊文笺解：《唐律疏议笺解》，中华书局 1996 年版，第 1192 页。

② 刘俊文笺解：《唐律疏议笺解》，中华书局 1996 年版，第 1194 页。

③ （后晋）刘昫等撰：《旧唐书》卷五七《李高迁传》，中华书局 1975 年版，第 2297 页。

④ （宋）司马光编著：《资治通鉴》卷一九〇，中华书局 1956 年版，第 6062~6063 页。

⑤ （宋）司马光编著：《资治通鉴》卷一九四，中华书局 1956 年版，第 6227 页

⑥ （宋）司马光编著：《资治通鉴》卷一九四，中华书局 1956 年版，第 6227 页。

⑦ （后晋）刘昫等撰：《旧唐书》卷五七《刘文静传》，中华书局 1975 年版，第 2293 页。

⑧ （后晋）刘昫等撰：《旧唐书》卷八四《刘仁轨传》，中华书局 1975 年版，第 2790 页。

待封率兵与吐蕃战于大非川，唐军大败后三人免死除名①。万岁通天元年，娄师德与夏官尚书王孝杰征讨吐蕃，唐兵大败，孝杰坐免为庶人②等。而到玄宗以后，武将军败则大多以贬谪的方式进行惩处。《旧唐书·宪宗下》载："(元和)十二年春正月辛酉朔，以用兵不受朝贺。癸未，贬义武军节度使浑镐为循州刺史，坐讨贼失律也。甲申，贬唐邓节度袁滋为抚州刺史，以上疏请罢兵故也。"③袁滋，"逆贼吴元济与官军对垒者数年，滋竟以淹留无功，贬抚州刺史"④。太和三年，南诏蛮进犯成都，大掠蜀城玉帛、子女、工巧之具而去，西川节度使杜元颖不做防备，被贬循州司马，判官崔璜被贬连州司马，纥干众被贬郢州长史、卢并被贬唐州司马⑤等。可见，随着时间的推移，唐代对武将犯罪的处罚措施呈现逐渐减轻的趋势，而这与唐帝王爱惜将才，重视国家的边防等要素密切相关。

三、其他职制、礼俗原因导致的贬谪

除去前文所言政治、经济、军事等原因导致的贬谪以外，唐代还有大量因其他礼法原因所致的贬谪。这些贬谪中，有的是因违反了法律的相关规定，有的是因触犯了皇帝颁布的相关制敕，有的则是不符合特定文化环境中的礼俗所致。具体而言我们分以下几种情形进行探讨。

(一)贡举非其人与漏泄大事

贡举非其人与漏泄大事都是唐律中明确规定的职制类的违法犯罪行为，《唐律疏议》中对二者都有非常明确的处罚规定。然而在实际政治生活中，出于种种原因的考虑，这两种违法行为却往往并未按照唐律的规定进行处罚而是处以贬谪。

《唐律疏议·职制》"贡举非其人"条规定："诸贡举非其人及应贡举而不贡举

① (宋)司马光编著：《资治通鉴》卷二〇一，中华书局1956年版，第6479页。

② (宋)司马光编著：《资治通鉴》卷二〇五，中华书局1956年版，第6620页。

③ (后晋)刘昫等撰：《旧唐书》卷十五《宪宗下》，中华书局1975年版，第458页。

④ (后晋)刘昫等撰：《旧唐书》卷一八五下《良吏下·袁滋传》，中华书局1975年版，第4831页。

⑤ (后晋)刘昫等撰：《旧唐书》卷一六三《杜元颖传》，中华书局1975年版，第4264页。

者，一人徒一年，二人加一等，罪止徒三年。若考校、课试而不以实及选官乖于举状，以故不称职者，减一等。”①刘俊文对此进行了更为详细的解析：“所谓贡举非人，即指负责贡举之官，违背令式，‘妄相推荐’‘德行无闻’之人，或‘蔽而不举’‘才堪利用’之人，造成所贡举者不符合标准。所谓考选失实，即指负责考课及铨选之官，违背令式，‘考课不以实’，或‘乖于所举本状’，造成所选授者不称职，所升降者有差失。贡举非人及考选失实，就性质而言，皆属官吏失职之罪，就后果而言，则直接影响封建国家机器运转与更新。”②由此，我们可以明白这一犯罪行为的性质。犯罪本应受到相应的法律处罚，然史籍中记载的大量贡举非人的例子却最终都以贬谪的方式进行惩处。如贞观十九年，“吏部尚书杨师道坐所署用多非其才，左迁工部尚书”③；开元四年，“(卢)从愿以注拟非才，左迁豫州刺史”④；李朝隐，“(开元)四年春，以授县令非其人，出为滑州刺史，转同州刺史”⑤；韦抗，“以荐御史非其人，出为安州都督，转蒲州刺史”⑥，等等。此外，唐代皇帝还不定期颁发相关制敕，规定举主举人不当的贬谪处罚。如武后时期颁布的《搜访贤良诏》，其中规定：“荐若不虚，自从褒异之典；举非其士，岂漏贬责之科。所司明为条例，布告远近，知朕意焉。”⑦玄宗时《令内外臣僚各举县令敕》《放举人并下第敕》中的：“所举人得官以来，一任之中，能有善政，及不称所举，其举主应须褒贬”⑧“其有不对策罗嘉茂，既是白丁，宜于剑南效力，全不答所问崔慎惑、刘湾等，勒为本郡充学生之数，勿许东西。其所举官，各量贬殿，以示惩诫”⑨。还有代宗大历元年二月敕：“许吏部选人自相举，如任官有犯，坐举主。”⑩宪宗元和二年十二月敕：“本试官及司功官，见任及已

① 刘俊文笺解：《唐律疏议笺解》，中华书局 1996 年版，第 697~698 页。
② 刘俊文笺解：《唐律疏议笺解》，中华书局 1996 年版，第 705 页。
③ (宋)司马光编著：《资治通鉴》卷一九八，中华书局 1956 年版，第 6345 页。
④ (后晋)刘昫等撰：《旧唐书》卷一〇〇《卢从愿传》，中华书局 1975 年版，第 3124 页。
⑤ (后晋)刘昫等撰：《旧唐书》卷一〇〇《李朝隐传》，中华书局 1975 年版，第 3126 页。
⑥ (后晋)刘昫等撰：《旧唐书》卷九二《韦抗传》，中华书局 1975 年版，第 2963 页。
⑦ 《全唐文》卷九六《搜访贤良诏》，中华书局 1983 年影印本，第 990 页。
⑧ 《全唐文》卷三四《令内外臣僚各举县令敕》，中华书局 1983 年影印本，第 378 页。
⑨ 《全唐文》卷三六《放举人并下第敕》，中华书局 1983 年影印本，第 398 页。
⑩ (宋)王溥撰，牛继清校证：《唐会要校证》卷七五《选部下》，三秦出版社 2012 年版，第 1169 页。

停替，并量事轻重贬降，仍委御史台常加察访。”①元和三年四月敕：“其观察使、刺史所举人，不得授以本州岛府县令。到任后，有罪犯，其所举主，准前敕贬罚。”②等等这些，可见，贡举非人的贬谪在唐代历史中非常常见。

与贡举非人类似的还有因科举考试不合规定造成的贬谪。科举是唐代国家选举官吏的重要手段，科举不合规定同样会造成国家选拔人才的失误，影响封建国家机器的运转，因此，科举失误亦是造成唐代官员贬谪的一大原因。如《旧唐书》卷一一三《苗晋卿传》中苗晋卿因科举中徇私舞弊而造成贬谪的例子：“御史中丞张倚男奭参选，晋卿与遥以倚初承恩，欲悦附之，考选人判等凡六十四人，分甲乙丙科，奭在其首。众知奭不读书，论议纷然”③，苏孝温具其事告之，“玄宗大集登科人，御花萼楼亲试，登第者十无一二；而奭手持试纸，竟日不下一字，时谓之‘曳白’。上怒，晋卿贬为安康郡太守，遥为武当郡太守，张倚为淮阳太守”④。还有因科举漏泄题目而造成贬谪的例子，《唐会要》载：“大中元年二月，吏部宏辞举人漏泄题目，为御史台所劾。侍郎裴稔改国子祭酒……考试官刑部郎中唐扶出为虔州刺史。”⑤穆宗时，侍郎钱徽等多所举送，覆试多不中选，于是“贬礼部侍郎钱徽为江州刺史，中书舍人李宗闵为剑州刺史，右补阙杨汝士为开州开江令”⑥等。总而言之，这些都是与选官相关的贬谪情形，也是唐代造成贬谪比较重要的一项因素。

除了贡举非人，《唐律疏议·职制》还有另外一个造成贬谪的非常重要因素，即漏泄大事。《唐律疏议》中“漏泄大事”条规定：“诸漏泄大事应密者，绞。非大事应密者，徒一年半；漏泄于藩国使者，加一等。仍以初传者为首，传至者为

① （宋）王溥撰，牛继清校证：《唐会要校证》卷七六《贡举中》，三秦出版社2012年版，第1184页。

② （宋）王溥撰，牛继清校证：《唐会要校证》卷六九《别驾》，三秦出版社2012年版，第1041页。

③ （后晋）刘昫等撰：《旧唐书》卷一一三《苗晋卿传》，中华书局1975年版，第3350页。

④ （后晋）刘昫等撰：《旧唐书》卷一一三《苗晋卿传》，中华书局1975年版，第3350页。

⑤ （宋）王溥撰，牛继清校证：《唐会要校证》卷七六《贡举中·制科举》，三秦出版社2012年版，第1196页。

⑥ （后晋）刘昫等撰：《旧唐书》卷一六《穆宗》，中华书局1975年版，第488页。

从，即转传大事者，杖八十，非大事勿论。”①同样地，在现实政治环境中，漏泄大事亦常常以贬谪的方式进行处罚，如贞观七年，王珪“坐漏泄禁中语，左迁同州刺史”②；杜正伦，因漏泄禁中语，被出为谷州刺史；杜景检，“坐漏泄禁中语，左授司刑少卿，出为并州长史”③；齐澣因漏泄禁中语，“贬高州良德丞”④。等等。可见，漏泄大事亦是唐代造成贬谪的重要原因。

(二)户、婚、丧葬因素造成的贬谪

唐代户婚律规定了户口、婚姻方面的违法犯罪行为及其处罚方式，在实际生活中，这些违制情形也常常以贬谪的方式进行惩处。户口方面常见的罪名有“占田过限”“在官侵夺私田”“脱漏户口增减年状”“州县不觉脱漏增减”等，具体事例如“(苏)味道因此侵毁乡人墓田，役使过度，为宪司所劾，左授坊州刺史”⑤。亦有相关制敕规定，如玄宗朝《令诸州年终申报户口实数敕》有“天下诸州户口，或刺史县令自离任者，并宜分明交付。州县仍每至年终，各具存亡及增加实数同申，并委采访使重复报省，所司明为课最，具条件奏闻。随事褒贬，以旌善恶”⑥。还有玄宗时《均平户籍敕》，其中有：“自今已后，每至定户之时，宜委县令与乡村对定。审于众议，察以资财，不得容有爱憎，以为高下。徇其虚妄，令不均平，使每等之中，皆称允当。仍委太守详覆。如有不平，县令录奏，量事贬降，其乡村对定之人，便与节级科罪。覆定之后，明立薄书。每有差科，先从高等，务兹不足，庶叶彝伦。”⑦很显然，户籍、田地等方面不公正的处理是造成贬谪的一大因素。

婚姻方面，唐代法律中亦有相当篇幅的规定，如“妻无七出而出之”等条，

---

① 刘俊文笺解：《唐律疏议笺解》，中华书局1996年版，第758~759页。

② (后晋)刘昫等撰：《旧唐书》卷七〇《王珪传》，中华书局1975年版，第2529页。

③ (后晋)刘昫等撰：《旧唐书》卷九〇《杜景俭传》，中华书局1975年版，第2912页。

④ (后晋)刘昫等撰：《旧唐书》卷一九〇中《文苑中·齐浣传》，中华书局1975年版，第5038页。

⑤ (后晋)刘昫等撰：《旧唐书》卷九四《苏味道传》，中华书局1975年版，第2992页。

⑥ 《全唐文》卷三五《令诸州年终申报户口实数敕》，中华书局1983年影印本，第389页。

⑦ 《全唐文》卷三六《均平户籍敕》，中华书局1983年影印本，第395页。

源休出妻便是一例，源休“妻即吏部侍郎王翊女也，因小忿而离，妻族上诉，下御史台验理，休迟留不答款状，除名，配流溱州。久之，移岳州”①。而在实际生活中，因婚姻造成的贬谪大多是因为背离了礼俗，有的是闺廷不理，有的因强夺人妻，有的因理家不当，有的因畜别宅妇人，还有的因嫁娶仪礼不合或多所私聘等。如陈叔达便曾“坐闺廷不理，为宪司所劾，朝廷惜其名臣，不欲彰其罪，听以散秩归第”②。(贞元)十一年五月，左神策军健儿朱华因“枉法受赃并强夺人妻”③杖八十，配流岭南。更有李元素，“初，元素再娶妻王氏，石泉公方庆之孙，性柔弱，元素为郎官时娶之，甚礼重，及贵，溺情仆妾，遂薄之。且又无子，而前妻之子已长，无良，元素寝疾昏惑，听谮遂出之，给与非厚。妻族上诉”④，李元素被停官。从其贬谪诏书中，我们更能够清楚这一事件的始末：“李元素病中上表，恳切披陈，云‘妻王氏，礼义殊乖，愿与离绝’。初谓素有丑行，不能显言，以其大官之家，所以令自处置。访闻不曾告报妻族，亦无明过可书，盖是中情不和，遂至于此。胁以王命，当日遣归，给送之间，又至单薄。不唯王氏受辱，实亦朝情悉惊。如此理家，合当惩责。宜停官，仍令与王氏钱物，通所奏数满五千贯。”⑤显然，李元素被贬的主要原因是理家不当，与妻离绝而致妻受辱。畜别宅妇人则有相关的制敕，玄宗时的《禁畜别宅妇人制》规定：“自今已后，更有犯者，并准法科断。五品已上，仍贬授远恶处官，妇人配入掖庭。”⑥嫁娶仪礼不合的如“左拾遗杨归厚以自娶妇，进状借礼会院，贬国子主簿分司”⑦。多所私聘的例子如许敬宗，其因贪婪，“以女嫁蛮酋冯盎子，多私所聘，有司劾举，下除郑州刺史”⑧。此外，还有因妻子妒悍杀人遭贬的例子，如“安石夫人薛

---

① (后晋)刘昫等撰：《旧唐书》卷一二七《源休传》，中华书局1975年版，第3574页。

② (后晋)刘昫等撰：《旧唐书》卷六一《陈叔达传》，中华书局1975年版，第2363页。

③ (宋)王钦若等编：《册府元龟》卷一五三《帝王部·明罚》，中华书局1960年影印本，第1850页。

④ (后晋)刘昫等撰：《旧唐书》卷一三二《李元素传》，中华书局1975年版，第3658页。

⑤ (后晋)刘昫等撰：《旧唐书》卷一三二《李元素传》，中华书局1975年版，第3659页。

⑥ 《全唐文》卷二一《禁畜别宅妇人制》，中华书局1983年影印本，第246页。

⑦ (后晋)刘昫等撰：《旧唐书》卷一五《宪宗下》，中华书局1975年版，第444页。

⑧ (宋)欧阳修、宋祁撰：《新唐书》卷二二三上《许敬宗传》，中华书局1975年版，第6335页。

氏疑元澄先所幸婢厌杀之”①，为御史中丞杨茂谦所劾，出安石为蒲州刺史。还有房孺复，“娶台州刺史崔昭女，崔妒悍甚，一夕杖杀孺复侍儿二人，埋之雪中。观察使闻之，诏发使鞫案有实，孺复坐贬连州司马”②。由此可见，在唐代，官员的家庭关系不和谐，或官员妻子犯法，都有可能会影响到官员自身的仕途，婚姻嫁娶不合礼法的方方面面，都可能导致贬谪。

与户口婚姻具备相关的法律规定不同，丧葬造成的贬谪并无明确的法律规定，更多是因丧葬期间不合礼法的行为而导致的贬谪。如皇甫镈便因“居丧游处不度，下除詹事府司直”③，田璹因葬妻奢侈而贬泸州县尉④，“驸马都尉于季友居嫡母丧，与进士刘师服欢宴夜饮。季友削官爵，笞四十，忠州安置，师服笞四十，配流连州”⑤。除此之外就是一些专门禁止厚葬的制敕诏令，如玄宗时期的《禁厚葬制》，其中规定：“坟墓茔域，务遵简俭；凡诸送终之具，并不得以金银为饰。如有违者，先决杖一百。州县长官，不能举察，并贬授远官。”⑥亦有《禁殡葬违法诏》，“如闻百官及庶人家，殡葬颇违古则，无复哀戚，递相夸尚。富者逾于礼法，贫者殚其资产，无益于死，徒损于生，伤风败化，斯斁尤甚。自今已后，送终之仪，一依令式。至坟墓所，仍不得聚饮肉食，宜令所繇，严加禁断。更有违者，科违敕罪”⑦等。由此可知，违背丧葬中的相关礼俗亦是唐代贬谪原因之一。

（三）祭祀朝会不合礼法、营造过度及左道

除了婚丧习俗，祭祀朝会中也有许多需要注意的礼俗，违背这些礼俗就是触犯法律，要受到相应的制裁。《唐律疏议·职制》“祭祀朝会失措违仪”条规定：

---

① （后晋）刘昫等撰：《旧唐书》卷九二《韦安石传》，中华书局1975年版，第2957页。

② （后晋）刘昫等撰：《旧唐书》卷一一一《房孺复传》，中华书局1975年版，第3325页。

③ （宋）欧阳修、宋祁撰：《新唐书》卷一六七《皇甫镈传》，中华书局1975年版，第5113页。

④ （宋）王钦若等编：《册府元龟》卷一五三《帝王部·明罚》，中华书局1960年影印本，第1860页。

⑤ （后晋）刘昫等撰：《旧唐书》卷十五《宪宗下》，中华书局1975年版，第459页。

⑥ 《全唐文》卷二一《禁厚葬制》，中华书局1983年影印本，第245页。

⑦ 《全唐文》卷二八《禁殡葬违法诏》，中华书局1983年影印本，第325页。

"诸祭祀及有事于园陵若朝会、侍卫、行事失错及违失仪式者，笞四十。应集而主司不告，及告而不至者，各笞五十。"①刘俊文解释曰："按典礼失仪及不集罪，指朝廷举行祭祀、谒陵、朝参、集会等典礼时，'行事失错''违失仪式'或'应集不告''告而不至'等行为。此类行为，侮慢朝章，非礼不敬，故为律所不容。"②在唐代，官员如在祭祀与朝会中有不合礼法的行为，常常会被处以贬谪。

祭祀朝会中的不合仪礼之举如服色的不合礼仪。玄宗先天二年十月敕文："文武官朝参，着葱褶珂伞者，其有不着入班者，各夺一月俸。若无故不到者，夺一季禄。其行香拜表不到，亦准此。频犯者量事贬降。其衣冠珂伞，乃许着到曹司。"③其中对于朝参服色不合仪的便要处以贬谪，《禁僭用服色诏》及《禁滥借鱼袋诏》都有类似的规定。《禁僭用服色诏》中有："彰施服色，分别贵贱，苟容僭滥，有乖仪式。如闻内外官绝无着碧者，皆诈着绿，以为常事。又军将在阵，赏借绯紫，本是从戎缺胯之服，一得以后，遂别着长袍，递相仿效。又入蕃使等别敕借绯紫者，使回合停，或有便着，曾无愧耻。宪司不能举劾，遂令此弊滋甚。自今已后，衙内宜专定，殿中侍御史本司官长，并量事贬降。"④《禁滥借鱼袋诏》中又有："朱紫贵服，所以分别班品，自非有德有功，不可轻为赏借。自今以后，诸军节度大使，灼然有知功劳，须权行给赏，任量借色及鱼袋，仍俱状奏。"⑤在古代，不同场合应如何着装有明确的礼法规定，它象征着整个封建国家等级结构与阶级秩序的稳定性，反之，服色的随意使用则是对这一秩序的破坏，会受到贬谪处罚。祭祀活动中，除服色要合礼之外，国家对官员的威仪也有一定的约束。中书舍人兼吏部侍郎崔漪便曾因带酒容入朝，被贬为右庶子，谏议大夫李何忌则因在班不肃而被贬为西平郡司马⑥。武宗时李程，因其"性放荡，不修

① 刘俊文笺解：《唐律疏议笺解》，中华书局1996年版，第735页。

② 刘俊文笺解：《唐律疏议笺解》，中华书局1996年版，第736页。

③ （宋）王溥撰，牛继清校证：《唐会要校证》卷二四《朔望朝参》，三秦出版社2012年版，第400页。

④ 《全唐文》卷二七《禁僭用服色诏》，中华书局1983年影印本，第307~308页。

⑤ 《全唐文》卷二九《禁滥借鱼袋诏》，中华书局1983年影印本，第330页。

⑥ （后晋）刘昫等撰：《旧唐书》卷一二八《颜真卿传》，中华书局1975年版，第3591页。

仪检，滑稽好戏……出为襄州刺史、山南东道节度使”①。宪宗元和二年十二月，御史台关于文武常参官朝堂行为规范的奏书亦获得批准颁发，其中规定：“文武常参官，准乾元元年三月敕，如有朝堂相吊慰及跪拜，待漏行立不序，谈笑喧哗，入衙门执笏不端，行立迟慢，至班列不正，趋拜失仪，言语微喧，穿班仗，出合门，不即就班，无故离位，廊下食行坐失仪语闹，入朝及退朝，不从正衙出入，非公事入中书，每犯夺一月俸。今商量旧条，每罚各减一半，有犯必举，不敢宽容。如所由指挥，尚抵拒非，即请准旧例，录奏贬官。”②可见，所有文武官员在朝的不合礼行为都要接受惩罚，轻则罚俸，重则贬谪。

不合礼法的行为除了祭祀、朝会的相关服色与威仪的不合礼外，还有营造宫殿、服被等的僭越。《唐律疏议·杂律》“舍宅车服器物违令”条规定：“诸营造舍宅、车服、器物及坟茔、石兽于令有违者杖一百。”③“唐代实行严格的等级制度，凡衣、食、住、行、婚娶、丧葬皆有明确的等级界限”“所谓营造违制罪，即指修造或使用舍宅、车服、器物及坟茔、石兽、碑碣之类，有违令文之节制，而僭级逾等之行为，此类行为混淆贵贱、颠倒上下，破坏社会等级秩序，故律设为专条以惩禁之。”④大和八年十一月，“幽州节度使杨志诚被逐入朝，下御史台讯鞫。志诚在幽州，被服皆为龙凤，乃流之岭外，至商州杀之”⑤。龙凤乃帝王的标志，只有御用之物才能够使用龙凤图案，杨志诚作为一个节度使使用它显然属于僭越，因此被流放，《旧唐书·杨志诚传》亦对此事有记载：“元忠进志诚所造衮龙衣二副及被服鞍鞯，皆绣饰鸾凤日月之形，或为王字。因付御史台按问，流岭南。行至商州，杀之。”⑥除了被服的僭越还有宅第规制的僭越，宗楚客便曾因

① （后晋）刘昫等撰：《旧唐书》卷一六七《李程传》，中华书局 1975 年版，第 4373～4374 页。

② （宋）王溥撰，牛继清校证：《唐会要校证》卷二四《朔望朝参》，三秦出版社 2012 年版，第 404 页。

③ 刘俊文笺解：《唐律疏议笺解》，中华书局 1996 年版，第 1818 页。

④ 刘俊文笺解：《唐律疏议笺解》，中华书局 1996 年版，第 1820 页。

⑤ （后晋）刘昫等撰：《旧唐书》卷一七下《文宗下》，中华书局 1975 年版，第 556 页。

⑥ （后晋）刘昫等撰：《旧唐书》卷一八〇《杨志诚传》，中华书局 1975 年版，第 4676～4677 页。

“赐将作材营第，僭侈过度，为懿宗所劾，自文昌左丞贬播州司马”①。《朝野佥载》描述为：“宗楚客造一新宅成，皆是文柏为梁，沉香和红粉以泥壁，开门则香气蓬勃。磨文石为阶砌及地，着吉莫靴者，行则仰仆。”②太平公主见了都感叹：“看他行坐处，我等虚生浪死”，然僭越最终还是导致其贬谪的命运。

此外，唐代贬官的贬谪原因中还经常出现“左道”一项。左道，指邪门歪道，《礼记·王制》曰：“执左道以乱政，杀。”③郑玄注：“左道，若巫蛊及俗禁。”④左道如造畜蛊毒，如厌胜之术。造畜蛊毒指“制造或‘传畜’蛊虫，用以‘毒害于人’之行为。此类行为带有神秘之特点，属于邪术之性质。其之成罪，不仅因为律从迷信观念出发，确认其有害人之功能，更重要者，是因为律从儒家学说出发，确认其为‘乱政’之‘旁门左道’，对整个社会构成危害”⑤。厌胜，《唐律疏议》曰：“有所憎嫌前人而造厌魅，厌事多方，罕能详悉，或图画形像，或刻作人身，刺心钉眼，系手缚足，如此厌胜，事非一绪；魅者，或假托鬼神，或妄行左道之类；或祝或诅，欲以杀人者：各以谋杀论减二等。”⑥总而言之，左道指通过某种邪门歪道或神秘活动而达到害人目的的行动。唐代因左道而遭贬的例子也不少，通鉴中记载，司农卿韦凑欲求夏州节度使，凑信一术士之言，设醮具于庭为其求之⑦，事泄，凑贬永州司马。王守一“坐与庶人潜通左道，左迁柳州司马，行至蓝田驿，赐死”⑧。殿中侍御史郭震曾奏“彦昭以女巫赵五娘左道乱常，托为诸姑，潜相影援，既因提挈，乃践台阶，驱车造门，着妇人之服；携妻就谒，申

① (宋)欧阳修、宋祁撰：《新唐书》卷一〇九《宗楚客传》，中华书局1975年版，第4102页。

② (唐)张鷟等撰，阳羡生校点：《朝野佥载·云溪友议》卷三，上海古籍出版社2012年版，第34页。

③ (清)阮元校刻：《十三经注疏》卷一三《礼记·王制》，中华书局1980年版，第2909页。

④ (清)阮元校刻：《十三经注疏》卷一三《礼记·王制》，中华书局1980年版，第2909页。

⑤ 刘俊文笺解：《唐律疏议笺解》，中华书局1996年版，第1302页。

⑥ 刘俊文笺解：《唐律疏议笺解》，中华书局1996年版，第1311页。

⑦ (宋)司马光编著：《资治通鉴》卷二四九，中华书局1956年版，第8182页。

⑧ (后晋)刘昫等撰：《旧唐书》卷一八三《外戚·王守一传》，中华书局1975年版，第4745页。

犹子之情。于时南宪直臣，劾以霜宪，暂加微贬，旋登宠秩。同恶相济，一至于此。乾坤交泰，宇宙再清，不加贬削，法将安措？请付紫微黄门，准法处分”①，后累贬江州别驾。可见，左道乃危害封建国家有序运行的行为，常常会受到贬谪处罚。

（四）断狱、制书书写与道路稽违

除了贡举非其人与漏泄大事外，唐代职制方面的犯罪还有断狱不当、制书写作失误、官员上任道路稽程等许多类型，这些类型的犯罪亦常常是导致唐代官员贬谪的重要原因。

《唐律疏议·职制》条中“稽缓制书官文书”“被制书施行有违”“受制忘误”“制书官文书误辄改定”“上书奏事犯讳”“上书奏事误”等条都是对制书书写中各种错误的处罚规范，其具体处罚方式或笞，或杖，或徒，但现实政治中，这类犯罪一般都会以贬谪的方式进行处罚。如《新唐书·艺文四》记载，“李德裕之谪，嘏草制不尽书其过，贬端州刺史”②；再如刘瞻因谏囚医工宗族罢相，出为荆南节度使，畋草刘瞻制过为美词，懿宗将其贬为梧州刺史③。可见，制书书写是有严格的书写规定的，任何不当都可能遭致贬谪处罚。另外，官员应奏事不奏也常常会导致贬谪。《唐律疏议·职制》“应奏事不奏”规定：“诸事应奏而不奏，不应奏而奏者，杖八十。”④实际政治中，皇帝也常会下达相关诏书，规定官员奏事不实的处罚。如（会昌）六年五月敕：“诸州刺史，委中书门下切加选择，非奉公洁己，素效彰著者，不得妄有除授……仍令观察使审勘，诣实闻奏。如涉虚妄，本判官重加贬责。”⑤还有武宗时期颁布的《厘革请留中不出状诏》：“……宜起今后，应有朝官及上封事人进章表论人罪恶，并须证验明白。状中仍言请付御史台按问，不得更云请留中不出。如军国要机事关密切者，不在此例。推勘后如得事

---

① （后晋）刘昫等撰：《旧唐书》卷九二《赵彦昭传》，中华书局 1975 年版，第 2968 页。

② （宋）欧阳修、宋祁撰：《新唐书》卷六〇《艺文四》，中华书局 1975 年版，第 1616 页。

③ （后晋）刘昫等撰：《旧唐书》卷一七八《郑畋传》，中华书局 1975 年版，第 4632 页。

④ 刘俊文笺解：《唐律疏议笺解》，中华书局 1996 年版，第 790 页。

⑤ （宋）王溥撰，牛继清校证：《唐会要校证》卷六九，三秦出版社 2012 年版，第 1033 页。

实，必奖奉公，苟涉加诬，当令反坐。如此，则人知畏法，事免构虚。”①最后，“之官限满不赴”“驿使稽程”等，也都是导致贬谪的常见原因，司空图便曾“以赴阙迟留，责授光禄寺主簿，分司东都”②；哀帝时也颁布《新除官不得停住诏》，规定：“宜令诸道节度观察防御刺史等，如部内有新除朝官前资朝官，敕到后三日内发遣赴阙，仍差人监送。所在州县，不得停住，苟或稽违。必议贬黜。付所司。”③总而言之，以上所举官员各种职制类型的犯罪，都是官员被贬的常见原因。

除去以上所举官员被贬的四大类原因之外，官员被贬的原因还有许多，如妄请假、讪短时政、用法深、滞狱、御史作威福、僧人敛财、笞辱官吏等。这些情形有些是法律中有规定的，有些是违反一般礼法原则的，不一而足。有时皇帝还会根据实际政治情况临时颁发相应制敕来规范官员的行为。如玄宗时期《戒州县祗候御史诏》：“御史出使，举正不法。身苟不正，焉能正人？如闻州县祗迎，相望道路，牧宰祗候，僮仆不若。作此威福，其正人何？自今以后，宜申明格敕，不得更尔。违者州县科罪，御史贬降。”④诏书规定御史不能作威福。德宗时期《罢邕府金坑敕》：“朕闻致理之君，克勤于德，不贵远物，所宝惟贤。故尧设茅茨，禹卑宫室，光武舍去宝剑，顺帝封还大珠。朕以眇身，获守丕业，仰止前王之德，思齐太素之风，未尝缘情于服玩，措意于珠玉，庶乎捐金抵璧，返朴还淳。邕州所奉金坑，诚为润国，语人以利，非朕素怀。方以不贪为宝，惟德其物，岂尚兹难得之货，生其可欲之心耶？其金坑宜委康泽差择清强官专勾当，任贫下百姓采劚，不得令酋豪及官吏影占侵扰，闻奏当重科贬。俾夫俗臻富寿，人识廉隅，副朕意也。”⑤诏书中规定金坑只能任贫下百姓去开采，酋豪及官吏不得占侵干扰。还有德宗贞元七年二月规定军士不能陵忽的诏书：“诏：神威、六军吏士与百姓讼者，委之府县，小事牒本军，大事奏闻。若军士陵忽府县，禁身以

① 《全唐文》卷七六《厘革请留中不出状诏》，中华书局1983年影印本，第803页。

② （后晋）刘昫等撰：《旧唐书》卷一九〇下《司空图传》，中华书局1975年版，第5082页。

③ 《全唐文》卷九三《新除官不得停住诏》，中华书局1983年影印本，第970页。

④ 《全唐文》卷二九《戒州县祗候御史诏》，中华书局1983年影印本，第331页。

⑤ 《全唐文》卷五四《罢邕府金坑敕》，中华书局1983年影印本，第578页。

闻，委御史台推覆。县吏辄敢笞辱，必从贬谪。”①等等这些，均是根据实际政治需要临时颁发。由此我们可以总结，唐代官员贬谪的原因非常多，其中既有法律规定的犯罪行为，也有不符合相关礼法的行为，还有根据实际政治需要临时颁发的制敕规定。可以说，在唐代，官员的贬谪缘由非常之多且非常灵活，贬谪是唐代政治生活中的大事件。

第二节　几类重要的贬官方式

“贬乃降资”，贬谪顾名思义指对官员品职的降级。唐代官员的品级由职、散、勋、爵四大官阶系统组合而成，这四大官阶中，任何一个官阶的降低都可视为贬谪。复杂的官阶制度决定了贬谪方式的多样性。在多种贬谪方式中，本节只择取几类出现比较多、比较重要，但在以往的研究中却很少专门论及的贬谪方式进行论述。

一、除名、免官、免所居官

贬官制度与官阶制度有着密切的关系。唐代官阶由职、散、勋、爵四大官阶系统组成。职代表着职事之官，“职事者，诸统领曹事，供命王命，上下相摄，以持庶绩”②，职指的是职掌朝廷具体事务的官职。散官又称“阶官”，指有官名而无实际职务的官职。散官一切以门荫结品，劳考进叙，凡是九品以上的职事官都各带散位，谓之本品，唐代有文武两套散官系统共九品二十九阶。勋官是古代授予有功之人的官号，有品级而无执掌，“勋官者，出于周齐交战之际，本以酬战士，其后渐及朝流”③，唐代官员的勋级自上柱国(十二转，视从二品)以下至武骑尉(一转，视从七品)，共十二等。爵级是古代皇帝对贵戚功臣的赐封，是一种地位的象征，唐代共有九等爵位，分别有食邑。本节论述的几种贬谪方式即与这四大官阶系统关系密切。

① (宋)司马光编著：《资治通鉴》卷二三三，中华书局1956年版，第7645页。
② (后晋)刘昫等撰：《旧唐书》卷四二《职官一》，中华书局1975年版，第1804页。
③ (后晋)刘昫等撰：《旧唐书》卷四二《职官一》，中华书局1975年版，第1807页。

第一种是除名。《唐律疏议》有："诸除名者，官爵悉除，课役从本色，六载之后听叙，依出身法。"①意思就是说，凡是除名的，官职爵位完全除去，徭役依其本品征服，本无官荫的与百姓一样，有官荫的依照官荫征收，过六载之后可重新做官，其品位依初始得官时的品位办理。出身法，是指"官员选授叙官始初阶品确定的制度。叙官不但要有缘由根据，而且所起始的阶品也有限制，不同情况叙官时有不同的基础阶位，就是'出身'之阶位，也称'出身'"②。《唐六典·吏部·吏部郎中》规定出身的品阶，"有以封爵""有以亲戚""有以勋庸""有以资荫""有以秀、孝""有以劳考"③。具体的常叙之法，《选举令》中规定："三品以上，奏请皇帝，依皇命办。原'正四品'的从'从七品下'做起；原'从四品'的，从'正八品上'做起；原'正五品'的，从'正八品下'做起……"④若始出身品位比令文中规定的常叙品位高的，就依出身的品位做起；若出身品位低于常叙品位的，就依常叙品位。可见，除名这种处罚之重叙基本要从做官之初重新开始，是一种相当严厉的处罚措施，史书中除名与流放经常放在一起施行也是一个明证，如"辰州刺史裴虔通，隋炀帝故人，特蒙宠任，而身为弑逆……乃下诏除名，流欢州"⑤；"中书侍郎崔仁师除名，配流连州"⑥；柳璨"贬登州刺史，俄除名为民，流崖州，寻斩之"⑦等。除名本便是官爵悉除，再流放到远恶之处，其严厉程度可想而知。相比之下，除名为庶人则减轻了许多，因为不再进一步外放到远恶之地。薛讷便曾因兵败而除名为庶人，细读其诏书中的责辞，比萧龄之除名配流岭南远处的责辞便温和不少。薛制中责辞为"暗于料敌，轻于接战，张我王师，

① 刘俊文笺解：《唐律疏议笺解》，中华书局 1996 年版，第 226~227 页。

② （唐）长孙无忌撰，钱大群注：《唐律疏议新注》，南京师范大学出版社 2007 年版，第 97 页。

③ （唐）李林甫等撰，陈仲夫点校：《唐六典》卷二《吏部·吏部郎中》，中华书局 1992 年版，第 31~32 页。

④ （唐）长孙无忌撰，钱大群注：《唐律疏议新注》，南京师范大学出版社 2007 年版，第 93 页。

⑤ （宋）司马光编著：《资治通鉴》卷一九二，中华书局 1956 年版，第 6167 页。

⑥ （后晋）刘昫等撰：《旧唐书》卷三《太宗下》，中华书局 1975 年版，第 60 页。

⑦ （宋）欧阳修、宋祁撰：《新唐书》卷二二三下《奸臣下·柳璨传》，中华书局 1975 年版，第 6360 页。

剑之虏境。偏裨失节，乃斯令之不明；中军靡旗，则厥谋之不振”①；萧制罪辞则为“心如溪壑，聚敛无厌，不惮典章，唯利是视，豪门富室，必与交通。受纳金银二千余两，乞取奴婢一十九人，赦后之赃，数犹极广”②。从这两条谪辞来看，如果说薛被除名还只是能力问题的话，那么，萧龄之的罪行则上升到人品了，巨额贪赃、交通豪贵，这已经是极其严重的经济与政治犯罪了。在除名加流放与除名为庶人之外，还有一种除名的类型为“除名，白衣随军”，这种情形一般用于一些军事将领，比如刘仁轨。李义府因与刘仁轨有旧怨，时“会讨百济，仁轨当浮海运粮，时未可行，义府督之，遭风失船，丁夫溺死甚众，命监察御史袁异式往鞫之”③，借助这件事情，李义府一方面命袁异式曲成其罪，另一方面又不断上书皇帝请求斩杀仁轨，最终在舍人源直心的进谏下“上乃命除名，以白衣从军自效”④。这样的处罚一方面可将被贬者除名，另一方面却也比单纯的除名多了一份效力疆场、将功补过的机会，因此比除名为庶人又减轻了一层。

第二种为免官。《唐律疏议》中解释免官：“谓二官并免，爵及降所不至者，听留。”⑤疏曰：“‘二官’为职事官、散官、卫官为一官，勋官为一官。此二官并免……爵者，王及公、侯、伯、子、男。‘降所不至者，谓二等以外，历任之官是也。’”⑥意思是免官乃职事官、散官、卫官、勋官并免。那么，“降所不至者”及“二等之外，历任之官是也”是什么意思呢？《唐律疏议》中关于免官的重叙有这样的规定：“三载之后，降先品二等叙”⑦，也就是说，所免官既是二官同免，且均只免二等，三载之后，还要在低于原官二等的基础之上重新起用。具体而言，二等之外历任之官，此官指告身。唐制，凡在官皆给告身，除了因为犯罪、

① 《全唐文》卷二一《薛讷除名为庶人制》，中华书局1983年影印本，第243页。

② 《全唐文》卷一一《流萧龄之岭南诏》，中华书局1983年影印本，第141页。

③ （宋）司马光编著：《资治通鉴》卷二〇一，中华书局1956年版，第6462页。

④ （宋）司马光编著：《资治通鉴》卷二〇一，中华书局1956年版，第6462页。

⑤ （唐）长孙无忌撰，钱大群注：《唐律疏议新注》，南京师范大学出版社2007年版，第87页。

⑥ （唐）长孙无忌撰，钱大群注：《唐律疏议新注》，南京师范大学出版社2007年版，第87页。

⑦ （唐）长孙无忌撰，钱大群注：《唐律疏议新注》，南京师范大学出版社2007年版，第94页。

除免或官当而追毁以外，都可以保存。如此，二等以内之告身为降至者，应当追毁，二等以外的其他历任之官的告身为降所不至者，应当保留。至此，显而易见，与除名相比，免官的处罚相对减轻了不少：除名是出身以来，官爵悉除，而免官，第一，仅免二官，爵仍听留，第二，所免之官仅降二等，二等之外的历任官，听留。而其复叙，也仅仅需要三载，比除名的六载减了一半，复叙的基础也只在原先官职降二等的基础之上，不像除名，要从做官之初开始。这一点，我们从史籍中记载的诸多免官案例中亦不难发现。

综合研究唐代免官案例可以看到，首先，免官经常用在一些勋旧功臣与诸王身上，是一种皇帝处理罪行较轻之重臣的常用手段。如武德二年，唐高祖之子李元吉因骄淫扰民免官；武德四年，高祖第十二子彭王元则坐章服奢僭免官。诸王免官还经常与削封邑联系在一起，如上元二年七月，“杞王上金免官，削封邑”①；安州都督吴王恪数出畋猎，颇损居人，“恪坐免官，削户三百”②；江夏王道宗坐赃免官，削封邑等。总而言之，诸王因为身份尊贵，只要不是犯上逆乱的大罪，一般的违礼犯法都以免官削封邑的方法进行处理。另外或是朝廷重臣，或是勋旧，其贬官也经常采用免官的形式。如裴寂，他本便与高祖交好，后又参与策划太原起兵，在唐王朝建立的过程中立了大功，史载“及京师平，赐良田千顷、甲第一区、物四万段，转大丞相府长史，进封魏国公，食邑三千户”③，后又“拜尚书右仆射，赐以服玩，不可胜纪，仍诏尚食奉御，每日赐寂御膳，高祖视朝，必引与同坐，入阁则延之卧内，言无不从，呼为裴监而不名，当朝贵戚，亲礼莫与为比”④，其权力地位可谓煊赫一时。然而，此中酝酿的矛盾却同时也激化到了白热化的程度。据黄永年的考证，“李渊与李世民父子之间的矛盾早在武德初年就存在”⑤，而裴寂作为李渊身边亲信的第一号人物，自然不会得到李世民的真正信任。因此，无论裴寂在高祖之时享受多么崇高的礼遇，在武德九年宣武门之变、李世民逼迫李渊内禅当上皇帝之后，他是一定会对裴寂进行处理

① (宋)欧阳修、宋祁撰：《新唐书》卷三《本纪第三》，中华书局1975年版，第76页。
② (宋)司马光编著：《资治通鉴》卷一九五，中华书局1956年版，第6247页。
③ (后晋)刘昫等撰：《旧唐书》卷五七《裴寂传》，中华书局1975年版，第2286页。
④ (后晋)刘昫等撰：《旧唐书》卷五七《裴寂传》，中华书局1975年版，第2287页。
⑤ 黄永年撰：《唐史十二讲》，中华书局2007年版，第3页。

的。于是，贞观三年，借沙门法雅的事情太宗将裴寂“免官，削食邑之半，放归本邑”①。时寂请住京师，我们从太宗对裴寂说的一段话也可以见出其对裴寂的态度：“计公勋庸，不至于此，徒以恩泽，特居第一。武德之时，政刑纰缪，官方弛紊，职公之由。但以旧情，不能极法，归扫坟墓，何得复辞？”②太宗说裴寂的地位乃是由于恩泽，而他本人，对武德时期的政治而言，不仅无功，反而起了破坏作用。这当然这只是一种欲加之罪的说法，然一代名臣裴寂因此而免官放归却是实情。

其次，朝廷其他官员的轻贬也常用免官处罚，如卢承庆。显庆五年，度支尚书、同中书门下三品卢承庆坐科调失所免官。再如许圉师，龙朔中，为左相，因其子犯罪掩奏，朝堂与皇帝对答不当，免官。还有阎让，建宫烦燠不可居，免官。雍丘令尹元贞，坐妇女治道免官。李元素以出妻免官等。需要说明的一点是，免官处罚中也有白衣领职一说。如上文陆元芳被免官之后，便同时白衣领职。又如安禄山，亦曾因讨奚、契丹失利，“但令免官，白衣展效”③。加白衣领职，因还有职务在身，又比单纯的免职减轻许多。当然，无论是除名还是免官，若是自请，便不属于贬谪，唐休璟因大水上书请求免官，就不属于贬谪的范围。

最后，与免官相类似的还有免所居官。《唐律疏议》解免所居官者谓：“免所居之一官，若兼代勋官者，免其职事。”④疏曰：“称免所居官者，职事、散官、卫官同阶者，总为一官。若有数官，先追高者；若带勋官，免其职事；如无职事，即免勋官高者。”⑤二官之意，上文讲免官之时已经说明，免所居官的意思是，若一个人有职散卫及勋官两种官职时，免所居之一官即免去职散卫一种官，当一人只有职散卫一种官职时，若职散卫三官同阶，免所居之一官即三官同免，若三官不同阶，免所居之一官即免去其中最高者，若一人只有勋官，免所居一种

① （后晋）刘昫等撰：《旧唐书》卷五七《裴寂传》，中华书局 1975 年版，第 2288 页。

② （后晋）刘昫等撰：《旧唐书》卷五七《裴寂传》，中华书局 1975 年版，第 2288 页。

③ （五代）王仁裕、（唐）姚汝能撰：《开元天宝遗事 安禄山事迹》，中华书局 2006 年版，第 74 页。

④ （唐）长孙无忌撰，钱大群注：《唐律疏议新注》，南京师范大学出版社 2007 年版，第 90 页。

⑤ （唐）长孙无忌撰，钱大群注：《唐律疏议新注》，南京师范大学出版社 2007 年版，第 90 页。

官则为免去其勋官之一等。至于免所居官的复叙，《唐律》规定："期年之后，降先品一等叙。"①也就是说，免所居官不仅只免一官，只免一等，且一年之后便可复叙，这又比免官减轻了不少，只是，免所居官史书中虽有规定，但具体实践中所用较少，因此这里只备一说，不详细展开。

二、流放

流放是对官员品级最严重的降低，降至平民。官员受到流刑处罚之后，不仅官职、爵位、勋官、户籍全部被追夺，无官俸，而且还要放至边远、蛮荒之地，受到相应的监管，可见其严厉程度。

经统计，整个唐代，被处以流放的官员一共有 552 位，这 552 位流官中，流放原因最多的为三大类：一是谋逆反，二是军事原因，三是贪赃。在整个唐代，所有官员的犯罪类型中，这三种原因造成的犯罪是最为严重的。谋反是从根本上颠覆国家政权的行为，在唐律中属于"十恶"的范畴，是最严重的危害国家安全的犯罪。军事是国家安全的有力保证，军事失利根本上会威胁到国家的长久安定，事关重大。贪赃则是保证官僚队伍纯洁的最大阻碍，唐代皇帝非常重视对贪赃的治理，唐律形成了非常完善的反贪立法。彭炳金便曾分类总结过唐律中规定的惩处官员贪赃的几种方式："贪污绢三十匹就要处死刑""受财枉法与受财不枉法皆是犯罪""官员因私收受财物与接受馈赠也要惩处""禁止官员及其家人利用其职权从事经营活动牟利""下级官吏犯赃，长官也要连坐"②。可见，在唐代，流放一般是对犯有重罪的官员所施行的一种处罚手段。举例来说，唐代官员因军事原因被流放的如高祖时期的李高迁、独孤晟、可达志，还有太宗时期的李道彦、樊兴等。因谋反而被流的也非常多，武德中，因太子建成谋叛便曾流放过王珪、韦挺、杜淹等。太宗时，长孙安业与利州都督义安王李孝常等谋反，孝常伏诛，安业坐流。贞观十七年，李承乾因叛乱被流黔州，杜正伦、王敬直等亦坐流岭外。永徽四年，李道宗等坐房遗爱反流。显庆四年，长孙无忌等坐反流。神龙

① （唐）长孙无忌撰，钱大群注：《唐律疏议新注》，南京师范大学出版社 2007 年版，第 94 页。

② 彭炳金：《唐代如何惩处官员贪赃行为》，《人民论坛》2014 年第 S2 期。

元年，杜审言等坐二张谋逆流等。还有因贪赃而被流放的情形。贞观十六年，党弘仁因贪赃而被流岭南钦州。上元元年，李逢年因贪赃被流岭南。开元二十五年，宋廷晖、周仁公等因贪赃被流龚州。乾元二年，第五琦因受人黄金被流夷州等。从这些例子以及唐代流放官员的被流原因，我们大概可以得出这样的结论：在唐代，流放是专门针对严重犯罪官员的一种处罚手段，比一般的外出或处以虚职更为严厉。

正因为流刑针对的是最为严厉的犯罪，因此，这一处罚措施又常常会与杖刑、除名一起出现。如裴伷先，因证裴炎不反，被武后杖之朝堂，长流瀼州。武强令裴景仙，因犯赃事发逃走，上令集众杀之，后在朝臣执奏为之申辩后令决杖一百，流岭南恶处。左监门员外将军杨元方受人馈饷，于朝堂决杖，流瀼州。周子谅劾奏牛仙客，语援谶书，杖于朝堂，流瀼州。杨浚，因犯赃，杖六十，流古州等，都是杖刑与流行配合使用的例子。事实上，杖刑对官员而言，是一种带有侮辱性质的惩罚，张说便曾进言："臣闻刑不上大夫，以其近于君也。士可杀，不可辱……若其有犯，应死即杀，应流即流，不宜决杖廷辱，以卒伍待之。"①然而，综观唐史，我们仍然能见到许多杖刑附会流刑使用的例子，由此可见，流刑确实是非常严重的处罚措施，流刑的使用甚至可以不顾士大夫的尊严与体面。除此之外，流刑还常与除名一起使用，除名乃"官爵悉除"，除名流放即指被流放官员不仅没有任何官爵在身，甚至要被遣往极荒僻之地。流放与除名和杖刑的配合使用，充分显示出国家对犯罪处罚的严酷性。

流放除了与杖刑、除名一起使用之外，它还常常作为对官员一系列贬降处罚之后的最终惩处。一般而言，官员一旦被施以流刑，那便说明，他很有可能会就此退出政治舞台，而流放的后续，常常是赐死。最典型的如"五王"，"五王"被杀害有几个步骤，分别是进封虚爵—贬为刺史—贬为司马—流放—矫制杀害，很显然，流放是赐死之前的最后一个环节。事实上，整体而言，官员被流放，其迁转的几率是不如被贬为刺史或出为节度使高的，特别是这种被政敌陷害的情况，等待他们的便往往只有赐死一条道路了。由此可见，流放一般使用在非常严重的犯罪情形之下，特别是欲被政敌置于死地的情形。

① （后晋）刘昫等撰：《旧唐书》卷九九《张嘉贞传》，中华书局1975年版，第3091页。

当然，流刑除了比一般的官员降级处罚更为严厉之外，它还是对死刑的一种宽恕，唐代许多官员流放都是为减死而施行的。如《旧唐书·尹思贞传》载："雍州人韦月将上变，告三思谋逆，中宗大怒，命斩之，思贞以发生之月，固执奏以为不可行刑，竟有敕决杖配流岭南。"①开元十年，"武强令裴景仙犯乞取赃积五千匹，事发逃走，上大怒，令集众杀之，朝隐执奏"②，裴景先于是减死，杖一百，流岭南恶处。李邕"会仇人告邕赃贷枉法，下狱当死，许昌男子孔璋上书天子"，"疏奏，邕得减死，贬遵化尉，流璋岭南"③。此外还有唐武德初的独孤晟减死徙边，李道彦等减死徙边，长孙安业减死流巂州等。流放是"流宥五刑"的法律宗旨的一种延续，《唐会要》亦有"流为摈死"④一说，可见，流放处罚也有性质温和的一面。

总而言之，作为上古时期便存在的一种对犯罪的处罚方式，到唐代，流放依然是处罚犯罪官员的一种非常重要的手段。与一般外出与降职的贬谪类型相比，流放针对的是谋逆、军事失利或贪赃等更为严重的犯罪行为，且因其处罚的严厉性，流放常常与杖刑、除名、赐死等方式综合使用，并且常常作为官员贬降的最后一个程序出现在欲被政敌置于死地的官员身上。流放基本代表着退出政治舞台，对官员而言，这是非常沉重的打击。然而，对于被判处死刑的官员而言，流放则常常成为其减去死刑的一种宽恕式的处罚方式，体现出礼的"仁恕"之意。

第三节　贬官安置的几种主要职位

翻检史书可以发现，唐代贬官安置的主要职位为刺史及刺史以下的州县令尹、丞尉、别驾、长史、司马等。其中，刺史之外的其他官职，地位都十分低

① (后晋)刘昫等撰：《旧唐书》卷一〇〇《尹思贞传》，中华书局1975年版，第3110页。

② (后晋)刘昫等撰：《旧唐书》卷一〇〇《李朝隐传》，中华书局1975年版，第3126页。

③ (宋)欧阳修、宋祁撰：《新唐书》卷二〇二《李邕传》，中华书局1975年版，第5756页。

④ (宋)王溥撰，牛继清校证：《唐会要校证》卷四一《左降官及流人》，三秦出版社2012年版，第632页。

下，基本是安置贬官的闲职，备位而已。唐代贬官除了这几类明显的外任，还有其他几种较为特殊的安置职位，如节度使、东宫官、东宫东都分司官等。这些官职的品级有的甚至高于贬官被贬前职位，然根据实际情形，我们仍视其为贬谪。为明确这些官职何以成为贬官安置的常见职位及被贬为此类官职的贬官特点，以下分别就其具体情形一一言之。

一、节度使

“设官以经之，置使以纬之”是杜佑在《通典》中对唐代官制特点所作的精妙总结，可见在唐代，使职亦是一种与职事官相并列的重要设置。本节所谈节度使就是使职中的一种，其前身是都督、刺史使持节，即皇帝委任靠近边州的刺史、都督为特使，统领其在边州设置的常驻边防大军。《新唐书·兵志》载：“自高宗永徽以后，都督带使持节者，始谓之节度使，然犹未以名官，景云二年，以贺拔延嗣为凉州都督，河西节度使，自此而后，接乎开元，朔方、陇右、河东河西诸镇，皆置节度使。”①由这段材料我们可以知道，节度使早至高宗时期就出现了，然作为一种使职，其临时差遣的性质仍然非常浓厚，事罢即省。直到睿宗景云二年的贺拔延嗣，节度使的任职才逐渐长期化，职权辖区化、镇所固定化。这之后，玄宗为了加强对边疆地区的控制，又将节度使增至十个。到安史之乱爆发，中央为御备战乱，又在腹地增设节度使，“至德之后，中原用兵，刺史皆治军戎，遂有防御、团练、制置之名，要冲大郡，皆有节度之类”②。至此，全国各地，可谓藩镇林立，元和中，节镇之数已达48个之多③，晚唐愈甚。历来对节度使的研究都比较注重其组织制度、与中央的关系、军事地位等，却忽视了它还是安置贬谪官员的一种重要职位，对此本节将予以具体论述。

在这类安置贬官的节度使、观察使当中，有的明言为贬谪，其贬诏中也有相应的谪词，如《孔纬荆南节度使制》和《张浚鄂岳观察使制》，这两篇制书与其他“出镇”制书不同，在《唐大诏令集》中，都归为“贬降”条下，明确为贬降诏书。

---

① （宋）欧阳修、宋祁撰：《新唐书》卷五〇《兵志》，中华书局1975年版，1329页。

② （后晋）刘昫等撰：《旧唐书》卷三八《地理志一》，中华书局1975年版，第1389页。

③ 谭其骧撰：《简明中国历史地图集》，中国地图出版社1991年版，第45~46页。

其中，孔纬贬诏中的谪词为："但崇朋助，罕究否臧，昨者张浚首请兴师，亲求伐叛，且陈谋画，累赞征行，决言旬朔之间，兄着殊常之效，延英互奏，几疑朕言，文字继来，固违朕意，以至干戈一举，星纪将周，并汾之防孽未除，蒲晋之生灵已尽，构兹纷扰，职尔披陈，罔思惑乱之由，坚执比周之计。"①而张浚贬诏中的谪词则为："而乃罔思守道，但欲邀功，是不询之计谋，起无名之兵甲，自云一举，止在旬时，妄请抗论，势莫能夺，轻葛亮渭滨之役，小裴度淮右之行，而经历寒暄，縻费百万，虚诞张于朝野，诈诡布于华夷，横草蔑闻，燎原愈急，俾拥旄乘驲之使，囚于虏庭，致勤王奉国之军，怀归本土，忘廊庙之威重，结藩屏之仇雠，是使海内生灵，竭于贡赋，岂独河中郡邑，荡为丘墟。"②很明显，此二人被贬均由于军事上的失利，当时正处于大败黄巢之后各地军阀的割据混战之中，李克用与朱全忠的矛盾越来越白热化，互相欲将对方置之死地而后快。李克用击破孟迁，夺取邢、洺、磁三州，又命安金俊在云州攻打赫连铎。幽州李匡威出兵救赫连铎，与安金俊在蔚州交战，安金俊大败。于是李匡威、赫连铎等全忠之党和朱全忠都上书想要乘机讨伐李克用，其时"幽州李匡威、云州赫连铎等奏请出军讨太原"③，朝廷大臣皆言"国祚未安，不宜生事，假如得太原，亦非国家所有"④，认为李克用不可攻打，宰臣杜让能、刘崇望亦深以为不可，皇帝犹豫不决，诏四品以上的官员详议。张浚作为宰相，一方面，他与杨复恭有过节，希望借助这一次军事讨伐赢得皇帝更大的信任从而排挤杨复恭，另一方面，"全忠密遣浚之亲党赂浚，浚恃全忠之援，论奏不已"⑤，认为"先朝再幸兴元，实沙陀之罪，比虑河北诸侯与之胶固，无以涤除，今两河大籓皆愿诛讨，不因其离贰而除之，是当断失断也"⑥。当时皇帝持疑未决，问计于孔纬，孔纬也认为应该讨伐，于是，帝以浚为河东行营兵马都招讨宣慰使，以朱全忠为太原西南面招讨使，攻打李克用，最终一战而败。这两封贬诏便是战败之后张浚、孔纬分别被贬

① (宋)宋敏求编：《唐大诏令集》，中华书局 2008 年版，第 310 页。
② (宋)宋敏求编：《唐大诏令集》，中华书局 2008 年版，第 310 页。
③ (后晋)刘昫等撰：《旧唐书》卷一七九《张浚传》，中华书局 1975 年版，第 4657 页。
④ (后晋)刘昫等撰：《旧唐书》卷一七九《张浚传》，中华书局 1975 年版，第 4657 页。
⑤ (后晋)刘昫等撰：《旧唐书》卷二〇上《昭宗》，中华书局 1975 年版，第 741 页。
⑥ (后晋)刘昫等撰：《旧唐书》卷二〇上《昭宗》，中华书局 1975 年版，第 740 页。

为节度使的诏书。“且陈谋画，累赞征行”“并汾之防孽未除，蒲晋之生灵已尽”“罔思守道，但欲邀功”“海内生灵，竭于贡赋，河中郡邑，荡为丘墟”等，都成为其贬谪的罪辞，因此这是一类明确为贬降的节度使。

另有一类节度使则不仅未明言贬谪，受命诏书中也无谪词，且其节度使仍带同中书门下平章事之位，但结合史料，我们亦可以将之认定为贬谪。如李德裕、李逢吉、杜黄裳、刘瞻、王铎等人，其授予节度使的制书在《唐大诏令集》中被归为“出镇”一类，且其诏书中并无谪词。李德裕的《李德裕荆南节度平章事制》云：“岳渎间气，钟磬正音，葆粹孕和，本仁叶义，道蕴贤人之业，正谓王者之师，词锋莫当，学海难测，自入膺大任，克构崇庸，王猷国经，契合彝矩，邴吉罄安边之术，虏寇殄夷，张华兴伐叛之谋，壶关洞启，克荷先朝之旨，弼成底定之功，布在册书，辉映前古，而能处剧不懈，久次弥勤。朕以嗣位之初，懋勤在念，宜先硕望，以表优恩，荆部雄藩，地惟四楚，总五都之要会，包七泽之奥区，兵赋殷烦，居旅甚众，必藉旧德，作镇尹临，载崇五教之名，俾赋十连之贵，勉弘化理，以续前劳。”①很明显，除了对李德裕本人的褒美之词，便是认为荆南雄藩如何之重要，由此必须由像李德裕这样的先朝硕望之人去治理，看起来不仅无责备的意思，甚至是重用了。然而，结合具体史料分析却发现并不如此。李德裕此次出镇是在武宗病卒、宣宗刚刚即位之时，穆宗长庆元年到武宗之前，牛李党争的双方已经斗争了相当长的一段时间，李德裕大部分时间都被出在外担任各个地方的节度使、观察使，远离朝廷的政治中心，直到武宗即位才被重用。武宗锐意削弱藩镇的力量，重振朝廷权威，德裕也的确在抵御回纥入侵、平定泽路叛乱、改革朝政等方面，提出了许多有力的政治见解。其君臣际遇，史载为“自开成五年冬回纥至天德，至会昌四年八月平泽潞，首尾五年，其筹度机宜，选用将帅，军中书诏，奏请云合，起草指踪，皆独决于德裕，诸相无预焉”②。然而，宣宗一即位，朝政马上发生了变化，李德裕罢相，出为江陵尹、荆南节度使，正是这种“特承恩顾”“委以枢衡”让其马上遭遇政敌的打击，正如南宋洪迈所说：“人臣立社稷大功，负海宇重望，久在君侧，为所敬畏，

① （宋）宋敏求编：《唐大诏令集》卷五三，中华书局 2008 年版，第 281~282 页。

② （后晋）刘昫等撰：《旧唐书》卷一七四《李德裕传》，中华书局 1975 年版，第 4527 页。

其究必至于招疑毁。"①由此可知德裕此次出镇荆南乃是因为时局的变动被调离权力中心，虽带平章事，却已经是一虚衔，无实际执掌。这种政敌之间暗中的权力争夺虽未明言为贬谪，但却与贬谪无异，因此其受官诏书中虽无谪词，我们也将其认定为贬谪。

与李德裕类似的还有刘瞻，其《刘瞻荆南节度平章事制》同样是没有谪词的贬谪诏书。"早以文学，叠中殊科……而应对多敏，诏书立成，风棱甚高，恭慎无玷……而又癖于廉慎，不尚荣华，安数亩之居，仍非己有，却四方之赂，惟畏人知"②，全是溢美之词，其后接着说荆南之重要性，"乃眷荆渚，实惟奥区，纪江汉之洪流，振黔吴之要路，舟车所会，财赋咸殷"③，因此要重臣去镇守，"况台鼎旧臣，拜章辞务，爰思重屏，当委全才，授任无疑"④，最后提出期待，言其出镇乃是一种殊荣，"宠章斯备，兵符在手，相印悬腰，吞云梦于胸襟，运筹于掌握，当年得志，报国图功，大夫之荣，何以加此，勉膺殊渥，勿替令猷"⑤。全篇制书无一点责备的意思。然而，研究具体史实，我们却发现并不如此。史载："十一年八月，同昌公主薨，懿宗尤嗟惜之，以翰林医官韩宗召、康仲殷等用药无效，收之下狱，两家宗族，枝蔓尽捕三百余人，狴牢皆满。瞻召谏官令上疏，无敢极言。"⑥刘瞻于是上疏极言处理过当，"帝阅疏大怒，即日罢瞻相位，检校刑部尚书、同平章事、江陵尹，充荆南节度等使"⑦。这才是刘瞻任荆南节度使的真相，与其诏书中所言基本无相关。诏书中冠冕堂皇的言辞基本掩盖了事实层面的复杂，然而细细考较起来，则同样是贬谪无疑。

节度使是唐中后期的一种常见职位，其拥有相当的权力却又远离朝廷权力中心，因此往往成为宰相及其他台省清望官的贬谪之地。这类官员本身具备相当的能力，其被贬除去特殊情形之外也往往只是需要离开权力中心，无需将其置之死

---

① （宋）洪迈撰：《容斋随笔》卷一《容斋五笔·人臣震主》，上海古籍出版社 1978 年版，第 817 页。

② （宋）宋敏求编：《唐大诏令集》卷五四，中华书局 2008 年版，第 285 页。

③ （宋）宋敏求编：《唐大诏令集》卷五四，中华书局 2008 年版，第 285 页。

④ （宋）宋敏求编：《唐大诏令集》卷五四，中华书局 2008 年版，第 285 页。

⑤ （宋）宋敏求编：《唐大诏令集》卷五四，中华书局 2008 年版，第 285 页。

⑥ （后晋）刘昫等撰：《旧唐书》卷一七七《刘瞻传》，中华书局 1975 年版，第 4605 页。

⑦ （后晋）刘昫等撰：《旧唐书》卷一七七《刘瞻传》，中华书局 1975 年版，第 4606 页。

地。因此，这类节度使亦是唐代贬官一种常见的安置职位。

二、东宫官、东宫东都分司官

东宫官，是指为教育、辅导、保护封建最高统治者皇帝的继承人——太子，而设立的一系列的官职，是中国古代封建官僚体制的有机组成部分，被朱熹形容“如一小朝廷”①。其人员配置情况为：太子太师、太傅、太保各一员，并从一品；太子少师、少傅、少保各一员，并正二品；太子宾客四员，正三品；太子詹事一员，正三品；太子左春坊内左庶子二人，正四品上；太子右春坊内太子右庶子二人，正四品下。很明显，东宫官不仅有齐整的人员配置和一定的规模，并且其官员品级不低。东宫官在唐代前后期的历史地位经历了一个不断变化的过程。唐高祖、太宗、高宗时期都非常重视东宫官属的设定，朝廷往往任用前朝老臣、宗室姻亲来辅佐太子，并且有人还兼任朝廷宰相。到武后时期，随着她对政权的野心日益膨胀，太子之位屡经变迁，东宫官署更不必言。中宗不重视皇储培养，任凭韦后及安乐公主擅权，致使太子势力弱小，东宫官员不仅人数减少，人员也良莠不齐。到睿宗即位，太子李隆基的东宫官员才逐步强大。然而，到玄宗这里，或是由于他注意到东宫官属的过分强大对皇权造成威胁，或是他希望避免因太子势力过大而造成兄弟阋于墙，总之，历史出现了一个新的转折——东宫官闲散化。据《册府元龟》卷七〇八《宫臣部》总序云：

> 然自唐室至于五代，东宫之职、王府之属，或总领它务、或授左降分司、致仕官，不专为宫府之任。若建置储嫡、诸王出阁，则宫府之职多以它官兼领及简较之。天宝后，武臣及藩镇牙校、幕府僚佐，亦多简较东宫之职以为散官。②

可见，到玄宗时期，东宫诸曹司行使行政事务的权力大为减弱，其官位设置虽

---

① (宋)黎靖德编：《朱子语类》卷一一二《朱子九·论官》，中华书局1986年版，第2728页。

② (宋)王钦若等编：《册府元龟》卷七〇八《宫臣部·总序》，中华书局1960年影印本，第8428页。

在，但已多为闲官或安置闲散官员、贬降官员的职位。遍检史籍以及《唐大诏令集》，我们可以发现诸多以东宫官安置贬官的例子，如郑余庆、宋申锡、柳公权、崔造、李磎等，兹举数例说明。《唐大诏令集》中有一篇郑余庆被贬为太子宾客的《郑余庆太子宾客制》，制书中评价郑余庆"劳于虚襟，亦既周月，寂寥厥位，不闻直声，昔魏相持纲，枢机周密，左雄匡政，朝廷肃然，总录之司，轻重攸系，苟云不称，亦在量能，俾从调护之班，犹示优崇之宠，可守太子宾客，散官勋如故"①。只看诏书的内容似乎还不明确其被贬谪的原因，但细考史书可知，宪宗之时，"有主书滑涣，久司中书簿籍，与内官典枢密刘光琦情通。宰相议事，与光琦异同者，令涣达意，未尝不遂所欲。宰相杜佑、郑絪皆姑息之。议者云佑私呼为滑八，四方书币赀货，充集其门，弟泳官至刺史。及余庆再入中书，与同僚集议。涣指陈是非，余庆怒其僭，叱之。寻而余庆罢相，为太子宾客"②，由此，事情的经过便十分清楚了。滑涣与内官沟通，可谓权臣，郑余庆正是因为触怒权臣罢相，被贬为太子宾客，从宰相降职成为一个闲散官员。再比如宋申锡，《唐大诏令集》中同样有他被贬为太子右庶子的制书——《宋申锡太子右庶子制》，其中描述其被贬的缘由为："而乃践修不慎，自抵愆尤，知臣之规，俾予增愧，欲遏奸回之路，宜先惩劝之源，岂可犹秉枢机，仍司考辖，罢居台席，列位龙楼，诚谓宽恩，用全至体，朕以事状之间，虑其冤滥，拘验之际，须务详明，尚伫得情，以申后命，可行太子右庶子，散官勋封如故。"③制书说宋申锡因行为不够谨慎，而造成了贬谪，而通过史书中的记载可知，此次宋申锡被贬乃是因为其为文宗策划除掉宦官，却被宦官提前发觉，因此反被诬告，"文宗以王守澄恃权，深怒阉官，欲尽诛之，密令宰相宋申锡与外臣谋画其计。守澄门人郑注伺知其事，欲先事诛申锡。以漳王贤而有望，乃令神策虞候豆卢着告变"④，言宋申锡与漳王谋反，宋申锡由此被贬太子右庶子。史书中类似的例子还有很多，如会昌二年，柳公权的被贬："李德裕素待公权厚，及为珙奏荐，颇不悦，左授太子詹

① (宋)宋敏求编：《唐大诏令集》卷五五，中华书局 2008 年版，第 292 页。
② (后晋)刘昫等撰：《旧唐书》卷一五八《郑余庆传》，中华书局 1975 年版，第 4164 页。
③ (宋)宋敏求编：《唐大诏令集》卷五六，中华书局 2008 年版，第 297 页。
④ (后晋)刘昫等撰：《旧唐书》卷一七五《穆宗》，中华书局 1975 年版，第 4537 页。

事，改宾客”①；乾宁元年李磎的贬谪：“崔昭纬素疾磎，讽刘崇鲁掠其麻哭之，言：‘磎怀奸，与中人杨复恭昵款，其弟为时溥所杀，不可相天子。’翌日，下迁太子少傅”②；宝应二年，刘晏“坐与中官程元振交通，元振得罪，晏罢相，为太子宾客”③等，总而言之，东宫官渐渐成为安置贬官的一种特殊职位。

另外，在东宫官基础上发展出来的另一种闲散官职是东宫东都分司官。东都是修建于洛阳的陪都，洛阳宫的修缮、东都官的设置始于高宗显庆二年。《太平御览》卷一五六《州郡二·叙京都下》引《两京新记》曰：“太宗东驾，始幸洛阳宫，唯因旧宫无所改制，终于贞观永徽之间，荒芜虚耗，置都之后，方渐修补。龙朔中，诏司农少卿韦机更缮造。高宗尝谓机曰：‘两京朕东西二宅，来去不恒，卿宜善思修建。’始作上阳等宫。至武太后，遂定都于此，日已营构而宫府备矣。”④可见，到高宗才在隋业已倾颓虚耗的宫殿基础之上修建了洛阳宫，且形成了一套与长安相类似的官职体系。从此时一直到安史之乱前，天子在东西都各约四十年，东西都的地位也大概相似，东都官亦有相当的权力。当皇帝不在东都时，东都被称为“留司”。安史之乱以后，天子再无东幸之举，东都百官称“分司”，其权力也一步步不断地受到削弱，被其他使职替代。我们这里所说的东宫东都分司官亦是东都分司官的一种。前文有言，玄宗之后，东宫官开始逐渐成为闲职，“大历十四年(779)，王缙以太子宾客分司东都，之后，大量官员被分司于东都的东宫系统，三太、三少与宾客，詹事府、左右春坊官员均有分司”⑤，既是闲散的东宫官，又分司到皇帝不再巡行的洛阳宫，因此，特别是唐后期，东都的东宫官也逐渐成为安置贬谪官员的一种常见职位，勾利军的《唐代东都分司官研究》一书中便总结了以太子宾客分司东都者 37 例。我们这里亦简单举几例加以说明。

---

① (后晋)刘昫等撰：《旧唐书》卷一六五《柳公权传》，中华书局 1975 年版，第 4311 页。

② (宋)欧阳修、宋祁撰：《新唐书》卷一四六《李墉传》，中华书局 1975 年版，第 4746 页。

③ (后晋)刘昫等撰：《旧唐书》卷一二三《刘晏传》，中华书局 1975 年版，第 3511 页。

④ (宋)李昉等编纂：《太平御览》(第一册)卷一五六《州郡部二·叙京都下》，中华书局 1960 年影印本，第 760 页。

⑤ 勾利军：《唐代东都分司官研究》，上海古籍出版社 2007 年版，第 126 页。

郑畋以太子少傅分司东都。“乾符六年，黄巢势寖盛，据安南，腾书求天平节度使，帝令群臣议，咸请假节以纾难。”①当时黄巢进攻，来势凶猛，皇帝着急，令群臣讨论处理办法，群臣的意见是答应黄巢的请求假节，以解除叛乱危机。而宰相卢携因为倚重高骈，想要使其使立功，却主张让高骈去镇压黄巢。郑畋作为宰相，与当时朝廷诸多大臣的意见相同，希望假节黄巢，并认为“巢之乱本于饥，其众以利合……如以恩释罪，使及岁丰，其下思归，众一离，巢即几上肉耳”②，认为只要先给黄巢官做，等百姓安居之时，黄巢之乱自会不战而解。于是，郑畋、卢携意见不合发生争执，僖宗怒，以为“大臣相诟，何以表仪四海”，均罢相，贬郑畋太子少傅分司东都。其贬诏中的谪词为：“而不能倾心养士，尽力惜人，致兴半菽之嗟，竟起多寒之怨，既乖抚驭，几误权宜”③，其谪词虽与事实的本身有出入，但为贬诏则是无疑的。另一个例子如李绛，宝历元年十一月，以左仆射李绛为太子少师，分司东都。事情的经过在《旧唐书·李绛传》中表达得非常清楚：“绛以直道进退，闻望倾于一时。然刚肠嫉恶，贤不肖太分，以此为非正之徒所忌。又尝与御史中丞王璠相遇于道，璠不为之避，绛奏论事体，敕命两省详议，咸以绛论奏是。李逢吉佑播恶绛，乃罢绛仆射，改授太子少师，分司东都。”④显而易见，李绛因为正直耿介，被李逢吉厌恶，最终遭贬。这样的例子在唐后期所在多有，王铎因兵败被贬太子宾客分司东都，柳仲郢因决赃吏过当，以太子宾客分司东都，殷侑坐减兵不先论启，左迁太子宾客分司东都，李德裕被诬尝赂仲阳导王为不轨，贬为太子宾客分司东都等，不一而足。由是，东宫东都分司官亦为贬官常处之职位。

三、刺史、别驾、长史、司马

相对于前文提到的这几种较为隐晦的贬谪方式，刺史、司马、长史乃史书中

① （宋）欧阳修、宋祁撰：《新唐书》卷一八五《郑畋传》，中华书局1975年版，第5402页。

② （宋）欧阳修、宋祁撰：《新唐书》卷一八五《郑畋传》，中华书局1975年版，第5402页。

③ 《全唐文》卷八六《贬郑畋太子少傅分司东都制》，中华书局1983年影印本，第902页。

④ （后晋）刘昫等撰：《旧唐书》卷一六四《李绛传》，中华书局1975年版，第4290~4291页。

最多明言为“贬”的。刺史、司马、长史是唐代贬官中最常见的贬谪职位，那么，这三种安置贬官的方式各自有什么样的特点？其在唐代前后期分布情况如何？又为何会呈现如此特色呢？下面我们将通过对史料的梳理和剖析一一说明。

刺史制度兴起于汉，刺史起初是一种中央监察地方的监察官。《通典》记述：“惠帝三年，相国奏御史监三辅、郡，察以九条。”①此“监郡御史”共以“九条”的内容具体监察中央下辖的郡县。文帝时期，随着“监郡御史”制度在实践中的弊端日益出现，监察方式也有了新的改变，“文帝十三年，以御史不奉法，下失其职，乃以丞相史出刺，并督监察御史”②，此时，一种新的监察角色“丞相史”出现，这便是刺史的前身。这时的“丞相史”既可以监察郡国，又可以监察此前的“监郡御史”，是一种汉帝王加强中央集权的有力举措。只是，此时的“丞相史”还是一种临时性的使臣性质，每年有固定的出刺监察时间——秋分，且事罢即解体，各归本职。直到汉武帝元封五年，“初置部刺史”③，“初分十三州，刺史假印绶”④，刺史一职才由临时巡察改为地方常驻，设立固定的治所和办事机构。可以说，到汉武帝时期，刺史制度才正式形成。其主要特点有二：第一，因为是常驻性的机构，导致刺史逐渐参与地方行政事务，最终成为郡县二级之上的第三级行政区划“州”的行政长官，掌握相当大的权力；第二，刺史以六百石的俸禄监察两千石的高官，以轻御重，朝廷鼓励其勇于弹劾，严格纠察，对于成绩卓著者，及时提拔。正如朱博所说：刺史若无差错，即可“居部九岁，举为守相，其有异材功效著者辄登擢，秩卑而赏厚”⑤。可见，刺史在汉代是一种新兴发展起来的官职，在朝廷官僚体系中，具有非常重要的地位。从东汉末三国开始，战乱不断，刺史麾下因拥有相当数量的军队，可以出征讨伐，由此，他们几乎全部带将军衔，并依自己的将军衔而开府，置府官府吏。然而，随着时间的发展，“长

① （唐）杜佑撰：《通典》卷三二《职官一四·州郡上》，中华书局1984年版，第184页。

② （唐）杜佑撰：《通典》卷三二《职官一四·州郡上》，中华书局1984年版，第184页。

③ （汉）班固撰，（唐）颜师古注：《汉书》卷一九上《百官公卿表》，中华书局1962年版，第741页。

④ （清）孙星衍撰：《汉官六种·汉旧仪》卷上，上海中华书局据平津馆本校刊，第6页。

⑤ （汉）班固撰，（唐）颜师古注：《汉书》卷八三《朱博传》，中华书局1962年版，第3406页。

期持续的战争状态造成了府官权限的增长”①，逐渐地“民政为军政所左右，州官职权为府官所侵夺”②，大量的州官开始丧失实权，问题逐渐显现。或是府主与府官结成私人关系，以此扶植自己的政治势力；或是府官兼任管内太守或县令造成监督系统的失灵；或是冗余的机构设置造成庞大的官僚费用等。基于这种种原因，隋开皇十五年，朝廷断然废除了有名无实的州官系统，结束了行之已久的刺史僚属的两重性，刺史僚属职位精简。开皇九年，又在全国实行府兵制，剥夺刺史的兵权，将其全部收归中央，由此，刺史逐渐一步步变成“牧民”的州官，地位一落千丈。

以上便是刺史制度从产生到唐以前的整个发展过程，由此可知唐前期刺史在整个朝廷中的地位。通过对《唐会要》的研究发现，唐代前期，刺史的来源多为京职沙汰者抑或贬累之人。贞观十一年八月，侍御史马周上疏曰：“朝廷独重内官，刺史县令，颇轻其选，刺史多是武夫勋人，或京官不称职，方始外出，边远之处，用人更轻。”③神龙元年，赵冬曦也上疏说：“京职之不称者，乃左为外任。”④开元八年六月敕：“顷来朝士出牧，例非情愿，缘沙汰之色。”⑤长安四年，李峤等奏曰：“安人之方，须择刺史，窃见朝廷物议，莫不重内官，轻外职，每除牧伯，皆再三披诉。比来所遣外任，多是贬累之人，风俗不澄，实由于此。”⑥不论是京职沙汰还是贬累之人，这样的官员来历都毫无疑问地表明此时刺史地位之低。究其原因，一方面固然是唐人“重内轻外”思想影响的结果，另一方面更是由于发展到唐代，刺史正处于大权被朝廷收归阶段。伴随着

① ［日］滨口重国：《所谓隋的废止乡官》，刘俊文主编，黄正建等译：《日本学者研究中国史论著选译》第四卷 六朝隋唐，中华书局 1992 年版，第 325 页。

② ［日］滨口重国：《所谓隋的废止乡官》，刘俊文主编，黄正建等译：《日本学者研究中国史论著选译》第四卷 六朝隋唐，中华书局 1992 年版，第 325 页。

③ （宋）王溥撰，牛继清校证：《唐会要校证》卷六八《刺史上》，三秦出版社 2012 年版，第 1022 页。

④ （宋）王溥撰，牛继清校证：《唐会要校证》卷六八《刺史上》，三秦出版社 2012 年版，第 1024 页。

⑤ （宋）宋敏求编：《唐大诏令集》卷一〇〇《官制上》，中华书局 2008 年版，第 508 页。

⑥ （宋）王溥撰，牛继清校证：《唐会要校证》卷六八《刺史上》，三秦出版社 2012 年版，第 1023 页。

刺史地位的降低，地方治理如何维持便同时成为了终唐一代君臣关心并努力解决的核心课题，汉代作为刺史制度发展最辉煌的年代，其治理下的良性吏治便也不断被提及，成为唐人心目中地方治理的完美范本。太宗就曾将刺史之名书于屏风，屡思善恶，拟凭黜置。大臣们也屡次上书希望内外官之间能够进行迁转："自古郡守县令，皆妙选贤德，欲有擢升宰相，必先试以临人，或有从二千石入为丞相及司徒、太尉者。"①朝廷也曾明确发布京官外官之间的迁转政令："京官中有才干堪理人者，量与外官，外官中有清慎者与京官。"②等等这些举措，无一不是对这一问题的思考与解决，只是，这些措施解决的情况终究如何还需要我们仔细考察。

具体而言，我们可以从有唐一代各个时期被贬为刺史的情况作出分析。日本学者辻正博曾统计过唐代被贬为州官(包括刺史，别驾、长史、司马等)的具体情况③，根据辻正博的统计可以发现，唐代被贬为刺史的州官人数有几个比较突出的时间点：一是中宗—玄宗时期到肃宗—顺宗时期，贬为刺史人数的锐减；一是肃宗—顺宗时期到宪宗—宣宗时期贬为刺史人数的明显回升。考察这一时期的相关诏命可以发现，从中宗时期的景龙二年开始，韦嗣立在其奏疏中便言："自今已后，应有迁除诸曹侍郎、两省两台、及五品已上清资望官，先于刺史内取，刺史无人，然后余官中求，其御史员外郎等诸清要六品已上官，先于县令中取。"④其年十月十六日又有敕书："京官中有才干堪治人者，量与外官，外官中有清慎著称者，量与京职。"⑤到玄宗开元八年，还有敕命"自今已后，诸司清望官阙，先于牧守内精择，都督、刺史等要人，兼向京官简授"⑥等。朝廷屡次希

① (宋)王溥撰，牛继清校证：《唐会要校证》卷六八《刺史上》，三秦出版社 2012 年版，第 1023 页。

② (宋)宋敏求编：《唐大诏令集》卷一〇〇《官制上》，中华书局 2008 年版，第 506 页。

③ [日]辻正博：《唐代贬官考》，《中国法制史考证》丙编第二卷，中国社会科学出版社 2003 年版，2003 年版。

④ (宋)王溥撰，牛继清校证：《唐会要校证》卷六八《刺史上》，三秦出版社 2012 年版，第 1024 页。

⑤ (宋)王溥撰，牛继清校证：《唐会要校证》卷六八《刺史上》，三秦出版社 2012 年版，第 1025 页。

⑥ (宋)王溥撰，牛继清校证：《唐会要校证》卷六八《刺史上》，三秦出版社 2012 年版，第 1025 页。

望能够通过刺史与京官之间的互相迁转提高刺史的地位，然而，玄宗时期刺史贬谪总数仍高达127人次，成为高祖以来刺史贬谪数的一个最高值，可见这一时期关于提升刺史地位的措施并无明显的效果。而贬谪为刺史人数的陡增，乃是因为从高宗到武后、中宗、睿宗这一时期，先后经历了武后夺权、酷吏当朝、中宗复辟、韦后专权、太平政变等一系列复杂残酷的政治斗争所致。那么，到肃宗、顺宗时期被贬为刺史的人数为何又大量减少了呢？根据辻正博的考证，这又与安史之乱带来的“州的军事化”密切相关。随着藩镇的跋扈，朝廷丧失了对藩镇所在区域官吏的任免权限，被贬为刺史的人数自然下降。而到了后期的宪宗—宣宗时期，贬为刺史的人数又大为增加，这一是因为这一时期朝廷对藩镇的打击取得了相当的功效；二是因为永泰元年的诏令——“郎中得任中州刺史，员外郎得任下州刺史”发挥了相当的作用，伴随着残酷的政治斗争，五六品的京官大量被迁出，因此贬为刺史的人数再次回升。总而言之，唐朝统治者一直没有放弃对刺史地位的调整与京官外官的平衡，然而，终唐之世，刺史的地位均未见实质性的改变，因此刺史便一直被当成安置贬官的重要职位，其数量超过节度使、东宫官与东都分司官。

别驾、长史、司马是刺史的佐贰官。别驾、长史早在汉代就出现了，汉代州之佐吏，“有别驾、治中、主簿、功曹书佐、簿曹”①等。别驾的主要职责是随同刺史巡察郡县，因为“别乘传车，故谓之别驾”②。相对于别驾，长史则为军官。魏晋以降，刺史多带军衔，“开府则州与府各置僚属，州官理民(别驾、治中以下是)，府官理戎(长史、司马等官是)”③，别驾成为行政人员，长史、司马则为军府人员，参谋军政，当府官权力渐大，超过州官之后，长史、司马便逐渐取代别驾，成为真正的州官。隋文帝时改别驾为长史、治中为司马，炀帝时，废长史、司马，置赞治，如此反复。直到唐永徽二年，将别驾改为长史，治中改为司马，由此，别驾的职能逐渐被长史继承，别驾便成为没有实务的闲职，逐渐带有了安置贬官职位的特点。结合前文辻正博的统计我们也可以发现，贬为别驾者，

① (唐)杜佑撰:《通典》卷三二《职官一四·州郡上》，中华书局1988年版，第184页。
② (唐)杜佑撰:《通典》卷三二《职官一四·州郡上》，中华书局1988年版，第185页。
③ (唐)杜佑撰:《通典》卷三二《职官一四·州郡上》，中华书局1988年版，第184页。

中宗—玄宗时期的 34 人达到了最多，此后逐渐减少。至于长史和司马，随着安史之乱的爆发，内地节度使设立，长史、司马与节度使的幕僚重复，因此也成为唐后期安置贬官的重要职位。正如《朱子语类》中的记载："至唐中叶，而长史、司马、别驾皆为贬官，不事事。盖节度使既得自辟官属(如节度、观察推、判官之属)，此既重，则彼皆轻矣。"①大和之后，别驾逐渐用来安置立战功的武将，因此闲散化的长史和司马成为最重要的贬谪职位选择。到肃宗—顺宗时期，贬为长史、司马人数均增多，长史贬谪人数还达到了最高值 24 人。唐末从宪宗开始到哀帝，贬谪为司马的人数逐渐超过长史，不断增加，不仅在宪宗—宣宗时期达到了最多的 53 人，懿宗—哀帝时期仍有 29 人，正如马端临所说，"至唐而司马多以处迁谪，盖视为冗员"②。随着时间的推移，被贬为别驾、长史、司马的人数逐渐增多，也就是说，别驾、长史、司马，作为刺史的佐贰官，先后成为唐王朝安置贬官的重要职位。

---

① 黎靖德编：《朱子语类》卷一二八《本朝・法制》，中华书局 1986 年版，第 3074 页。

② (宋)马端临撰：《文献通考》卷六三《职官考・郡丞》，中华书局 1986 年版，第 570 页。

第三章　唐代贬官罪行确认之相关制度

唐代贬谪已经形成了相对完整的实施制度，而其具体的实施过程却从未被细致研究。贬谪实施的前提是罪行确认，罪行确认的第一步即罪行上奏。罪行上奏过程中要履行相应的步骤与程序。罪行上奏之后，第二步便是法律推鞫，推鞫包含具体的执行过程，如延英奏对、施刑、系狱、引用证人，情况不同，推鞫方式亦各异。经过推鞫确认罪行之后，第三步便是贬诏的书写与下达，贬诏的下达标志着贬官罪名的最终确认，而伴随整个罪行确认过程的，还有朝臣对贬谪的商讨。贬谪商讨可能存在于贬官的整个过程中，通过研究贬官商讨，我们可以大体总结出贬谪实施所依据的四大原则，这些原则既是“礼”在贬谪中的具体体现，也是贬谪遵循的内在规律。

第一节　罪行上奏及御史弹劾

贬谪作为一种常见的官员惩罚方式，有着稳定的实施程序，《唐六典》、两《唐书》及《资治通鉴》中均可见相关记载。本节拟对贬谪程序的第一步——罪行上奏的相关情形进行挖掘梳理，特别是对御史台官在贬谪过程中的作用进行深入分析，以期完善对贬谪这一历史事件的细节认知。

一、罪行上奏机构及御史台

贬谪，无论是正向还是负向，其实施并不是随意而为的，而是要经历一个“罪行”认证到判决的完整过程。在此过程中，罪行上奏是第一步，即首先需要有人将“犯罪官员”的罪行奏明朝廷。那么，具体哪些人可以上奏罪行？罪行上奏又有无特定的机关呢？

考察相关史料发现，罪行上奏权虽主要由御史台主导，但却并不完全局限在特定的人和特定的机关，除御史台外，许多其他机构及人员均可写奏疏、奏表将官员所犯罪行上奏朝廷。如显庆中，大理卿段宝玄怀疑李义府枉法出洛州妇人淳于氏而上奏，右金吾仓曹参军杨行颖，也曾表言义府罪状①。也有的是地方官员上奏，如中书令许敬宗"阴使洛阳人李奉节上无忌变事"②，潭州刺史庞承鼎奏妖人申泰芝赃罪等。唐后期亦有藩镇上表请贬的情形，如德宗时期山南东道节度使于頔"诬邓州刺史元洪赃罪，朝廷不得已流洪端州"，"又怒判官薛正伦，奏贬峡州长史"③等。有的甚至干脆不提上奏之人，只单说一个"或诬"，即有人诬奏的意思。如武后垂拱三年，"或诬祎之受归诚州都督孙万荣金，又与许敬宗妾有私，太后命肃州刺史王本立推之"④等。可见，罪行上奏机关并不是固定不变的，只要有人奏明，无论其"罪行"真实与否，上奏便算是生效，皇帝自然会对这些嫌疑犯罪官员展开下一步的调查与处理。

需要详细论述的是主导此上奏权、专门负责朝廷弹劾的机关——御史台。作为一种监察机关，国家的风宪之司，御史台乃"人君耳目"，帮助皇帝监管朝廷的其他官员，也可以称御史台官员为"管官的官"。在唐代，御史台的地位尤其重要，"唐自贞观初以法理天下，尤重宪官，故御史复为雄要"⑤。御史台由五个重要的职位组成，其中御史大夫为长官，御史中丞为副官，其品位"御史大夫一人，从三品；中丞二人，正五品上"⑥。御史大夫的主要职责为"掌邦国刑宪，典章之政令，以肃政朝列"，御史中丞作为御史大夫的副手，辅佐御史大夫履行其职责。安史之乱后，御史中丞逐渐取代御史大夫，成为御史台的主要负责人。此外，唐代御史台的所属机构又有台院、殿院、察院，分别由侍御史、殿中侍御史、监察御史任职，统称三院御史，御史台的具体工作，主要由三院御史完成。

① （后晋）刘昫等撰：《旧唐书》卷八二《李义府传》，中华书局1975年版，第2769页。

② （宋）欧阳修、宋祁撰：《新唐书》卷一〇五《长孙无忌传》，中华书局1975年版，第4021页。

③ （宋）司马光编著：《资治通鉴》卷二三五，中华书局1956年版，第7710页。

④ （宋）司马光编著：《资治通鉴》卷二〇四，中华书局1956年版，第6559页。

⑤ （唐）杜佑撰：《通典》卷二四《职官六》，中华书局1988年版，第141页。

⑥ （唐）李林甫等撰，陈仲夫点校：《唐六典》卷一三《御史台》，中华书局1992年版，第377~378页。

台院是侍御史的办公场所，唐置“侍御史四员，从六品下”①，侍御史的职责是“掌纠举百僚，推鞫狱讼”②，《唐六典》卷一三《御史台》云，侍御史掌“纠举百僚，推鞫狱讼。其职有六：一曰奏弹，二曰三司，三曰西推，四曰东推，五曰赃赎，六曰理匦”③。可见，侍御史的主要职责乃纠举百司、审讯案件。殿中侍御史六人，从七品上，“掌殿庭供奉之仪式。每朝，与侍御史随仗入，位在中丞下，给事中、中书舍人后。凡冬至、元正大朝会，则具服升殿。若皇帝郊祀、巡省，谓大驾与卤簿，则具服从，于旌门往来检察，视其文物之有亏阙则纠之。非大备，则常服。凡两京城内则分知左、右巡，各察其所巡之内有不法之事。谓左降、流移停匿不去，及妖讹、宿宵、蒲博、盗窃、狱讼冤滥、诸州纲典贸易隐盗、赋敛不如法式，诸此之类，咸举按而奏之”④。很显然，殿中侍御史主要巡察两京不法之事及殿庭供奉仪礼。与此不同，监察御史则除肃整朝仪之外，还“分察百僚，巡按郡县”。《旧唐书》卷四四《职官志三》云：监察御史主要“掌分察、巡按郡县、屯田、铸钱、岭南选补、知太府、司农出纳、监决囚徒。监察祀则阅牲牢，省器服，不敬则劾祭官。尚书省有会议，亦监其过谬。凡百官宴会、习射，亦如之”⑤。相比于殿中侍御史，监察御史的监察范围扩大了许多，从中央三省六部长官到地方州郡官僚都在其巡察范围之内，甚至祭祀、地方财政等都属于其按察范围。而无论是纠举还是巡察，押奏还是奏弹，御史台作为一个监督机关，都有对犯罪官员进行弹奏的权力。具体事例如《资治通鉴》中载中书侍郎兼知吏部侍郎、同平章事崔湜被弹劾一事：

（崔）湜父挹为司业，受选人钱，湜不之知，长名放之。其人诉曰：“公所亲受某赂，奈何不与官？”湜怒曰：“所亲为谁，当擒取杖杀之！”其人曰：

① （后晋）刘昫等撰：《旧唐书》卷四四《职官志三》，中华书局1975年版，第1862页。

② （后晋）刘昫等撰：《旧唐书》卷四四《职官志三》，中华书局1975年版，第1862页。

③ （唐）李林甫等撰，陈仲夫点校：《唐六典》卷一三《御史台》，中华书局1992年版，第380页。

④ （唐）李林甫等撰，陈仲夫点校：《唐六典》卷一三《御史台》，中华书局1992年版，第380页。

⑤ （后晋）刘昫等撰：《旧唐书》卷四四《职官志三》，中华书局1975年版，第1863页。

> "公勿杖杀，将使公遭忧。"湜大惭。侍御史靳恒与监察御史李尚隐对仗弹之，上下湜等狱，命监察御史裴漼按之。安乐公主讽漼宽其狱，漼复对仗弹之。①

其中侍御史靳恒与监察御史李尚隐对仗弹劾崔湜，即是御史行使权力的表现。再如：

> 御史中丞姜晦以宗楚客等改中宗遗诏，青州刺史韦安石、太子宾客韦嗣立、刑部尚书赵彦昭、特进致仕李峤，于时同为宰相，不能匡正，令监察御史郭震弹之。②

作为监察御史的郭震，甚至有弹劾宰相的权力，可见御史这一职位的重要性。也正因为如此，总有人想要控制御史，侵夺御史的弹劾权。《资治通鉴》云："京兆尹崔日知贪暴不法，御史大夫李杰将纠之，日知反构杰罪。十二月，侍御史杨玚廷奏曰：'若纠弹之司，使奸人得而恐愒，则御史台可废矣。'上遽命杰视事如故，贬日知为歙县丞。"③可见，保持御史的独立性是确保法律正常履行的重要环节。

总之，御史台乃国家的监督机关、风宪之司。御史弹劾是罪行上奏的重要方式，在贬谪过程中起着非常重要的作用。御史台的独立执法是确保贬谪依法实施的关键，也是避免形成负向贬谪的重要环节。

二、罪行上奏过程及相关仪礼

御史既掌有广泛的弹劾权，那么，御史弹奏是否遵循一定的程序？上奏的具体过程如何？相关仪礼如何呢？

龙大轩《唐代的御史推弹制度》一文具体论述了御史弹奏的几种方式，即"风

---

① （宋）司马光编著：《资治通鉴》卷二〇九，中华书局1956年版，第6753页。
② （宋）司马光编著：《资治通鉴》卷二一一，中华书局1956年版，第6816页。
③ （宋）司马光编著：《资治通鉴》卷二一一，中华书局1956年版，第6832页。

闻奏事”“访察奏闻”“押奏”“方幅弹奏”“法冠弹奏”以及“仗弹”和“仗下弹”。然因分类标准不同，具体弹劾过程又多有重复之处，如仗下弹便同时可以着法冠，与法冠弹重合。此外，各种弹劾方式存在的时间不同，如押奏，指侍御史弹奏要先递交大夫、中丞画押签字，但到肃宗至德元年，御史弹奏便“不须取大夫同置”①，因此押奏之名消失。再加上史料中对弹劾具体程序的记载有限，与贬谪相关的御史弹劾也并不包括御史弹劾的全部，因此，本章不拟面面俱到，只大体总结弹劾的一般程序。这里试以侍御史王义方劾奏李义府一事为例，略窥唐代御史劾奏官员的具体过程及相关礼仪。

高宗显庆年间，李义府恃宠用事，“洛州妇人淳于氏，美色，系大理狱，义府属大理寺丞毕正义枉法出之，将纳为妾，大理卿段宝玄疑而奏之，上命给事中刘仁轨等鞫之，义府恐事泄，逼正义自缢于狱中，上知之，原义府罪不问”②。显而易见，这是一个冤案，只因为皇帝的宽容，因此被按下不提。《旧唐书·王义方传》载：“义方以义府奸蠹害政，将加弹奏，以问其母，母曰：‘昔王陵母伏剑成子之义，汝能尽忠立名，吾之愿也，虽死不恨。’义方乃先奏曰……”③侍御史王义方，出于一个御史的使命感，希望案件能够公正办理，然而，他同时也意识到了这件事情的危险性，于是先求得母亲的理解——“汝能尽忠以事君，吾死不恨”④，然后上奏。根据王义方上奏请求重勘的奏疏和其弹劾李义府的文字如“义府擅杀寺官，陛下虽已释放，臣不应更有鞫问”，“贪冶容之姣好，原有罪之淳于，恐漏泄其阴谋，殒无辜之正义”⑤等，我们可以知道，王义方对李义府枉法出淳于氏、逼死大理寺丞这一事件的真相应该是非常清楚的，是私下里经过调查的，可称为“访察奏闻”，这便与未主动访察案狱的“风闻奏事”有了区别。王义方此时乃侍御史，其弹奏应为押奏，即先将自己弹奏的文章交由大夫、中丞签

---

① （宋）王溥撰，牛继清校证：《唐会要校证》卷六一，三秦出版社2012年版，第909页。

② （宋）司马光编著：《资治通鉴》卷二〇〇，中华书局1956年版，第6412页。

③ （后晋）刘昫等撰：《旧唐书》卷一八七上《王义方传》，中华书局1975年版，第4874~4875页。

④ （宋）司马光编著：《资治通鉴》卷二〇〇，中华书局1956年版，第6412页。

⑤ （宋）王溥撰，牛继清校证：《唐会要校证》卷六一，三秦出版社2012年版，第910页。

字画押，然后奏闻。这一过程《唐六典》中有记载："凡事非大夫、中丞所劾而合弹奏者，(侍御史)则具其事为状，大夫、中丞押奏，大事则冠法冠、衣朱衣、纁裳、白纱中单以弹之，小事常服而已。"①由此我们大致可以明白王义方从上奏乞请，到对仗弹劾的整个过程。《资治通鉴》记载这一过程为："于是对仗，叱义府令下，义府顾望不退，义方三叱，上既无言，义府始趋出，义方乃读弹文。"②《新唐书·王义方传》云："(义方)即具法冠对仗，叱义府下，跪读所言。"③可见，义方采取了对仗弹的方式，公开在朝堂之上弹劾了李义府。法冠即獬豸冠，《后汉书·舆服志下》云"獬豸，神羊，能别曲直，楚王尝获之，故以为冠"④，取其能辨是非曲直、识善恶忠奸之意。义方带法冠，穿朱衣白纱公开于朝堂宣读弹文。此时，按照常理，被弹劾之人应立刻回避，马上离开仗内，到朝廷外等候处罚，也就是史书中记载的"义方对仗，叱义府令下"，然义府因其权宠隆盛，便寄希望于皇帝为自己开脱，于是顾望不去，待义方三叱，发现皇帝也并不打算对其庇护之后，义府才徐徐退出仗外，义方开始宣读弹文进行弹劾，这即是朝堂弹劾犯罪官员的一般程序。

关于御史大夫与御史中丞的"方幅弹奏"，《唐六典》记载："凡中外百僚之事，应弹劾者，御史言于大夫，大事则方幅奏弹，小事则署名而已。"⑤事实上，在武后之后，特别是安史之乱以后的绝大部分时间里，御史中丞、侍御史、殿中侍御史都有各自独立的弹劾权，并不需要言于御史大夫。《册府元龟·宪部·振举》中便有"大夫与监察竞为官政，略无承禀"⑥的说法。具体事例如长安四年监察御史弹劾宰相苏味道贪赃之事。御史大夫李承嘉责御史曰："近日弹事，不咨大夫，礼乎?"宰相萧至忠曰："故事，台中无长官，御史人君耳目，比肩事主，

---

① (唐)李林甫等撰，陈仲夫点校：《唐六典》卷十三《御史台》，中华书局 1992 年版，第 380 页。

② (宋)司马光编著：《资治通鉴》卷二〇〇，中华书局 1956 年版，第 6413 页。

③ (宋)欧阳修、宋祁撰：《新唐书》卷一一二《王义方传》，中华书局 1975 年版，第 4160 页。

④ (南朝宋)范晔撰：《后汉书》卷一二〇《舆服志》，中华书局 1975 年版，第 3667 页。

⑤ (唐)李林甫等撰，陈仲夫点校：《唐六典》卷十三《御史台》，中华书局 1992 年版，第 379 页。

⑥ (宋)王钦若等编：《册府元龟》卷五一六《宪部·振举》，中华书局 1960 年影印本，第 6167 页。

得各弹事，不相关白。若先白大夫，而许弹则可，如不许弹，则如之何？大夫不知曰谁也。”①肃宗至德元年九月下诏：“御史弹事，自今以后，不需取大夫同置。”②德宗亦一再重申：“御史得专弹劾，不复关白于中丞、大夫。”③这些诏书都强调了御史独立弹劾的重要性。此外，《唐会要》也记载了御史中丞张或等连章弹齐运之后，德宗命宰臣宣谕的诏书：“自今上封弹劾，宜入自陈论，不得群署章奏，若涉朋党”④，可见唐代对御史司法独立的重视。至于监察御史，其弹劾亦与上文所言王义方的弹劾程序大致相同，如：“建中元年三月，监察御史张著冠豸冠，弹京兆尹、兼御史中丞严郢于紫宸殿。”⑤崔湜父收选人贿钱，“侍御史勒恒与监察御史李尚隐对仗弹之”⑥。总而言之，从王义方弹奏的这一案例，我们大体可以了解御史劾奏官员罪行的一般程序。

御史弹奏的情形如此，那么，若是其他的朝臣弹奏，程序又会如何呢？首先，其他朝臣弹奏亦需要朝臣将所弹劾的事件写奏表上奏，奏表可自己写或是请人代写，如敬晖等五王弹奏武三思时便是请人代写奏疏。“时武三思用事，侍中敬晖欲上表请削诸武之为王者，募为疏者。众畏三思，皆辞托不敢为之，羲便操笔，辞甚切直。”⑦其次，上奏的奏疏要由中书舍人当场宣读。《唐六典》卷九《中书省》“中书舍人”条载：“中书舍人掌侍奉进奏，参议表章”“凡大朝会，诸方起居，则受其表状而奏之；国有大事，若大克捷及大祥瑞，百寮表贺亦如之。凡册命大臣于朝，则使持节读册命命之”。⑧ 其中提到，中书舍人有“侍奉进奏”的执

① (宋)王溥撰，牛继清校证：《唐会要校证》卷六一《御史台中 · 弹劾》，三秦出版社 2012 年版，第 911 页。

② (宋)王溥撰，牛继清校证：《唐会要校证》卷六一《御史台中 · 弹劾》，三秦出版社 2012 年版，第 909 页。

③ (宋)王溥撰，牛继清校证：《唐会要校证》卷六一《御史台中 · 弹劾》，三秦出版社 2012 年版，第 913 页。

④ (宋)王溥撰，牛继清校证：《唐会要校证》卷六一《御史台中 · 弹劾》，三秦出版社 2012 年版，第 913 页。

⑤ (宋)王溥撰，牛继清校证：《唐会要校证》卷六一《御史台中 · 弹劾》，三秦出版社 2012 年版，第 913 页。

⑥ (宋)司马光编著：《资治通鉴》卷二〇九，中华书局 1956 年版，第 6753 页。

⑦ (后晋)刘昫等撰：《旧唐书》卷七〇《岑文本传》，中华书局 1975 年版，第 2540 页。

⑧ (唐)李林甫等撰，陈仲夫点校：《唐六典》卷九《中书省 · 中书舍人》，中华书局 1992 年版，第 276 页。

掌，凡大朝会、大贺、大册命等，都要奉表而奏，册命还要临朝宣读册书。这里虽未言贬谪情形如何，但我们从具体史料中可知，贬谪中的罪行上奏亦是由中书舍人侍奉进奏，并当朝宣读奏表。《旧唐书·毕构传》中记载："敬晖等奏请降削武氏诸王，构次当读表，既声韵朗畅，兼分析其文句，左右听者皆历然可晓。"① 时毕构为中书舍人，敬晖等奏请贬谪武三思的奏表便由毕构当朝宣读，且从这段记载我们还可以知道，好的宣奏还有音韵、读法等方面的要求，此处毕构的宣读显然是非常到位的，不但音韵朗畅，而且一边宣读还一边分析奏表，使听者，即皇帝与其他众臣都能很快清楚奏表的内容，也即三思的罪行，正因为如此，毕构终被三思所恶，出为润州刺史。

上文便是我们根据史料暂时能够梳理清楚的贬官罪行上奏程序。首先为上疏，由御史台官或朝中其他官员、地方官员将自己调查的官员罪行写成奏疏。其次为上表，若由御史上表，便可由御史按照一定的礼仪对仗弹劾所奏官员；若是其他官员上表，便由中书舍人代为宣读奏表，上达天听，达到罪行上奏的目的。

三、罪行上奏弹性及御史权力消解

作为国家的监察机关，御史职责乃监察百官，纠举不法，审讯案件。因御史在确定官员罪行中的重要作用，所以又往往会被皇帝、宰相或权臣控制，成为其附庸而失去自身的独立性，监督之权亦同时被消解。如此一来，对贬谪而言，原本制度规定下的贬谪便会因此出现相当的弹性，有罪不贬、无罪加贬的情形大量出现。

首先，权臣控制是造成御史罪行上奏出现偏差的第一要素。权臣是指除皇帝以外在朝廷拥有重权的大臣，他们拥有皇帝的绝对信任，甚至可以左右皇帝视听。权臣为了实现自己权力的通畅，往往会将御史台官员安排为听命于自己之人。如武三思，中宗时因通于韦氏而成为炙手可热的权臣，武三思在诛杀五王的过程中便临时提拔周利用为御史，为自己的私欲服务。经过一系列的政治斗争，武三思长流敬晖于琼州，桓彦范于瀼州，张柬之于泷州，袁恕己于环州，崔玄暐

① （后晋）刘昫等撰：《旧唐书》卷一〇〇《毕构传》，中华书局1975年版，第3113页。

于古州后，中书舍人崔湜劝说武三思将五王斩草除根，免除祸患，“三思问谁可使者，崔湜荐大理正周利用。利用先为五王所恶，贬嘉州司马，(三思)乃以利用摄右台侍御史，奉使岭外”①，于是利用“遇彦范于贵州，令左右缚之，曳于竹槎之上，肉尽至骨，然后杖杀。得晖，冎而杀之。恕己素服黄金，利用逼之使饮野葛汁，尽数升不死，不胜毒愤，掊地，爪甲殆尽，仍捶杀之”②，在周利用的残酷逼迫下，五王惨死。然而回朝之后，周利用却被提拔为御史中丞，这显然是武三思对其谋害“五王”成功的嘉奖。此后，周利用正式依附武三思，成为三思爪牙。类似的情形还有玄宗时期的权相李林甫，“咸宁太守赵奉璋得林甫隐恶二十条，将言之。林甫讽御史捕系奉璋，劾妖言，抵死”③，可见，权臣利用依附于自己的御史清除异己是其维护自己权力的一种手段。此外，李林甫还重用吉温、罗希奭、王鉷等御史台的酷吏，锻炼诏狱，“以王鉷、吉温、罗希奭为爪牙，数兴大狱，衣冠为累息”④，史载“林甫深以(吉)温为能，擢户部郎中，常带御史”⑤，“罗希奭……为吏持法深刻。天宝初，右相李林甫引与吉温持狱，又与希奭姻娅，自御史台主簿再迁殿中侍御史。自韦坚、皇甫惟明、李适之、柳绩、裴敦复、李邕、邬元昌、杨慎矜、赵奉璋下狱事，皆与(吉)温锻炼，故时称‘罗钳吉网’，恶其深刻也”⑥。还有德宗时期卢杞欲陷害宰相杨炎，卢杞知道严郢与杨炎素有嫌隙，便引郢为御史大夫，二人通过再三歪解杨炎营家庙的事情而最终将杨炎贬谪并半道缢死。此外，我们所熟知的“二王八司马”事件中，王叔文之党也多为御史，《册府元龟》记载：“武元衡为御史中丞，顺宗初

① (宋)司马光编著：《资治通鉴》卷二〇八，中华书局 1956 年版，第 6722 页。

② (宋)司马光编著：《资治通鉴》卷二〇八，中华书局 1956 年版，第 6722~6723 页。

③ (宋)欧阳修、宋祁撰：《新唐书》卷二二三上《奸臣上 · 李林甫传》，中华书局 1975 年版，第 6346 页。

④ (宋)欧阳修、宋祁撰：《新唐书》卷二二三上《奸臣上 · 李林甫传》，中华书局 1975 年版，第 6345 页。

⑤ (后晋)刘昫等撰：《旧唐书》卷一八六下《酷吏下 · 吉温传》，中华书局 1975 年版，第 4856 页。

⑥ (后晋)刘昫等撰：《旧唐书》卷一八六下《酷吏下 · 罗希奭传》，中华书局 1975 年版，第 485[illegible]页。

即位，王叔文专政，以其党数人为御史在台，元衡薄其为人，待之莽卤，皆有所憾。”①“叔文以元衡在风宪，欲使附己，使其党诱以权利，元衡不从，由是左迁。”②可见，御史一职因其具备弹劾职能，所以往往被权臣注意和控制。权臣一旦安排自己人做御史，便可以任意弹劾想要弹劾之人，清除异己，扩大自身权力。而这些御史，因其职位是被权臣安排的，必须受制于权臣，为其私人目的服务，自然也使天子耳目之官的监督权被消解。可见，权臣控制乃是造成御史罪行上奏权失落的一大要素。

其次，特殊时期皇帝因私人目的对御史的控制也是造成御史监督权消解的重要原因。如武后，作为中国唯一的女皇帝，她登上政坛自然承受着相当的压力与威胁，而控制御史台、任用酷吏御史，便是她巩固自己统治的一项重要措施。武后突破了由宰相、御史台长官、吏部三方共同商讨任用御史台官员的惯例，改为直接由自己任用。如冯嘉宾便由武后直接敕授，敕书曰：“敕通直郎行瀛州河间县丞冯嘉宾，砥砺名节，恭勤职务，干能兼备，清直有闻，黄绶随班，未展才用，绣衣莅事，方观举察，可行左肃政台监察御史，散官如故。”③为了维护自己的统治，打击异己势力，武后任用了一大批的酷吏御史，罗织罪名，残害朝中大臣。据毛健统计，“武周时期，至少有40名酷吏见诸史籍，这群酷吏绝大部分来自监察、司法部门，以御史台的酷吏最为残酷”④。《通典》中有“武太后时，刑狱滋章，凡二台御史，多苛刻无恩，以诛暴为事，猜阻倾夺，更相陵构，此其为弊也”⑤，说的也是武后控制御史，残酷打击异己的事情。此外还有来俊臣诬告任知古、狄仁杰、裴行本、司农卿裴宣礼、前文昌左丞卢献、御史中丞魏元忠、潞州刺史李嗣真等谋反，导致一批大臣或贬或流等事件。总之，则天“自垂拱以来，任用酷吏，先诛唐宗室贵戚数百人，次及大臣数百家，其刺史、郎将以下，

① （宋）王钦若等编：《册府元龟》卷五一五《宪官部·刚正第二》，中华书局1960年影印本，第6162页。

② （宋）司马光编著：《资治通鉴》卷二三六，中华书局1956年版，第7735页。

③ （宋）李昉等编：《文苑英华》卷三九五《授冯嘉宾左台监察御史制》，中华书局1966年版，第2008页。

④ 毛健：《唐代御史职权的非常态运作》，《求索》2009年第10期。

⑤ （唐）杜佑撰：《通典》卷二四《职官六·侍御史》，中华书局1988年版，第144页。

不可胜数”①。类似的情况在代宗那里也出现过。《新唐书·李栖筠传》载：“元载当国久，益恣横，代宗不能堪，阴引刚鲠大臣自助，欲收纲权以黜载，会御史大夫敬括卒，即召栖筠与河南尹张延赏，择可为大夫者”②，为了控制元载的权力，代宗首先想到的便是提拔耿直刚正的人为御史，为此，他选择了两个人，即李栖筠与河南尹张延赏。延赏先至，代为御史，“会李少良、陆珽等上书劾载阴事，诏御史问状，延赏称疾，不敢鞫”③，代宗颇失望，出延赏为淮南节度使，引拜栖筠为大夫。史载：“始，栖筠见帝，敷奏明辩，不阿附，帝心善之，故制麻自中以授，朝廷莫知也。”④可见，代宗同样改变了御史任用的一般方式，私自安排御史，以至于宣布栖筠为御史后，中外竦眙。不过作为御史，栖筠的行为却是符合代宗心愿的，其人方挺不屈，果断贬谪依附于元载的徐浩、杜济、薛邕三人，打击元载势力。结合这两个例子我们不难看出，皇权对御史的控制也在一定程度上消解了御史真正的弹劾权，而使之成为维护皇权的工具。

最后，御史选非其人与御史本人的性格缺陷同样是导致御史不能如实上奏罪行的原因。唐初御史的选拔还比较规范，由御史台长官、吏部与宰臣共拟，非才能出众、体貌甚伟者不得为御史。然安史之乱以后，御史选任的弊病越来越多，御史经常选非其人，出现了大量不符合御史要求的人员，以至于朝廷一度以台郎充任御史，希望借以提高御史的地位。杜牧曾经说过：“御史府其属三十人，例以中台郎官一人稽参其事，以重风宪。”⑤宋人王应麟也说：“（御史）大夫秩崇不常置，中丞为宪台之长，升正四品，与丞郎出入迭用，以重其任。”⑥而御史本人因为性格的软弱，也极易谄媚、投靠权臣导致不能如法上奏罪行，如李承嘉附会

① （宋）司马光编著：《资治通鉴》卷二〇五，中华书局1956年版，第6600页。

② （宋）欧阳修、宋祁撰：《新唐书》卷一四六《李栖筠传》，中华书局1975年版，第4737页。

③ （宋）欧阳修、宋祁撰：《新唐书》卷一四六《李栖筠传》，中华书局1975年版，第4737页。

④ （宋）欧阳修、宋祁撰：《新唐书》卷一四六《李栖筠传》，中华书局1975年版，第4377页。

⑤ 吴在庆撰：《杜牧集系年校注》卷十七《郑处晦守职方员外郎兼侍御史知杂事制》，中华书局2008年版，第1036页。

⑥ 王应麟撰：《玉海》卷一二一《唐御史台》，江苏古籍出版社1987年版，第2239页。

武三思等，沦为权臣的爪牙，诬奏贤良。如此，御史罪行上奏过程中出现弹性便很好理解了。

总之，唐代贬谪罪行或由朝廷官员上奏，或由地方官员上奏，专门性的上奏弹劾机构则为御史台。官员上奏罪行都有一定的程序，履行相关的礼仪。然而，因为权臣及皇帝的控制，加上御史常选非其人和御史台官员自身的性格缺点，所奏罪行与事实之间经常存在相当的距离，御史权力的消解造成罪行上奏的巨大弹性，负向贬谪大量产生。

第二节　法律推鞫与皇帝特命

罪行上奏是贬谪实施的第一步，包括御史弹劾及地方官员、藩镇等的上奏，官员主动上奏与被权臣、御史台长官控制的被动上奏。待罪行奏明朝廷之后，第二步朝廷便要对所贬之人的犯罪事由进行审查，即推鞫。本节主要就推鞫的具体方式、特点，依法推鞫与皇帝特命之间的关系等相关内容进行论述。

一、推鞫主体及其变迁

综观唐史，案件推鞫主要由“三司”执掌。关于唐代的司法“三司”，目前已有相当多的论述，据刘后滨考察，此“三司”分前后两个不同的发展阶段，唐初期主要由给事中、中书舍人、侍御史组成的“受事三司”发挥作用，这是唐代律令格式中明确规定的受理上诉机构。高宗、武则天以后，由于用刑之滥，屡起大狱，开始出现由刑部、大理寺、御史台官共同组成的审理案件的临时机构——“三司推事”，之后经历玄宗肃宗，以刑部侍郎与御史中丞、大理卿为三司使的推鞫制度逐渐稳定下来①，并成为唐代法律推鞫的重要方式。细观唐代贬谪案件可以发现，唐代前后期的推鞫机构亦有由中书门下、御史台官员转为刑部、大理寺、御史台官之区别。以下是玄宗及玄宗以前由宰相或中书、门下推鞫案件的具体事例，由此可以见出唐代前期推鞫方式的演变轨迹。

---

① 刘后滨：《唐代司法“三司”考析》，《北京大学学报》1991 年第 2 期。

①(贞观十七年)夏，四月，庚辰朔，承基上变，告太子谋反。敕长孙无忌、房玄龄、萧瑀、李世绩与大理、中书、门下参鞫之。

胡三省注：唐制：凡国之大狱，三司详决。三司，谓给事中、中书舍人与御史参鞫也。今令三省与大理参鞫，重其事。①

②永徽初，高阳公主“谋黜遗直而夺其封爵，永徽中，诬告遗直无礼于己。高宗令长孙无忌鞫其事”②。(其时长孙无忌乃太尉，同中书门下三品，以元舅的身份辅政。)

③显庆元年，迁侍御史。时中书侍郎李义府执权用事，妇人淳于氏有美色，坐事系大理，义府悦之，托大理丞毕正义枉法出之。高宗又敕给事中刘仁轨、侍御史张伦重按其事。正义自缢。高宗特原义府之罪。③

④(显庆)四年，中书令许敬宗遣人上封事，称监察御史李巢与无忌交通谋反，帝令敬宗与侍中辛茂将鞫之。④

⑤ 调露二年，(明)崇俨为盗所杀，则天疑贤所为。俄使人发其阴谋事，诏令中书侍郎薛元超、黄门侍郎裴炎、御史大夫高智周与法官推鞫之。⑤

⑥(开元二年)或告太子少保刘幽求、太子詹事钟绍京有怨望语，下紫微省按问，幽求等不服。⑥

⑦时开府王毛仲宠幸用事，与龙武将军葛福顺为姻亲，故北门官见毛仲奏请，无不之允，皆受毛仲之惠，进退随其指使。澣恶之，乘间论之曰：“……”会大理丞麻察坐事出为兴州别驾，澣与察善，出城饯之，因语禁中谏语。察性譐諮，遽以澣语奏之。玄宗怒，令中书门下鞫问。⑦

① (宋)司马光编著：《资治通鉴》卷一九七，中华书局1956年版，第6306页。

② (后晋)刘昫等撰：《旧唐书》卷六六《房玄龄传》，中华书局1975年版，第2467页。

③ (后晋)刘昫等撰：《旧唐书》卷一八七上《忠义上·王义方传》，中华书局1975年版，第4874页。

④ (后晋)刘昫等撰：《旧唐书》卷六五《长孙无忌传》，中华书局1975年版，第2455页。

⑤ (后晋)刘昫等撰：《旧唐书》卷八六《高宗中宗诸子》，中华书局1975年版，第2832页。

⑥ (宋)司马光编著：《资治通鉴》卷二一一，中华书局1956年版，第6815页。

⑦ (后晋)刘昫等撰：《旧唐书》卷一九〇中《文苑中·齐澣传》，中华书局1975年版，第5037页。

以上七个案例中，第一个是由宰相监领，结合中书省、门下省推鞫的例子，据胡三省的注疏，其中大理寺的参与是因为此案关系重大，借此表明朝廷重视之意，与后世大理寺参与推鞫的情况不同。第二个例子出现于高宗时期，事关公主与功臣之后，亦是非常重要的案件，高宗敕令当时宰相兼辅政大臣长孙无忌进行推鞫。由这两个例子可以看出，“三司受事”虽出现甚早，且同时具备推鞫案件的职能，但初唐时期，重要的案件通常由宰相推鞫或在宰相监领的情况下与中书、门下共同推鞫。高宗之后，中书省、门下省、御史台的推鞫逐渐普遍起来，并且直到玄宗时期还有中书门下推鞫的案例(如上文第七例中玄宗令中书门下推鞫齐澣漏泄禁中语一事)。也就是说，中书省、门下省与御史台的推鞫是唐朝初年推鞫的一般情形，虽在玄宗、肃宗之后被“三司推事”所取代，但仍偶尔有中书、门下参鞫的情形出现，是“受事三司”推鞫影响之体现。

而高宗、武后时期出现的另外一种更为重要的推鞫方式则为“三司推事”，即由刑部、御史台、大理寺的长官或副长官共同组成的推鞫机构。最早出现的案例为龙朔三年的李义府案。“义府又遣其子右司议郎津召长孙无忌之孙延，谓曰：‘相为得一官，数日诏书当出。’居五日，果授延司津监，乃取延钱七百贯。于是右金吾仓曹参军杨行颖表言义府罪状，制下司刑太常伯刘祥道与侍御详刑对推其事，仍令司空李绩监焉。按皆有实。”①司刑太常伯即刑部尚书，详刑即大理寺，可见其推鞫机构已变成了由刑部、大理寺与御史台组成的“三司”。然而，据上文可知，高宗、武后时期，“受事三司”推鞫的情形仍非常常见，因此，此时的“三司推按”仅是零星出现，尚未形成定制，之后，随着时间的推移，才逐渐普遍起来。如唐玄宗开元年间，“隐甫、融及御史中丞李林甫共奏弹说‘引术士占星，徇私僭侈，受纳贿赂’。敕源乾曜及刑部尚书韦抗、大理少卿明珪与隐甫等同于御史台鞫之”②。天宝六载，王珙遣人诬告户部侍郎兼御史中丞杨慎矜阴谋图复隋室祖业，“上大怒，收慎矜系狱。命刑部大理与侍御史杨钊、殿中侍御史卢铉同鞫之”③等。直到肃宗时期，因安史之乱后处理伪官的需要，负责推按的

① (后晋)刘昫等撰：《旧唐书》卷八二《李义府传》，中华书局1975年版，第2769页。

② (宋)司马光编著：《资治通鉴》卷二一三，中华书局1956年版，第6890页。

③ (宋)司马光编著：《资治通鉴》卷二一五，中华书局1956年版，第7000页。

“三司使”制度逐渐确立。如：乾元二年，“凤翔马坊押官为劫，天兴尉谢夷甫捕杀之……又使御史中丞崔伯阳、刑部侍郎李晔、大理卿权献鞫之”①。宪宗元和八年，司空于頔之子于敏杀人，“敏奴王再荣诣银台门告其事，即日捕頔孔目官沈璧、家僮十余人于内侍狱鞫问。寻出付台狱，诏御史中丞薛存诚、刑部侍郎王播、大理卿武少仪为三司使按问”②。文宗开成四年，昭义节度使刘从谏上章要求推问自称是太后弟的萧本和萧弘，“诏御史中丞高元裕、刑部侍郎孙简、大理卿崔郇三司按弘、本之狱”③。总之，肃宗之后，由刑部、大理寺、御史台长官形成的“三司使”正式成为推鞫案件的最高机构。

建中之后，又有了“大小三司”之说。宋人于唐代大、小三司使言之甚详，钱易曰：“(建中二年十一月后)有大狱即命御史中丞、刑部侍郎、大理卿充，谓之‘大三司使’，次又以刑部员外郎、御史、大理寺官为之，以决疑狱，谓之‘小三司使’，皆事毕日罢。”④也就是说，所谓“大三司使”是由御史中丞、刑部侍郎与大理卿组成的推鞫大案的司法机构；“小三司使”则是由刑部员外郎、御史、大理寺司直或评事组成审断疑难案件机构。大、小三司“皆事毕日罢”，属于临时组成的审判机关。事实上，大、小三司人员皆出自大理寺、刑部和御史台，三机关首长组成的审判机构名“大三司”，三机关首长之下其他官员组成的审判机构称“小三司”。上文所举案例皆由“大三司使”进行推鞫，以下举出一些在贬谪过程中，由“小三司使”负责推鞫的案件：

①德宗时，有令狐运狱，“德宗令侍御史李元素、刑部员外崔从质、大理司直卢士瞻三司覆按运狱”⑤。

②德宗时，信州刺史姚骥弹劾员外司马卢南史赃罪，德宗派三司使前去推问，“德宗遣监察御史郑楚相、刑部员外郎裴澥、大理评事陈正仪充三司

① (宋)司马光编著：《资治通鉴》卷二二一，中华书局1956年版，第7195页。
② (后晋)刘昫等撰：《旧唐书》卷一五六《于頔传》，中华书局1975年版，第4131页。
③ (后晋)刘昫等撰：《旧唐书》卷五二《后妃下》，中华书局1975年版，第2202页。
④ 钱易撰、黄寿成点校：《南部新书》，中华书局2002年版，第48页。
⑤ (后晋)刘昫等撰：《旧唐书》卷一二四《令狐彰传》，中华书局1975年版，第3531页。

使，同往按鞫。将行，并召于延英”①。

③唐敬宗时，崔元略为京兆尹兼御史大夫，“以误征畿甸经赦免放缗钱万七千贯，为侍御史萧澈弹劾。有诏刑部郎中赵元亮、大理正元从质、侍御史温造充三司覆理。元略有中助，止于削兼大夫”②。

由此可见，“大三司”与“小三司”均为唐代贬谪过程中，对罪犯进行推鞫的重要机构。除此之外，史书记载中，还有另外一些特殊的推鞫形式，现列举如下：

①神龙二年，“三思使昙、悛及抚州司仓冉祖雍上书告同皎与洛阳人张仲之、祖延庆、武当丞寿春周憬等潜结壮士，谋杀三思，因勒兵诣阙，废皇后。上命御史大夫李承嘉、监察御史姚绍之按其事，又命杨再思、李峤、韦巨源参验”③。

②玄宗时，“(姚)崇子光禄少卿彝、宗正少卿异，广通宾客，颇受馈遗，为时所讥。主书赵诲为崇所亲信，受胡人赂，事觉，上亲鞫问”④。

③杨慎矜，隋炀帝玄孙也。……时天宝六载十一月，玄宗在华清宫，林甫令人发之。玄宗震怒，系之于尚书省，诏刑部尚书萧隐之、大理卿李道邃、少卿杨璹、侍御史杨钊、殿中侍御史卢铉同鞫之。⑤

④代宗大历中，元载与王缙案。“会有告载、缙夜醮图为不轨者，庚辰，上御延英殿，命凑收载、缙于政事堂，又收仲武及卓英倩等系狱。命吏部尚书刘晏与御史大夫李涵等同鞫之，问端皆出禁中，仍遣中使诘以阴事，载、缙皆伏罪。”⑥推鞫者为吏部尚书与御史大夫。

⑤代宗时期的元载案。“凡累年，载长恶不悛，众怒上闻。大历十二年三月庚辰，仗下后，上御延英殿，命左金吾大将军吴凑收载、缙于政事堂，

① (后晋)刘昫等撰：《旧唐书》卷一三七《赵涓传》，中华书局1975年版，第3761页。
② (后晋)刘昫等撰：《旧唐书》卷一六三《崔元略传》，中华书局1975年版，第4261页。
③ (宋)司马光编著：《资治通鉴》卷二〇八，中华书局1956年版，第6716页。
④ (宋)司马光编著：《资治通鉴》卷二一一，中华书局1956年版，第6842页。
⑤ (后晋)刘昫等撰：《旧唐书》卷一〇五《杨慎矜传》，中华书局1975年版，第3227页。
⑥ (宋)司马光编著：《资治通鉴》卷二二五，中华书局1956年版，第7361页。

各留系本所，并中书主事卓英倩、李待荣及载男仲武、季能并收禁，命吏部尚书刘晏讯鞫。晏以载受任树党，布于天下，不敢专断，请他官共事。敕御史大夫李涵、右散骑常侍萧昕、兵部侍郎袁傪、礼部侍郎常衮、谏议大夫杜亚同推究其状。"①

以上推鞫均为朝廷中央官员按问的情形，除此之外，也有命地方官员或是中央官员出使地方按问的情况。如妖人申泰芝以左道事李辅国，后被潭州刺史庞承鼎上奏，证据确凿，遣使奏闻，后泰芝在李辅国的帮助下诬奏承鼎，"诏鞫承鼎诬罔之罪，令荆南府按问"②。还有则天时，太后命肃州刺史王本立推祎之受归诚州都督孙万荣金，又与许敬宗妾有私之事等。至于中央官员出使按问的情形如德宗时，"刺史姚骥劾奏南史，以为赃，又劾南史买铅烧黄丹。德宗遣监察御史郑楚相、刑部员外郎裴澥、大理评事陈正仪充三司使，同往按鞫"③，后在裴澥建议下，由其一人前往江南按察。可见，地方官员推鞫亦是推鞫的一种形式。

总之，或是皇帝亲自推鞫，或由御史台官专行推鞫，或是派遣地方官员进行推鞫，又或者是朝廷临时指派其他官员与御史台官共同推鞫，就整个唐代而言，虽然不同时期都有相对稳定的推鞫形式，然针对具体事例，又可以随机指派相关官员进行推按，推鞫方式具有相当的灵活性。

二、皇帝特命与法律推鞫

作为一种法律形式，推鞫在贬谪案件的处理中，确保着案件的最高公正。然而，在古代中国，皇帝乃专制主义中央集权国家的核心，具有最高的决策权力，因此皇权与法之间便出现了相当的冲突与张力。就贬谪而言，法律推鞫与皇帝特命到底如何选择？推鞫如何既不违反皇帝命令又能依法实现？这些问题的处理可以见出唐代贬谪制度的特点。

贬谪过程中，推鞫是罪行审问的法定程序，法律之外，还有另一种特殊情

① （后晋）刘昫等撰：《旧唐书》卷一九二《元载传》，中华书局 1975 年版，第 3412 页。
② （后晋）刘昫等撰：《旧唐书》卷一八五下《良吏下·吕諲传》，中华书局 1975 年版，第 4825 页。
③ （后晋）刘昫等撰：《旧唐书》卷一三七《赵涓传》，中华书局 1975 年版，第 3761 页。

形——皇帝特命，即贬谪如何实行需要按照皇帝的意愿而不依赖法律程序。如唐代著名的“五王”案与宋申锡案，便都是遵照皇帝旨意进行的。那么，为何会出现这种情形？皇帝特命与法律到底如何平衡？贬谪过程中，哪一项才是决定贬谪的关键？解决这些问题，便需要我们对唐代贬谪作更为深入的研究。

皇权与法如何抉择的问题，唐初便有过许多论争。如高祖武德年间：

> 有犯法不至死者，上特命杀之。监察御史李素立谏曰：“三尺法，王者所与天下共也；法一动摇，人无所措手足。陛下甫创洪业，奈何弃法！臣忝法司，不敢奉诏。”上从之。①

李素立论述法的重要性可谓切中要害。皇命虽大，但法乃社会共同的行为规范，若开皇命干扰法的先例，影响法的执行，那民众如何治理、如何行事便无措手足了。同样地，太宗时期亦有类似的事件：

> 鄃令裴仁轨私役门夫，上怒，欲斩之。殿中侍御史长安李乾佑谏曰：“法者，陛下所与天下共也，非陛下所独有也。今仁轨坐轻罪而抵极刑，臣恐人无所措手足。”上悦，免仁轨死，以乾佑为侍御史。②

太宗欲斩裴仁轨，这是皇帝意愿，李乾佑的劝谏，则是提醒太宗法乃天下共有，不能一己独断，由此改变太宗看法，依法行事。同一时期，戴胄亦曾因此类事情劝谏过太宗：

> 上以选人多诈冒资荫，敕令自首，不首者死。未几，有诈冒事觉者，上欲杀之。胄奏：“据法应流。”上怒曰：“卿欲守法而使朕失信乎？”对曰：“敕者出于一时之喜怒，法者国家所以布大信于天下也。陛下忿选人之多诈，故欲杀之，而既知其不可，复断之以法，此乃忍小忿而存大信也。”上曰：“卿

① （宋）司马光编著：《资治通鉴》卷一八六，中华书局1956年版，第5945页。
② （宋）司马光编著：《资治通鉴》卷一九二，中华书局1956年版，第6156页。

能执法，朕复何忧！”胄前后犯颜执法，言如涌泉，上皆从之，天下无冤狱。①

皇帝敕命即死，据法则应流，皇命与法在案件的处理当中发生冲突，到底该如何执行？戴胄的言说深刻指出了二者之本质，也为后世论辩相关问题提供了借鉴。戴胄认为皇命出于一时喜怒，法则布大信于天下，忍受一时的小忿依法行事，布大信于天下，才是正道。这样的回答既让皇帝认识到依法的重要性，同时也感受到大臣为国的忠心，无怪乎皇帝最后也夸赞戴胄清正能执法，可见其回答实合情合理。到高宗时左威卫大将军权善才、右监门中郎将范怀义误斫昭陵柏一事，便是依照戴胄劝谏太宗之意进行处理。误斫昭陵柏，其罪本当除名，皇帝却以不重治不足以明孝而欲处斩，狄仁杰于是上奏："今法不至死而陛下特杀之，是法不信于人也，人何所措其手足！且张释之有言：'设有盗长陵一抔土，陛下何以处之？'今以一株柏杀二将军，后代谓陛下为何如矣？臣不敢奉诏者，恐陷陛下于不道，且羞见释之于地下故也。"②狄仁杰既担心若按照皇命而不依法则让百姓行事无措手足，又指出若如此后世将不知如何评价皇帝，条条都立足于皇帝自身的立场而言，立足于如何实现更好的治理而言，由此，皇帝怒解，二人亦依法除名。可见，当皇命与法发生冲突之时，大臣劝谏的方向往往是舍皇帝特命而依法，以上的案件当中，皇帝也的确听从了大臣的建议依法行事，那么，这是不是说明皇帝特命在大臣的劝谏之后都会从属于法律呢？事实上，细观唐史我们发现，唐代贬谪史上的几大冤案却都是依皇帝特命而不依法。

首先便是高宗时期的"五王"案。据《资治通鉴》记载，武三思在实施一系列对"五王"的栽赃陷害之后，"上命法司结竟"③，法司本具有执法独立性，这里却要听从皇命，甚至在大理丞李朝隐奏称"未经推鞫，不可遽就诛夷"之后，仍未行推鞫便予以处罚。可见，在一些重要案件中，若皇帝坚持自己的意志不顾法律程序，法司便会听从皇帝的意见，越过推鞫而行处罚。此种情形在晚唐文宗时

① （宋）司马光编著：《资治通鉴》卷一九二，中华书局1956年版，第6144页。
② （宋）司马光编著：《资治通鉴》卷二〇二，中华书局1956年版，第6496页。
③ （宋）司马光编著：《资治通鉴》卷二〇八，中华书局1956年版，第6722页。

代宋申锡案中亦表露无疑。

《旧唐书·宋申锡传》记载：

> 左常侍崔玄亮、给事中李固言、谏议大夫王质、补阙卢钧、舒元褒、罗泰、蒋系、裴休、窦宗直、韦温、拾遗李群、韦端符、丁居晦、袁都等一十四人，皆伏玉阶下奏以申锡狱付外，请不于禁中讯鞫。①

《新唐书·宋申锡传》："左散骑常侍崔玄亮、给事中李固言、谏议大夫王质、补阙卢钧、舒元褒、罗泰、蒋系、裴休、窦宗直、韦温，拾遗李群、韦端符、丁居晦、袁都等伏殿陛，请以狱付外。"②《资治通鉴》中的记载则更为详细："上命守澄捕豆卢着所告十六宅宫市品官晏敬则及申锡亲事王师文等，于禁中鞫之；……三月，庚子，申锡罢为右庶子。自宰相大臣无敢显言其冤者，独京兆尹崔管、大理卿王正雅连上疏请出内狱付外廷核实，由是狱稍缓。……左常侍崔玄亮、给事中李固言、谏议大夫王质、补阙卢钧、舒元褒、蒋系、裴休、韦温等复请对于延英，乞以狱事付外覆按。"③由此可以看出，被诬构的宋申锡从开始便被皇帝于禁中讯鞫，大臣进谏的关键也并不是讨论宋申锡的罪行，而是对其推鞫方式的谏言，甚至集体请求皇帝将案件付外廷鞫按。然而，即使如此，皇帝的意志还是超越了法律规定，案件并没有付外推按，宋申锡也以被处贬谪而告终。同样，唐代还有许多其他案件，均乃皇帝下令越过推鞫程序而予以直接处罚，甚至大臣上疏请求依法亦不能阻止。如韦月将上书告武三思潜通宫掖，"上大怒，命斩之"，黄门侍郎宋璟反复上疏请求依法推按，终未行。又如，德宗时李巽奏窦参交结藩镇，"上大怒，欲杀参"，贽上言："参朝廷大臣，诛之不可无名。……若不推鞫，遽加重辟，骇动不细"④，然亦终不推鞫。韩滉诬劾元琇馈米与淄青李纳、

① （后晋）刘昫等撰：《旧唐书》卷一五二《宋申锡传》，中华书局1975年版，第4371页。

② （宋）欧阳修、宋祁撰：《新唐书》卷一五二《宋申锡传》，中华书局1975年版，第4845页。

③ （宋）司马光编著：《资治通鉴》卷二四四，中华书局1956年版，第7998页。

④ （宋）司马光编著：《资治通鉴》卷二三四，中华书局1956年版，第7664页。

河中李怀光，“帝怒，不复究验，贬琇雷州司户参军”①，左丞董晋白宰相刘滋、齐映曰：“昨关辅用兵，方蝗旱，琇不增一赋，而军兴皆济，可谓劳臣。今被谪无名，刑滥人惧，假令权臣逞志，公胡不请三司鞫之？”②滋、映终不能用。可见，皇帝的命令具有绝对权威，很多情况下可以凌驾于法律之上，只要是其看重并希望按照自己意愿执行的案件，大臣谏言或是法律程序均对其特权没有约束力。法律若想在皇权面前发挥作用，首先取决于皇帝个人的素养，即皇帝能否认识到法律的重要性，是否具有宽广的纳谏胸怀；其次还要看案件的重要性，是一般性无关大局的案件还是威胁到国家安定的重大案件，案件的不同性质也决定皇帝是否愿意放下个人意志，听从于法律裁决。

当然，皇帝虽然拥有可以超越法律的权力，但要凌驾于法律之上也并不是理所应当、毫无阻碍的，还是要花费许多心思，有时甚至要做到有点矫揉造作的地步。如高祖为保全仁弘的做法：

> 高祖之入关也……仁弘有材略，所至着声迹，上甚器之。然性贪，罢广州，为人所讼，赃百余万，罪当死。上谓侍臣曰：“吾昨见大理五奏诛仁弘，哀其白首就戮，方哺食，遂命撤案；然为之求生理，终不可得。今欲曲法就公等乞之。”十二月，壬午朔，上复召五品已上集太极殿前，谓曰：“法者，人君所受于天，不可以私而失信。今朕私党仁弘而欲赦之，是乱其法，上负于天。欲席藁于南郊，日一进蔬食，以谢罪于天三日。”房玄龄等皆曰：“生杀之柄，人主所得专也，何至自贬责如此！”上不许，群臣顿首固请于庭，自旦至日昃，上乃降手诏，自称：“朕有三罪：知人不明，一也；以私乱法，二也；善善未赏，恶恶未诛，三也。以公等固谏，且依来请。”于是黜仁弘为庶人，徙钦州。③

因犯贪赃，仁弘罪本当死，然高祖希望以皇帝之尊将其保全，于是有了这场闹剧

① （宋）欧阳修、宋祁撰：《新唐书》卷五三《食货三》，中华书局1975年版，第1370页。
② （宋）欧阳修、宋祁撰：《新唐书》卷一二六《韩滉传》，中华书局1975年版，第4430页。
③ （宋）司马光编著：《资治通鉴》卷一九六，中华书局1956年版，第6295页。

式的求情，以退为进，逼迫宰相们让步，三番五次，最终在朝臣们坚持请求下才同意赦免仁弘。这样的方式，既实现了皇帝的意志，又维护了法律尊严，同时将责任推到朝臣身上。不过，这只是唐初的情形，如果说唐初皇帝特命还需要大费周章才能实施的话，到中晚唐，皇帝特命则往往以更为直接的方式，有时甚至是朝臣奏请依法处置都难以动摇皇帝特命分毫，其例子前文已举许多，这里不多论述。此外，还有一种帮助皇帝将个人意志贯彻于法律程序当中的方法，武后为保全张昌宗时曾使用过。

> (长安四年)辛未，许州人杨元嗣，告“昌宗尝召术士李弘泰占相，弘泰言昌宗有天子相，劝于定州造佛寺，则天下归心”。太后命韦承庆及司刑卿崔神庆、御史中丞宋璟鞫之。承庆、神庆奏言：“昌宗款称‘弘泰之语，寻已奏闻’，准法首原；弘泰妖言，请收行法。”璟与大理丞封全祯奏：“昌宗宠荣如是，复召术士占相，志欲何求！弘泰称筮得纯《乾》，天子之卦。昌宗倘以弘泰为妖妄，何不执送有司！虽云奏闻，终是包藏祸心，法当处斩破家。请收付狱，穷理其罪！”太后久之不应，璟又曰：“傥不即收系，恐其摇动众心。”太后曰：“卿且停推，俟更检详文状。”璟退，左拾遗江都李邕进曰：“向观宋璟所奏，志安社稷，非为身谋，愿陛下可其奏。”太后不听。寻敕璟扬州推按，又敕璟按幽州都督屈突仲翔赃污，又敕璟副李峤安抚陇、蜀；璟皆不肯行，奏曰：“故事，州县官有罪，品高则侍御史、卑则监察御史按之，中丞非军国大事，不当出使。今陇、蜀无变，不识陛下遣臣出外何也？臣皆不敢奉制。”①

显而易见，无论是不回应，还是先令停止推鞫，均是太后希望通过拖延，让事情有缓冲的余地。最终，为了保全昌宗而又不回避应有的法律程序，太后有意将宋璟外调，先是派去扬州推按，后又派去幽州，又指派安抚陇、蜀，虽然这些措施最终都被宋璟拒绝，但其意图却是非常明显的。而无论哪一种皇帝干预法律的形式，均是皇帝为实现个人意志主动与法律所作的调和，其本质仍然是独大的皇权。

① （宋）司马光编著：《资治通鉴》卷二〇七，中华书局1956年版，第6692页。

总而言之，推鞫乃贬谪过程中非常重要的法律程序，唐代不同时期有不同的机构对案件进行推鞫。皇权是影响贬谪背后的最高权力，皇帝有权选择听从或违背法律，皇帝特命有越过群臣劝谏而下行之权力。唐代许多重大案件都是按照皇帝特命而非法司推鞫进行处理的。

三、推鞫具体过程分析

推鞫即推问，指对犯人的审问，又称“讯鞫”。推鞫有“大、小三司”推鞫，亦有皇帝特于禁中鞫治，与私密的禁中鞫治相比，外廷推鞫乃法律规定的一般程序，这一程序包含延英奏对、施加刑罚、系狱、引用证人等细节。推鞫虽为法律程序，却往往被皇帝或权臣干预，无法实现其公平、正义。

就具体过程而言，推鞫往往伴随着大臣的讨论。推鞫过程中，若推鞫大臣对所推事情的意见不一，双方往往会将各自意见上奏皇帝，反复申论。如则天长寿二年，德妃母庞氏被奴才陷害，监察御史龙门薛季昶按之，季昶诬奏，认为庞氏当斩，其子希瑊于是诣侍御史徐有功讼冤，有功牒所司停刑，上奏论之，以为无罪。而季昶又反过来诬奏有功阿党恶逆，请付法初绞，最后太后亲自召见有功询问，才将此事平息。可见，推鞫并不是一个简单的过程，因涉及事件是否能够被公正处理，所以经常面临大臣们的据理力争，反复论说。有时，若群臣对皇帝作出的某种处罚有异议，还可以申请开延英奏对。众所周知，安史之乱以后，随着原本的三省中枢体制的破坏，政事堂会议逐渐失去决策地位，一种新的御前最高决策会议诞生，即延英奏对。延英奏对有两种主要形式：其一，皇帝有事，召宰相入延英；其二，宰相有事，奏请开延英。唐后期，许多皇帝特命于内廷鞫治的贬谪案件，都有群臣奏请开延英的记载，最有名的便是文宗时期的宋申锡案。《资治通鉴》载：“三月，庚子，申锡罢为右庶子。自宰相大臣无敢显言其冤者，独京兆尹崔管、大理卿王正雅连上疏请出内狱付外廷核实，由是狱稍缓。……狱成，壬寅，上悉召师保以下及台省府寺大臣面询之。午际，左常侍崔玄亮、给事中李固言、谏议大夫王质、补阙卢钧、舒元褒、蒋系、裴休、韦温等复请对于延英，乞以狱事付外覆按。”①最后，虽然宋申锡的案件并未实现外廷鞫治的请求，

① （宋）司马光编著：《资治通鉴》卷二四四，中华书局 1956 年版，第 7998 页。

然而，延英奏对中崔玄亮、牛僧孺等大臣的谏言还是对皇帝的决策起了关键性的作用，最终使得郑注等人亦心生畏惧，劝守澄止行贬黜，贬申锡为开州司马。类似的案件还有会昌元年三月，唐武宗遣中使往潭、桂二州诛杨嗣复、李珏，宰相李德裕、陈夷行等四人邀枢密使至中书，使入奏："嗣复、珏等若有罪恶，乞更加重贬。必不可容，亦当先行讯鞫，俟罪状着白，诛之未晚。今不谋于臣等，遽遣使诛之，人情莫不震骇。愿开延英赐对。"①"至哺时，开延英，召德裕等入"，李德裕等人于延英殿"涕泣极言"，最后终于使武宗收回成命，追还了已派出诛杀杨嗣复、李珏的二中使。显而易见，大臣无论是上疏对所贬之事反复申论，还是直接奏请皇帝开延英，均是推鞫过程中的重要步骤，作用都在于对案件广泛地发表个人意见，保证其公平、公正执行。

除去上奏申述，推鞫过程中还不可避免地存在着系狱、引用证人、证据与施刑的过程。御史台狱便是被推鞫之人的关押之处，如前述宪宗时于敏杀人案，"寻出付台狱，诏御史中丞薛存诚、刑部侍郎王播、大理卿武少仪为三司使按问"②，便是将于敏系于御史台。张说亦曾被宇文融与李林甫弹劾受纳贿赂而下台狱，时玄宗派高力士去看望，力士还奏："说蓬首垢面，席藁，食以瓦器，惶惧待罪。"③正因为他在狱中的表现引发玄宗怜悯，所以最终只被罢去中书令，余如故。此外，除御史台狱，政事堂、尚书省等地亦时时成为拘押犯人之地。如玄宗时期的杨慎矜案，"天宝六载十一月，玄宗在华清宫，林甫令人发之。玄宗震怒，系之于尚书省，诏刑部尚书萧隐之、大理卿李道邃、少卿杨璹、侍御史杨钊、殿中侍御史卢铉同鞫之"④，其所系之地便是尚书省。代宗时，元载和王缙贪污受贿，帝欲诛之，"会有告载、缙夜醮图为不轨者，庚辰，上御延英殿，命凑收载、缙于政事堂，又收仲武及卓英倩等系狱"⑤，所拘之地变为政事堂。可见，推鞫之人还有被关押这一程序，关押之后便要进行审讯，审讯过程中除了上文所言朝臣的论争之外，有时皇帝还会召相关人员于殿前参对，引用证人，甚至

① (宋)司马光编著：《资治通鉴》卷二四六，中华书局1956年版，第8071页。
② (后晋)刘昫等撰：《旧唐书》卷一五六《于頔传》，中华书局1975年版，第4131页。
③ (宋)司马光编著：《资治通鉴》卷二一三，中华书局1956年版，第6891页。
④ (后晋)刘昫等撰：《旧唐书》卷一〇五《杨慎矜传》，中华书局1975年版，第3227页。
⑤ (宋)司马光编著：《资治通鉴》卷二二五，中华书局1956年版，第7361页。

有时还会严刑逼供，栽赃陷害等。如《旧唐书·魏元忠传》中记载，魏元忠被易之、昌宗陷害，“则天惑其言，乃下元忠诏狱，召太子、相王及诸宰相，令昌宗与元忠等殿前参对，反复不决。昌宗又引凤阁舍人张说令执证元忠。说初伪许之，及则天召说验问，说确称元忠实无此语，则天乃悟元忠被诬”①。元忠下狱之后，则天便曾召集相关人员殿前参对，昌宗亦以计引张说为证人陷害魏元忠，虽然最终没有达到想要的效果，但却足以证明推鞫过程中有引证人这一环节。此外，有时皇帝欲处罚某人，除派出相关官员鞫治之外，还会亲自于禁中出问，并派遣中使搜罗证据，代宗谋诛元载、王缙便是一例：“庚辰，上御延英殿，命凑收载、缙于政事堂，又收仲武及卓英倩等系狱。命吏部尚书刘晏与御史大夫李涵等同鞫之，问端皆出禁中，仍遣中使诘以阴事，载、缙皆伏罪。”②也正因为有这一步骤，有时欲陷害一人，便可以在引用证人及搜集证据方面下功夫。如杨慎矜案中，除派相关人员推鞫之外，“又使京兆士曹吉温往东京收慎矜兄少府少监慎余、弟洛阳令慎名等杂讯之；又令温于汝州捕史敬忠获之，便赴行在所。先令卢铉收太府少卿张瑄于会昌驿，系而推之”③，“时(慎)矜皆引服，惟搜谶书不获。林甫危之，使卢铉入长安搜慎矜家，铉袖谶书入暗中，诟而出曰：‘逆贼深藏秘记。’至会昌，以示慎矜”④。可见，推鞫过程中的这些具体程序，在实行过程中均有可能被人暗中操纵，一旦被操纵，案件便无公正可言。更为严重的是，有时审讯过程中还会依赖严刑逼供、屈打成招酿成冤案。《资治通鉴》记载，天宝四载：

李适之与李林甫争权有隙。适之领兵部尚书，附马张垍为侍郎，林甫亦恶之，使人发兵部铨曹奸利事，收吏六十余人付京兆与御史对鞫之，数日，竟不得其情。京兆尹萧炅使法曹吉温鞫之。温入院，置兵部吏于外，先于后厅取二重囚讯之，或杖或压，号呼之声，所不忍闻，皆曰：“苟存余生，乞纸尽答。”兵部吏素闻温之惨酷，引入，皆自诬服，无敢违温意者。顷刻而狱

① (后晋)刘昫等撰：《旧唐书》，卷九二《魏元忠传》，中华书局1975年版，第2953页。
② (宋)司马光编著：《资治通鉴》卷二二五，中华书局1956年版，第7361页。
③ (后晋)刘昫等撰：《旧唐书》卷一〇五《杨慎矜传》，中华书局1975年版，第3227页。
④ (宋)司马光编著：《资治通鉴》卷二一五，中华书局1956年版，第7001页。

成，验囚无榜掠之迹。①

李适之因被严刑拷打而不得不承认罪行，锻炼成狱。同样地，前述杨慎矜案中，为了确定杨慎矜的罪行，“令卢铉收太府少卿张瑄于会昌驿，系而推之，瑄不肯答辩。铉百端拷讯不得，乃令不良枷瑄，以手力绊其足，以木按其足间，撇其枷柄向前，挽其身长校数尺，腰细欲绝，眼鼻皆血出，谓之‘驴驹拔撅’，瑄竟不肯答”②。可见，严刑亦是推鞫过程中使用的重要手段。

贬谪案件中，推鞫的方式也并不是固定不变的，不同的情形会选择特殊的推鞫方式。如垂拱三年，凤阁侍郎、同凤阁鸾台三品刘祎之得罪武后，当时正好有人诬奏刘祎之受归诚州都督孙万荣金，又与许敬宗妾有私，武后欲借此事打击刘祎之，于是便“命肃州刺史王本立推之，本立宣敕示之”③。堂堂当朝宰相，犯罪却派一个地方官员去推问，并且直接宣敕，完全不顾应有的法律程序，难怪祎之亦言：“不经凤阁鸾台，何名为敕！”④然而，权力控制下的贬谪本来就不会受制于一些死板的条例，最终，则天以祎之拒捍制使将其赐死于家。可见，权力主体的意愿极大地影响着贬谪具体的实施程序。德宗时刑部员外郎裴澥赴江南推鞫卢南史罪状则是另外的情形。时刺史姚骥劾奏南史赃罪及买铅烧黄丹事，德宗得知，欲“遣监察御史郑楚相、刑部员外郎裴澥、大理评事陈正仪充三司使，同往按鞫”⑤，裴澥在综合考虑之后上奏曰：“臣按姚骥奏状，称南中取厅吏纸笔钱计赃六十余贯，虽于公法有违，量事且非巨蠹”“南史违敕买铅，不得无罪。伏以陛下自登宝位，及天宝、大历以来，未曾降三司使至江南；今忽录此小事，令三司使往，非唯损耗州县，亦恐远处闻之，各怀忧惧”⑥，并列举张九龄与吴仲孺的例子表明此事只需自己一人往鞫即可，三司同往不仅劳民伤财还容易惊扰百姓，使人心忧惧。可见，推鞫虽有其法定程序，然有时或由于特权控制，或出于

① （宋）司马光编著：《资治通鉴》卷二一五，中华书局1956年版，第6983页。
② （后晋）刘昫等撰：《旧唐书》卷一〇五《杨慎矜传》，中华书局1975年版，第3227页。
③ （宋）司马光编著：《资治通鉴》卷二〇四，中华书局1956年版，第6559页。
④ （宋）司马光编著：《资治通鉴》卷二〇四，中华书局1956年版，第6559页。
⑤ （后晋）刘昫等撰：《旧唐书》卷一三七《赵涓传》，中华书局1975年版，第3761页。
⑥ （后晋）刘昫等撰：《旧唐书》卷一三七《赵涓传》，中华书局1975年版，第3761页。

大局考虑，亦会因事制宜，临时调整既定程序。

四、权臣控制与推鞫弹性

由以上分析可知，推鞫有唐初的“受事三司”推鞫，亦有后来的“大小三司”推鞫或其他部门官员临时推鞫。推鞫包含具体的执行过程，如延英奏对、施刑、系狱、引用证人等，且根据情况的不同，推鞫方式亦有相当的差异。然而，推鞫虽为贬谪过程中的法定程序，但在具体实施过程中却往往伴随着相当的弹性，这种弹性使得贬谪案件的处理更多地依赖皇帝或重臣的权力而不是法律。其中，皇权因素上文皇帝特命一节已有论述，本节就权臣控制略作补充，以帮助我们更深入地了解推鞫之内在特性。

众所周知，推鞫者的司法独立是保证案件依法执行的重要因素，而按照私人意志选派推鞫官员，以私人意志干预推鞫，则是影响推鞫公正的重要因素。唐代历史上，许多权臣便常常安排自己的人担任御史台官，使推鞫按照自己的意愿执行。如李林甫，《资治通鉴》记载：“李林甫屡起大狱，别置推事院于长安。以杨钊有掖廷之亲，出入禁闼，所言多听，乃引以为援，擢为御史。事有微涉东宫者，皆指擿使之奏劾，付罗希奭、吉温鞫之。”①吉温、罗希奭都是林甫之爪牙，吉温乃萧炅为李林甫引荐，罗希奭则为林甫亲自提拔，二人在李林甫铲除异己、锻炼成狱的过程中，发挥了重大的作用。对韦坚的陷害，便是由林甫派“杨慎矜、杨国忠、王鉷、吉温等文致其狱”②而得以实现。此外还有武三思，在处罚“五王”的过程中，武三思就是依靠自己亲信的帮助而将“五王”未经推鞫便行处死。时“武三思阴令人疏皇后秽行，榜于天津桥，请加废黜”③，“上大怒，命御史大夫李承嘉穷核其事。承嘉奏言：‘敬晖、桓彦范、张柬之、袁恕己、崔玄暐使人为之，虽云废后，实谋大逆，请族诛之。’”④李承嘉本就附会武三思，其必然知晓三思之意，因此上奏将“五王”直接处死，后虽有大臣上奏，但亦未能改变皇帝的心意，于是“五王”被流放。又“中书舍人崔湜说三思曰：‘晖等异日北归，

① （宋）司马光编著：《资治通鉴》卷二一五，中华书局1956年版，第7002页。
② （宋）欧阳修、宋祁撰：《新唐书》卷一三四《韦坚传》，中华书局1975年版，第4561页。
③ （宋）司马光编著：《资治通鉴》卷二〇八，中华书局1956年版，第6721页。
④ （宋）司马光编著：《资治通鉴》卷二〇八，中华书局1956年版，第6721页。

终为后患，不如遣使矫制杀之。'三思问谁可使者，湜荐大理正周利用。利用先为五王所恶，贬嘉州司马，乃以利用摄右台侍御史，奉使岭外。比至，柬之、玄暐已死，遇彦范于贵州，令左右缚之，曳于竹槎之上，肉尽至骨，然后杖杀。得晖，咼而杀之。恕己素服黄金，利用逼之使饮野葛汁，尽数升不死，不胜毒愤，掊地，爪甲殆尽，仍捶杀之。利用还，擢拜御史中丞"①。崔湜、周利用均为三思爪牙，三思临时提拔周利用为右台侍御史，奉使岭外，于是"五王"惨死。这样的例子，史书中所在多有，可见，权臣通过控制推鞫人员，特别是御史台官，往往使得贬谪按照自己的意愿而不是法律程序进行，这样一来，贬谪便不再是对犯罪人员的依法处罚方式，而是成为政治权力斗争的工具。

反之，正是因为认识到推鞫人员选择的重要性，为了案件能够依法处理，皇帝便希望选择能够秉公执法的御史台官，然而有时因大臣性格等方面的原因，亦难以选择到能够刚直不阿、秉公执法之人，前文代宗欲引大臣推鞫元载便是一例。《新唐书·李栖筠传》记载："元载当国久，益恣横，代宗不能堪，阴引刚鲠大臣自助，欲收纲权以黜载。会御史大夫敬括卒，即召栖筠与河南尹张延赏，择可为大夫者。延赏先至，遂代括。会李少良、陆珽等上书劾载阴事，诏御史问状，延赏称疾，不敢鞫，少良、珽覆得罪死。帝殊失望，出延赏为淮南节度使，引拜栖筠为大夫。"②代宗之所以引用张延赏，是希望他能够大胆弹劾元载，当他发现张延赏不敢推鞫元载之时，便毅然将其出为淮南节度使。可见，推鞫要依法实现，还具备相当的困难。

第三节 贬诏公文的草拟、下达及相关问题考述

贬谪经由罪行上奏、推鞫、议罪等程序确认罪名之后，便要进行贬诏的书写、下发、审核及实施，此一系列过程的全部完成标志着贬谪事件的成立。本节主要论述贬谪制诏书写及下达的相关过程，由此完善对唐代贬谪制度的认识。

① (宋)司马光编著：《资治通鉴》卷二〇八，中华书局1956年版，第6722页。

② (宋)欧阳修、宋祁撰：《新唐书》卷一四六《李栖筠传》，中华书局1975年版，第4737页。

一、两种草诏机构之分工与建制

唐代贬谪制诏的书写主要由三部分人负责，中书舍人、翰林学士及他官知制诰。根据赖瑞和的考察，他官知制诰是一种使职，唐前期便存在过，但整体而言并不常见，案例也不多，还不是一种常设使职，只是暂时委任。安史之乱以后，他官知制诰这种使职才大量出现，其工作的地点在舍人院，与宰相关系密切，负责草拟朝廷“外制”（又称中书制诰），分量较翰林学士知制诰轻，可称为“舍人院知制诰”①，工作方式与中书舍人相似。由此，本节拟就草诏的两类主要人群——中书舍人与翰林学士的相关草诏情况展开论述。

“中国传统的皇帝，除了需要宰相来帮他‘知政事’，治理军国大事，统率百官之外，还需要其他官员的协助，比如皇帝总要发布种种‘王言’……这些文书便需要一位或多位官员负责撰写。”②唐代官制中专门负责帮皇帝撰写“王言”文书的官职便是中书舍人，一个正五品上的职事官。自高祖武德年间开始一直到安史之乱前夕，长达一百多年，中书舍人都发挥了极其重要的作用。与中书舍人相比，翰林学士则兴起较晚，从唐太宗开始重用旧臣、词臣（温大雅等人），到武则天时期的北门学士，中宗朝的上官婉儿，再到玄宗开元二十六年学士院设立，翰林学士才正式从翰林供奉中分化出来，并发挥草诏职能。特别是德宗朝陆贽以后，翰林学士的地位甚至逐渐超越中书舍人，负责草拟更为重要的“内制”，后虽亦有中书舍人草拟“内制”的情形，但整体而言，翰林学士成为“密迩禁廷”的草诏机要之司则是显而易见的。这一点，从唐中书舍人与翰林学士的工作地点舍人院、翰林院的位置分布亦可窥见一斑。

据《唐六典》及杜文玉《唐长安大明宫建筑丛考》中所载可知，大明宫由南向北以含元殿、宣政殿、紫宸殿三大殿为中心，三大殿的布局和功能直接继承西内太极宫的布局而来。大明宫三大殿由南到北直线排列在大明宫中部，宣政殿两侧有一道横向的宫墙，将大明宫分为内外两个部分，即皇帝生活起居的内朝与处理

① 赖瑞和：《唐代高层文官》，联经出版社 2016 年版，第 199~219 页。

② 赖瑞和：《唐代高层文官》，联经出版社 2016 年版，第 169 页。

政事的外朝。东西上阁门即开在此宫墙上，所谓“宣政之左曰东上阁，右曰西上阁”①，朝官须经过东西上阁门才能进入“常日听朝而视事”的紫宸殿，所谓“入阁议事”。因阁门以北为内朝区域，因此禁卫制度森严。明白了大明宫的整体建制，再来看翰林院与舍人院的位置。《翰林院故事》记载：“（翰林院）列于宫中”，“在银台门内，麟德殿西，重廊之后”，近年来考古发现，翰林院是一个宽55米、长400米左右的狭长型封闭院落，仅有一道小门与大明宫内部相通②。于翰林院供职者，只需要经过兴安门进入夹城，再经过右银台门便可直接进入内朝区域，而不必经过南衙三大殿。由此可知，翰林院不同于南衙三大殿，更不属于南衙三大系统，而是直接与皇帝联系，可谓“密迩禁廷”“独无所属”。再看舍人院，据《唐六典》记载，中书省与门下省，二者均在宣政殿之南，分西、东对称而置，舍人院即位于中书省内，属于中书省系统内官职，其南为宰相议事的政事堂，又因宣政殿两侧的宫墙的分割，二省与皇帝居止的寝殿即内朝隔开，因此又被称为“外朝”“外廷”。由此，处于外朝的舍人院与内朝的翰林院，据其与皇帝距离的远近，让我们可以了解到二者不同的机要程度，其性质也便不言自明，翰林院隶属于皇帝，而舍人院则与宰相更为密切，也正是基于这一点，形成了中书制诏与翰林制诏的诸多区别。

二、诏书的书写范围、格式及用纸

中书制诏与翰林制诏有诸多差别，二者在书写范围、格式及用纸方面皆有许多差异。唐初，制敕均用白纸书写，高宗时，因“制敕比用白纸，多为虫蠹”“尚书省下诸司、州、县，宜并用黄纸，其承制敕之司，量为卷轴，以备披检”③。黄纸又分为黄麻纸和黄藤纸。“天后天授元年，以避讳，改诏为制。今册书用简，制书、慰劳制书、发日敕用黄麻纸，敕旨、论事敕及敕牒用黄藤纸，其赦书颁下诸州用绢。”④可见，虽是黄纸，因其体质又有轻重之别，《石林燕语》载：“纸以

① （唐）李林甫：《唐六典》卷七《尚书工部》，中华书局1992年版，第218页。

② 马得志：《唐长安城发掘新收获》，《考古》1987年第4期。

③ （后晋）刘昫等撰：《旧唐书》卷五《高宗下》，中华书局1975年版，第101页。

④ （唐）李林甫等撰，陈仲夫点校：《唐六典》卷九《中书省·中书令》，中华书局1992年版，第274页。

麻为上，藤次之，用此为轻重之辨。”①《演繁露》云：“惟除拜王公将相则用白麻纸书……自制书以下至发日敕，则用黄麻纸书之……若降敕旨谕事及敕牒，则用黄藤纸，其礼又降于黄麻矣。”②可见，唐初便出现了黄麻与白麻书写制书的差别，但无论黄麻还是白麻，均由中书舍人执掌，《唐会要》：“故事，中书以黄、白二麻为纶命重轻之辨。”③自开元二十六年，唐玄宗改翰林供奉为翰林学士，建立学士制，始出现白麻专称。《新唐书·百官志一》载：“开元二十六年，又改翰林供奉为学士，别置学士院，专掌内命。凡拜免将相、号令征伐，皆用白麻。”④此乃最早由翰林学士草拟白麻内制的记载，所谓“宣麻之始，自明皇世也”⑤。后韦执谊《翰林院故事》曰：

> 故事，中书以黄白二麻为纶命重轻之辨。近者所出，独得用黄麻；其白麻皆在北院(翰林院)。自非国之重事，拜授将相，德音赦宥，则不得由于斯。⑥

其中不仅指出了黄、白二麻分掌于中书舍人与翰林学士的事实，且说明了翰林学士的执掌范围：“拜授将相，德音赦宥。”《册府元龟》卷五五〇《词臣部·总序》亦有类似的记载，且对翰林学士所掌的诏命范围区分更为细致：

> 元和初，学士院别置书诏印，凡赦书、德音、立后、建储、大诛讨、拜

① (宋)叶梦得撰，田松青校点：《石林燕语》卷三，上海古籍出版社2012年版，第28页。

② (宋)程大昌撰：《演繁露》卷四，“黄麻白麻条”，文渊阁四库全书第八二五册，第101页。

③ (宋)王溥撰，牛继清校证：《唐会要校证》卷五七《翰林院》，三秦出版社2012年版，第1146页。

④ (宋)欧阳修、宋祁撰：《新唐书》卷四六《百官志一》，中华书局1975年版，第1183~1184页。

⑤ (宋)高承撰，(明)李果订：《事物纪元》卷二《公式·宣麻》，中华书局1989年版，第59页。

⑥ (宋)洪遵：《翰苑群书》卷四《韦执谊翰林院故事》，文渊阁四库全书第五九五册，第353页。

> 免三公将相曰“制”，百官班于宣政殿而听之。赐与征召，宣索处分之诏，慰抚军旅之书，祠飨道释之文，陵寝荐献之表，答奏疏赐军号，皆学士院主之，余则中书舍人主之。①

可见，翰林院的出现，正式分割了中书舍人草诏权，皇帝的命令被分为内制和外制，翰林学士所撰，直接从禁中发出，故称“内制”，用白麻纸写；中书舍人所撰，为外朝所拟，故称“外制”，用黄麻纸写。此后，到中晚唐虽也有中书舍人草拟“内制”的情形，然由翰林学士草白麻内制乃是主流。贬谪制诏的书写官员范围及用纸与制诏的书写官员范围、格式及用纸相伴随，前期主要由中书舍人统一执掌，麻、藤为轻重之辨，后期，特别是在德宗之后，贬谪制诏则一部分由中书舍人撰写，另一部分，特别是宰相罢免之制书，由翰林学士所写，由中书舍人所写的部分用纸为黄麻，而由翰林学士所写的部分用纸则为白麻。

此外，就草诏格式而言，经过翰林学士对诏书书写的规范，唐代制诏书写包括贬诏书写已经具备了稳定的体制，文体意识逐渐鲜明，这一点在后文唐代贬谪制诏文体形制研究的部分有详细论说，这里暂不展开。

三、诏书书写、下达、封驳之程序

前文研究了诏书书写的范围、格式及用纸，除此以外，中书制诏与翰林制诏书写、下达的程序亦不同。中书制诏由中书舍人根据宰相的“词头”即中书决策而拟写，若中书舍人对“词头”有异议，可以封还“词头”，诏书写好之后，便交付门下省进行审核，若有不当，给事中有封还诏书的权力，谓之“涂归”“封驳”。翰林学士则独立于三省之外，不受三省的约束和管辖，其所拟诏书无需经过给事中的审核，可以直接经过中书门下颁发。以下我们就贬谪诏书草拟下达的过程展开详细论述。

诏书书写的起点是“词头”，词头“一般是由宰相记录下来的皇帝对政务的处理意见，多数为人事任免方面，词头需再经中书舍人撰制正规文书才能生效”②，

---

① （宋）王钦若等编：《册府元龟》卷五五〇《词臣部·总序》，中华书局1960年影印本，第6600页。

② 张东光、李中：《唐宋中书舍人院名物制度述略》，《河南教育学院学报》（哲学社会科学版）1996年第4期。

中书舍人根据词头将诏书拟好之后，先要送皇帝画日，之后再将画日的诏书备份，更写一道交由门下省审核。中书诏令起草及下达的一大特点是其封驳权，包括中书舍人封还词头与给事中封还制书。《旧唐书·袁高传》载："袁高，字公颐，恕己之孙。……贞元元年，德宗复用吉州长史卢杞为饶州刺史，令高草诏书。高执词头以谒宰相卢翰、刘从一曰：'卢杞作相三年，矫诈阴贼……'翰、从一不悦，改命舍人草之。诏出，执之不下，仍上奏曰：'卢杞为政，穷极凶恶……'遗补陈京、赵需、裴佶、宇文炫、卢景亮、张荐等上疏论奏。次日，又上疏。"①在任命卢杞的事情上，宰相与皇帝的意见一致，均希望起复卢杞为饶州刺史，并命给事中袁高草拟制诏。袁高与其意见不一，于是执"词头"上奏。宰相不同意袁高的执奏，便另命其他舍人草拟制书，然拟好的中书制诏终究要下发门下省审核，于是，袁高再次以给事中的身份对诏书进行封驳，所谓"执之不下"。加之许多官员上疏论奏及谏官的进谏，使得德宗最终迫于压力而追回了卢杞的饶州制书。

与之类似的还有白居易封还贬谪独孤朗的词头。其《论左降独孤朗等状》云：

都官员外郎史馆修撰独孤朗可富州刺史、起居舍人温造可朗州刺史、司勋员外郎李肇可澧州刺史、刑部员外郎王镒可郢州刺史右，今日宰相送词头左降前件官如前，令臣撰词者。臣伏以李景俭因饮酒醉，诋忤宰相，既从远贬，已是深文，其同饮四人，又一例左降，臣有所见，不敢不陈。伏以两省、史馆，皆是近署，聚饮致醉，理亦非宜，然皆贬官，即恐太重。况独孤朗与李景俭等，皆是僚友，旦夕往来，一饭一饮，盖是常事。景俭饮散之后，忽然醉发，自犹不觉，何况他人。以此矜量，情亦可恕。臣又见贞元之末，时政严急，人家不敢欢宴，朝士不敢过从，众心无憀，以为不可。自陛下临御，及此二年，圣慈宽和，天下欣戴，臣恐此诏或下，众情不免惊忧；兼恐朝廷官僚，从此不敢聚会；四方诸远，不知事由，奔走流传，事体非便。伏惟宸鉴，更赐裁量，免至贬官，各令罚俸，感恩知失，亦足戒惩。臣不揆蠢愚，辄敢尘黩，岂不惧罪，岂不惜身，但缘进不因人，出于圣念，自

① （后晋）刘昫等撰：《旧唐书》卷一五三《袁高传》，中华书局1975年版，第4087页。

> 忠州刺史，累迁中书舍人，已涉二年，一无裨补，夙夜惭惕，实不自安，前后制敕之间，若非甚不可者，恐烦圣听，多不备论，今者所见，若又不奏，是图省事，有负皇恩。伏希天慈，以此详察，知臣所奏，不是偶然。其独孤朗等四人出官词头，臣已封讫，未敢撰进，伏待圣旨。①

这是一篇完整的中书舍人封还词头的“状”，由之可见中书舍人草拟诏书乃根据宰相送的“词头”而来，若中书舍人对宰相的“词头”有异议，则可上疏申论。白居易此篇“状”即详细论述了其不同意将独孤朗等人左降的原因，指出自己封还词头并不代表着不惜身惧罪，而实在是职责所在，且申明词头已经封好，并未撰进，等待圣意的最终裁决。由此可知，中书舍人在草诏之前封还“词头”，是实现诏书封驳的第一种方式。

诏书封驳的第二种方式则为给事中封还诏书。考诸史籍，官员贬谪中给事中封还诏书大概有以下几种情形。第一，给事中对贬谪制书的内容存在异议，可封还，上文袁高封还卢杞饶州制书便是一例。封还制书的同时，为其他朝臣表达意见赢得了时间，皇帝可以重新考虑整个事件，避免朝政失当。当然，亦有给事中与被贬者不属于一个阵营，而借封还制书落井下石的例子，如李回被贬贺州刺史之事。《新唐书·李回传》载：“武宗崩，(回)为山陵使，迁门下侍郎，兼户部尚书。出为剑南西川节度使。以与德裕善，决吴湘狱，时回为中丞，坐不纠擿，贬湖南观察使。俄以太子宾客分司东都。给事中还制，谓责回薄，遂贬贺州刺史。徙抚州长史，卒。”②吴湘案乃白敏中、令狐绹等牛党成员打击李德裕之李党的冤案，李回显然是因为与李德裕相善而受到牵连，因此，给事中封还其太子宾客分司东都的制书而将其改为贺州刺史，这是通过给事中封还制书而打击异己的例子。第二，若制书中用字、用词不当，可封还。如王遂，“度支使潘孟阳与太府卿王遂迭相奏论，孟阳除散骑常侍，遂为邓州刺史，皆假以美词”③，“遂亲吏韦

---

① (唐)白居易撰，顾学颉校点：《白居易集》，《论左降独孤朗等状》，中华书局 1999 年版，第 1268~1269 页。

② (宋)欧阳修、宋祁撰：《新唐书》卷一三一《宗室宰相·李回传》，中华书局 1975 年版，第 4518 页。

③ (后晋)刘昫等撰：《旧唐书》卷一五四《吕元膺传》，中华书局 1975 年版，第 4104 页。

行素、柳季常请课料于两池务。属遂罢务，季常等为吏所诬，各笞四十”，而遂柳州制出，其中却有“清”一字，于是“左丞吕元膺执奏曰：遂以补吏犯赃，法当从坐。其除官制云‘清能业官’，据遂犯状，不宜有‘清’字。柳州大郡，出守为优。谨封还制书”①。因王遂外出制书中有一“清”字不符合事实，吕元膺便执论请封还制书。此外，中书舍人崔嘏亦因草李德裕制不尽言其罪而被贬端州刺史。可见，诏书所用的言辞有一定的讲究，若使用不当，给事中可驳回。第三，若案件审理及制书下发的程序不当，给事中亦会予以封驳。《旧唐书·吕元膺传》有：“江西观察使裴堪奏虔州刺史李将顺赃状，朝廷不覆按，遽贬将顺道州司户。元膺曰：‘廉使奏刺史赃罪，不覆检即谪去，纵堪之词足信，亦不可为天下法。’又封诏书，请发御史按问，宰臣不能夺。”②由前文可知，奏赃状只是案件审理的第一步，之后还需要有推按，合法地审理案件才能取信于人，吕元膺正是针对这种不合法的案件处理过程进行驳奏，封还诏书，请御史按问。

需要指出的一点是，中书舍人封还“词头”有其相应的论“状”，给事中封还诏书亦有其相应的上奏。如吕元膺的《封还授孔戡卫尉寺丞分司东都诏奏》：

> 孔戡以公为卢从史所忌，且离职已久，李吉甫以宰相出镇，辟请非涉嫌疑，推类言之，河阳节度行军司马杨同慈、史官崔国桢，或处近职，或倅戎府，皆为吉甫奏在幕庭，从史以嫌忿干黩朝典，岂可曲徇其志。且孔戡官序，虽非黜退，但因此改易，则长奸邪之心，臣恐忠正之士，各怀疑虑，事不可许。③

奏疏具体说明了事情的原委及自己之所以封还制书的原因，这样的奏疏，是朝臣与皇帝沟通的重要方式，在整个贬谪过程中起着非常重要的作用。

相比较而言，翰林学士所草诏书的下达则无封还一说，翰林学士独立于三省

---

① （后晋）刘昫等撰：《旧唐书》卷一六二《王遂传》，中华书局 1975 年版，第 4241～4242 页。

② （后晋）刘昫等撰：《旧唐书》卷一五四《吕元膺传》，中华书局 1975 年版，第 4104 页。

③ 《全唐文》卷四七九《封还授孔戡卫尉寺丞分司东都诏奏》，中华书局 1983 年影印本，第 4891 页。

机构之外，“不拘本司，不系朝参”，是典型的天子私人。只是，其书写制书中用字用语亦需准确到位，草制失词虽不会被给事中封驳，但书写者也往往因此遭遇贬谪之祸。如宪宗时，“李逢吉不欲讨蔡，翰林学士令狐楚与逢吉善，(裴)度恐其合中外之势以沮军事，乃请改制书数字，且言其草制失辞。壬戌，罢楚为中书舍人”①。还有翰林学士承旨草刘瞻罢相制书之事。时“同昌公主薨，懿宗捕太医韩宗绍等送诏狱，逮系宗族数百人。瞻喻谏官，皆依违无敢言，即自上疏固争”②，结果“帝大怒，即日赐罢，以检校刑部尚书、同平章事为荆南节度使”③。负责草诏的人为翰林学士承旨郑畋，郑畋与刘瞻本亲善，其为翰林学士还是刘瞻的推荐，因此，在草刘瞻罢相诏书之时便加入许多赞美之词，以致引起懿宗的不满，贬其为梧州刺史。《旧唐书·郑畋传》记载为：“畋草制过为美词，懿宗省之甚怒，责之曰：‘一昨刘瞻出藩，朕岂无意？尔次当视草，过为美词。逞谲诡于笔端，笼爱憎于形内。徒知报瞻咳唾之惠，谁思蔑我拔擢之恩。载详言伪而坚，果明同恶相济。人之多僻，一至于斯！宜行窜逐之科，用屏回邪之党……’”④可见，翰林学士因其与皇帝“私”人关系更为密切，若其诏书出现问题，便也无须经历三省的核查而直接遭受贬谪的结果，其命运起伏更为跌宕残酷！

四、宿直制度与诏书草拟

中书舍人与翰林学士虽均遵循草诏者的宿直制度，但其中又有差异。与中书舍人宿直相比，翰林学士宿直更显机密，基本无朝臣活动的空间，而是直接反映皇帝意旨。

宿直又称直宿，是指朝臣夜宿于供职机构，备问召对、处理朝务的一种制度。对于负责制诏拟写的词臣而言，宿直可以称为工作制度，因为制书多为当直之时起草。关于中书舍人当直，玄宗初年有这样一则案例：

---

① (宋)司马光编著：《资治通鉴》卷二四〇，中华书局 1956 年版，第 7860 页。

② (宋)欧阳修、宋祁撰：《新唐书》卷一八一《刘瞻传》，中华书局 1975 年版，第 5352~5353 页。

③ (宋)欧阳修、宋祁撰：《新唐书》卷一八一《刘瞻传》，中华书局 1975 年版，第 5353 页。

④ (后晋)刘昫等撰：《旧唐书》卷一七八《郑畋传》，中华书局 1975 年版，第 4632 页。

开元二十年九月二十一日，是中书舍人梁升卿私忌。二十日晚，欲还，即令传制，报给事中元彦冲，令宿卫。会彦冲已出，升卿至宅，令状报。彦冲以旬假与亲朋聚宴，醉中诟曰："汝何不直?"升卿又作书报云："明辰是先忌。"比往复。日已暮矣。其夜，有中使赍黄敕，见直官不见，回奏。上大怒，出彦冲为邠州刺史，因新昌公主进状申理。公主即彦冲甥张垍之妻，云："元不承报，此是中书省之失。"由是出升卿为莫州刺史。①

以上材料记载的便是中书舍人换值之时因交接不畅而遭贬谪的情形，可见，中书舍人宿直有其明确的规章，如若违反，便要受到相应的处罚。事实上，不仅中书舍人，给事中亦有宿直制度，且草诏之事有时还会交到宿直的给事中手中，上文提到的贞元元年给事中袁高宿直，上命其草卢杞饶州制书便是证明。更多的时候，中书舍人宿直能够为皇帝贯彻个人意志提供制度上的方便，郑处诲《明皇杂录》中记录的两条材料便可说明：

开元中，上急于为理，尤注意于宰辅，常欲用张嘉贞为相，而忘其姓名。夜令中人持烛于省中，访直宿者为谁，还奏中书侍郎韦抗，上即令召入寝殿。上曰："朕欲命一相，尝记得风标为当时重臣，姓张而重名，今为北方诸伯。不欲访左右，旬日念之，终忘其名，卿试言之。"抗奏曰："张齐丘今为朔方节度。"上即令草诏，仍令中人持烛。抗跪于御前，援笔而成，上甚称其敏捷典丽。因促命写诏敕。抗归宿省中，上不解衣以待旦，将降其诏书。夜漏未半，忽有中人复促抗入见。上迎谓曰："非张齐丘，乃太原节度使张嘉贞。"别命草诏。(见卷上)②

玄宗尝器重苏颋，欲倚以为相，礼遇顾问，与群臣特异。欲命相前一日，上秘密不欲左右知，迨夜将艾，乃令草诏。访于侍臣曰："外廷直宿谁?"遂命秉烛召来，至则中书舍人萧嵩。上即以颋姓名授嵩，令草制书。

① (宋)王溥撰，牛继清校证：《唐会要校证》卷八二，三秦出版社 2012 年版，第 1297 页。

② (唐)郑处诲撰：《明皇杂录》，中华书局 1994 年版，第 12 页。

(见卷下)①

“不欲访左右”“密不欲左右知”均表明，宿直制度为皇帝实现个人意志提供了极大的方便，也正因为如此，被贬之人有时会借助中书舍人宿直的方便接近皇帝，扭转贬谪的命运。如李义府被贬的例子：

> 中书舍人饶阳李义府为长孙无忌所恶，左迁壁州司马。敕未至门下，义府密知之，问计于中书舍人幽州王德俭，德俭曰：“上欲立武昭仪为后，犹豫未决者，直恐宰臣异议耳。君能建策立之，则转祸为福矣。”义府然之，是日，代德俭直宿，叩阁上表，请废皇后王氏，立武昭仪，以厌兆庶之心。上悦，召见，与语，赐珠一斗，留居旧职。②

李义府因为此前曾任中书舍人，因此对中书舍人的重要性非常了解，且又与同为中书舍人的王德俭熟识，因此在遭遇左迁处罚之后，便去与德俭商量对策，最终通过替代德俭直宿的机会叩阁面见皇帝，投其所好请立武昭仪，终于免去贬谪的命运，“留居旧职”。可见中书舍人宿直在为表达皇帝的个人意愿提供渠道的同时，也为大臣单独面见皇帝、表达个人意愿提供了机会。如若能把握好这样的机会，甚至有扭转贬谪的可能。

相比较而言，翰林学士直宿则更加机密。直宿制度是翰林学士最主要的工作特点，也往往是学士发挥重要作用的先决条件。按规定，“凡当直之次，自给、舍、丞、郎入者，三直无儤。自起居、御史、郎官入，五直一儤。其余杂入者，十直三儤。新迁官一直”③。交接班时，“俟内朝之退，不过辰巳，入者先之，出者后之”④。值班的人数则“视人之众寡，事之劳逸，随时之动静……有不时而集，并夜而宿者，或内务不至，外喧已寂，可以探穷理性，养浩然之气，故前辈传楞伽经一本函在屋壁，每下直出门，相谑谓之小三昧，出银台乘马，谓之大三

① (唐)郑处诲撰：《明皇杂录》，中华书局1994年版，第34页。
② (宋)司马光编著：《资治通鉴》卷一九九，中华书局1956年版，第6402页。
③ (唐)李肇撰：《翰林志》，文渊阁四库全书第五九五册，第300页。
④ (唐)李肇撰：《翰林志》，文渊阁四库全书第五九五册，第300页。

昧，如释氏之去缠缚而自在也”①。可见，翰林学士有关于宿直时间的详细规定，若闲暇之时则可以探穷理性，养其浩然之气，实践儒家知识分子修身养性的功夫。若遇到公务事繁，则十分忙碌，元稹诗注中“麻制例通宵堪写”②描述的便是这种情形。翰林院深居禁中，为了诏令的上传下达，宪宗设置了专门传达旨意的翰林院使，由宦官专任，“有高品使二人知院事，每日晚执事于思政殿，退而传旨”③。起草的诏书为了防止泄露，禁止闲杂人员出入，“学士院深严，非本院人不可遽入，虽中使宣示及有文书必先动铃索，立于门外，俟本院小判官出授讫，授院使，院使授学士”④。据《翰林志》记载，学士院由南厅和北厅两部分组成，南北二厅都设有悬铃，“以示呼召”⑤，元稹也记载，“院有悬铃，以备夜直警急。文书出入，皆引之以代传呼”⑥。翰林学士草诏时，又有“锁院”制度，即晚上草麻时由宦官把当值学士锁在工作室里，不准出门，待第二天“宣麻”后才准下值回家，其麻制宣授皆由院使传达。元稹《奉和浙西大夫李德裕述梦四十韵》诗：“绫纸侵红点，蓝灯焰碧高，代予言不易，承圣旨偏劳，绕月同楼鹊，惊风比夜熬，吏传开锁契，神憾引铃条”，便是描述夜值“锁院”草麻时的情况。

此外，学士院南北二厅还分别设有藏书库，存书数以万计，还有两间专门存放“远岁诏草及制举词策”的档案室，供学士拟写制敕时查阅、参考。为了使学士在宿直之暇或公务清简时得到一定的休息，学士院还给学士提供床、被褥、通中枕、象梳、手巾等生活用品。白居易诗中曾记载其与钱徽同直，草诏任务完成后，“连铺青缣被，对置通中枕。仿佛百余宵，与君同此寝”⑦。总而言之，相比于中书舍人，翰林学士作为一种草诏机关其机密性更强，韩愈称其“职亲而地禁，

① （唐）李肇撰：《韩林志》，文渊阁四库全书第五九五册，第300页。

② （唐）元稹：《奉和浙西大夫李德裕述梦四十韵》，彭定求等：《全唐诗》卷四二三，中华书局1960年版，第4646页。

③ （唐）李肇撰：《翰林志》，文渊阁四库全书第五九五册，第301页。

④ 苏耆撰：《次续翰林志》，《翰苑群书》卷九，文渊阁四库全书第五九五册，第386页。

⑤ （唐）李肇撰：《翰林志》，文渊阁四库全书第五九五册，第301页。

⑥ （唐）元稹：《奉和浙西大夫李德裕述梦四十韵》，彭定求等：《全唐诗》卷四二三，中华书局1960年版，第4646页。

⑦ （唐）白居易撰，朱金城笺校：《冬夜与钱员外同直禁中》，《白居易集笺校》卷五，上海古籍出版社1988年版，第282页。

不敢相闻”①是相当准确的，其草诏全程封闭，很难有朝臣借助与翰林学士的关系活动融通的机会，制诏的下达基本上严格遵守皇帝的旨意。

五、关于追制、停诏执奏及其他

上文具体论述了不同时期贬谪制诏的草拟机构、不同机构的书写用纸、书写及下达的程序、宿直制度与诏书草拟等问题。除此之外，关于贬诏草拟还有以下几点问题需要进一步说明。

首先，贬谪制诏在下达之前还有活动的空间。这一点，前文论述中书舍人李义府左降壁州司马，“敕未至门下”，通过代德俭宿直而叩阁面见皇帝，劝立武昭仪从而留居旧职便是一例。当然，并不是所有制书下达前均可进行活动，这一方面要视草诏机构的不同情形而言，另一方面则与当事人的处事策略和皇帝个人的喜好、意愿有着极大的关系。

其次，制书下达过程中，若给事中对制书内容有不同意见，封还的同时便可停诏执奏，甚至有时要执奏相当长的时间，诏书才能下达。《册府元龟》载：“李勉，建中末为司徒平章事，无何，卢杞自新州员外司马除澧州刺史，给事中袁高以杞邪佞蠹政，贬未塞责，停诏执奏。遂授澧州别驾。”②《资治通鉴》及《旧唐书》中对此事均作了详细的记载，《资治通鉴》中：“乙卯，制出，高执之不下，且奏：‘杞极恶穷凶，百辟疾之若仇，六军思食其肉，何可复用！’上不听。补阙陈京、赵需等上疏曰：‘杞三年擅权，百揆失叙，天地神祇所知，华夏、蛮夷同弃。倘加巨奸之宠，必失万姓之心。’丁巳，袁高复于正牙论奏。上曰：‘杞已再更赦。’高曰：‘赦者止原其罪，不可为刺史。’陈京等亦争之不已，曰：‘杞之执政，百官常如兵在其颈，今复用之，则奸党皆唾掌而起。’上大怒，左右辟易，谏者稍引却，京顾曰：‘赵需等勿退，此国大事，当以死争之。’上怒稍解。……壬戌，以杞为澧州别驾。”③制出之后，经过给事中、补阙等人一系列反反复复的论

① （唐）韩愈撰，刘真伦、岳珍校注：《韩愈文集汇校笺注》，中华书局 2010 年版，第 275 页。

② （宋）王钦若等编：《册府元龟》卷三一七《宰辅部·正直》，中华书局 1960 年影印本，第 3744 页。

③ （宋）司马光编著：《资治通鉴》卷二三一，中华书局 1956 年版，第 7571 页。

争，最终才使得皇帝同意改变卢杞的量移之地，可见停诏执奏对于正确决策的重要性。有时甚至会为此花费更长的时间，“贞元二年，以开州别驾白志贞为果州刺史，(李)勉及谏官等以志贞罪均卢杞，不宜收擢，固执之不许，凡逾旬方下其诏”①。停诏执奏为朝臣表达政见、参与决策提供了非常好的机会，是古代集权政治中相对民主的部分。

再次，若贬谪制书已经下达，且在下达之后发现有不当之处，还可以通过追制取消原命令。《旧唐书·令狐楚传》载：“长庆元年四月，(楚)量移郢州刺史，迁太子宾客，分司东都。二年十一月，授陕州大都督府长史、兼御史大夫、陕虢观察使。制下旬日，谏官论奏，言楚所犯非轻，未合居廉察之任。上知之，遽令追制。时楚已至陕州，视事一日矣。复授宾客，归东都。”②其时制书已经下经旬日，然谏官论奏其不可之处，皇帝马上命令追制，重新处罚。而李景俭从楚州刺史改授少府监亦是通过追制而完成。时“景俭乘醉诣中书谒宰相，呼王播、崔植、杜元颖名，面疏其失，辞颇悖慢，宰相逊言止之，旋奏贬漳州刺史。是日同饮于史馆者皆贬逐。景俭未至漳州而元稹作相，改授楚州刺史。议者以景俭使酒，凌忽宰臣，诏令才行，遽迁大郡。稹惧其物议，追还，授少府少监”③。元稹因惧物议而将原本的楚州刺史制书追还，改其为少府监。有时为了追还制书，皇帝甚至可以从权考虑，而不拘泥于应有的办事程序。《东观奏记》载：“李燧除岭南节度使，间一日，已命中使颁旌节，给事中萧仿封还诏书。上正听乐，不暇别召中使，谓优人曰：‘汝可就李燧宅，却唤使来。’旌节及燧门而反。”④为了追还不合理的制书，皇帝因不暇别召中使，甚至派优人去追还前使。可见，制书的合理性是关键，程序的遵循不能成为确保制书合理性的障碍。由此，无论停诏执奏还是追还制书，其之所以存在，便不难理解了。

最后，制书的书写及下达虽然有一定的程序，但在中央集权的古代，皇帝的个人意志往往凌驾于具体程序之上，特殊时期，不按照程序而来的贬谪诏书亦时

① (宋)王钦若等编：《册府元龟》卷三一七《宰辅部·正直》，中华书局1960年影印本，第3744页。

② (后晋)刘昫等撰：《旧唐书》卷一七二《令狐楚传》，中华书局1975年版，第4461页。

③ (后晋)刘昫等撰：《旧唐书》卷一七一《李景俭传》，中华书局1975年版，第4456页。

④ (唐)裴廷裕撰：《东观奏记》卷上，中华书局1994年版，第93页。

有下达，影响贬谪公正，使得贬谪沦为实现皇帝个人意志的工具。如武后时刘祎之的被贬。《通鉴》记载：

> 五月……凤阁侍郎、同凤阁鸾台三品刘祎之窃谓凤阁舍人永年贾大隐曰："太后既废昏立明，安用临朝称制！不如返正，以安天下之心。"大隐密奏之，太后不悦，谓左右曰："祎之我所引，乃复叛我！"或诬祎之受归诚州都督孙万荣金，又与许敬宗妾有私，太后命肃州刺史王本立推之。本立宣敕示之，祎之曰："不经凤阁鸾台，何名为敕！"太后大怒，以为拒捍制使；庚午，赐死于家。①

只因刘祎之的言论威胁到武后政权，武后便设法将其除去，遇到有人诬奏祎之之罪，武后也并不按照法定程序让御史推按，而是命肃州刺史——一个地方官去推按，且推按之后又马上宣敕贬谪，这是完全不符合法定程序的，因此才有祎之"不经凤阁鸾台，何名为敕"的不满！这是祎之希望以法律程序对抗皇帝的特权的表现，然其最终仍被赐死的结果表明，这样的反抗是无效的。此外，《旧唐书·李汉传》还记载了敬宗时期制敕不合程序的案例："宝历中，王政日僻，(李)汉与同列薛廷老因入阁廷奏曰：'近日除授，不由中书拟议，多是宣出施行。臣恐自此纪纲大坏，奸邪恣行。愿陛下各敕有司，稍存典故。'坐言忤旨，出为兴元从事。"②因为王政日僻，所以除授也不再由中书拟议，而是直接按照掌权者的意见宣示，为此，李汉与同列薛廷老论奏，希望按典故而来，以此稳定人心与朝政，然最终亦因忤旨被贬。由此不难见出，贬谪制诏虽有一定的书写、下达程序，但特殊时期亦会被强权掌控，架空原有程序，出现冤贬的情形。

总而言之，中书舍人及翰林学士是唐代草拟贬谪诏书的两种官员，二者分别有各自的草诏机构，且从机构之建制便可见出其与皇帝关系的远近及机要程度。唐代贬谪制诏有特定的书写用纸、格式规范及下达程序。中书舍人封还词头与给事中封还诏书，是贬谪过程中的重要环节，机密性是翰林学士草诏的重要特色。

---

① (宋)司马光编著：《资治通鉴》卷二〇四，中华书局1956年版，第6559页。

② (后晋)刘昫等撰：《旧唐书》卷一七一《李汉传》，中华书局1975年版，第4453页。

宿直制度是草诏者的工作方式，许多贬谪制诏都是中书舍人或翰林学士于宿直之时完成的，中书舍人的宿直还为被贬者进行贬谪前的活动提供了方便。贬谪制诏下达过程中，不仅给事中可封驳诏书，朝臣亦可建议停诏执奏，重颁诏书，若有问题的诏书已经下达，还可追制改拟。当然，中央集权的国家很难避免的一点是，诏书的下达总有越过既定程序与相关机构而强行下达之情况，这种情形虽不公正，但确实存在且极难避免。

第四节　贬谪商讨及决策形成

贬谪商讨即对贬谪如何处理的讨论，包括皇帝主动与群臣探讨贬谪官员的处罚问题，或群臣通过上疏向皇帝表达自己对如何处理贬谪的看法。贬谪商讨贯穿于整个贬谪过程当中，是影响决策形成的重要因素。然而，商讨却并不直接决定决策，从商讨到决策还有一个非常关键的因素，即皇帝，包括皇帝的清明与否，皇帝的喜好如何以及皇帝是否专权等。贬谪从商讨到决策的过程，反映出中国古代文化的独特性。

贬谪商讨可能存在于官员贬谪的整个过程中。第一，罪行上奏之前便有关于贬谪的相关商讨。如贞观年间，太宗与岑文本探讨对其弟文昭的贬谪。《资治通鉴》载："文本弟文昭为校书郎，喜宾客，上闻之不悦；尝从容谓文本曰：'卿弟过尔交结，恐为卿累；朕欲出为外官，何如？'"①对文昭之贬，在还未有官员上奏罪行的情况下，太宗便开始与其兄讨论，这讨论背后反映的是太宗对贬谪中人情因素的重视，最终在文本泣诉一番之后，太宗便"愍其意而止"了。第二，罪行上奏之后，推鞫之前，亦可进行贬谪相关讨论。如武后长安四年，御史大夫李承嘉、中丞桓彦范上奏："张同休兄弟赃共四千余缗，张昌宗法应免官。"②上奏之后，太后便与诸宰相展开讨论，最终在宰相的附会下复昌宗之职。第三，罪行推鞫的整个过程中也都伴随着贬谪的相关讨论，其中包括皇帝与推鞫官员之间的商讨，以及推鞫过程中其他官员的上疏。武后长安中，张易之使人诬告崔贞慎与

① （宋）司马光编著：《资治通鉴》卷一九七，中华书局1956年版，第6324页。

② （宋）司马光编著：《资治通鉴》卷二〇七，中华书局1956年版，第6689页。

魏元忠，则天令马怀素按鞫，讽令构成其事，怀素不受命，于是则天召怀素诘问，最终在怀素关于守法重要性的论说之下，免除贞慎等处罚。这可以算是皇帝与推鞫之官商讨的例子。至德年间，房琯兵败，杜甫因与房琯交结而上疏论谏，触怒皇帝，“帝诏三司杂问，宰相张镐谏曰：‘甫若抵罪，绝言者路。’帝解，不复问”①。这是推鞫过程中其他官员上疏干预贬谪的情形。第四，贬谪诏书下达之后，仍伴随着贬谪的相关商讨，或是给事中封还诏书，相关官员的上疏论谏，或是诏书下达后追制改贬，总之，仍然有商讨的余地，具体的例子前文已有论述，兹不赘举。除此之外，不经过法律推鞫而是由皇帝特命的贬谪，商讨过程亦相当激烈。如文宗时贬谪宋申锡一案，宦官与朝臣均进行了相当长时间的论奏，皇帝甚至开延英，召宰臣及议事官亲自询问：“上悉召师保以下及台省府寺大臣面询之”“午际，左常侍崔玄亮、给事中李固言、谏议大夫王质、补阙卢钧、舒元褒、蒋系、裴休、韦温等复请对于延英，乞以狱事付外覆按”②，宰相牛僧孺亦大力谏言。总而言之，大多数贬谪施行的过程中，均伴随着处罚的相关商讨，其形式或是群臣于朝堂谏言或是上疏，贬谪商讨充分反映了贬谪制度的内在特质，同时也是我国古代政治制度“人治”特点的典型体现。

前文曾论述贬谪是一种依“礼”而对犯罪官员实施的处罚手段，犯罪本应按照相应的法律规定予以制裁，然而官员的特殊身份又决定其会享受相当程度的优容，这其中，一种优容手段是写在法律当中的，比如对犯罪官员实施议、请、减、赎之制，又比如说除名、免官、免所居官这样的处罚手段的设置，均是为了减轻对犯罪官员的处罚，更好地实现“礼”。《唐律疏议笺解》曰：“除名、免官和免所居官，实际上是一种附加的名誉刑。犯罪而科以名誉刑，乃‘有犯以礼责之之意’，与原则上不科以真刑同为贵族和官僚在法律上的特例，从另一个方面体现了‘刑不上大夫，礼不下庶人’的精神。”③而另一种优容方式则是贬谪，贬谪实施的目的是为了更好地实现“礼”，那么，不同的情形便不能够硬性规定出一个统一固定的形式，再加上皇权独大及皇帝具有最高决策权的特点，因此在面对具

① 傅璇琮主编：《唐才子传校笺》卷二，中华书局 1987 年版，第 396 页。
② （宋）司马光编著：《资治通鉴》卷二四四，中华书局 1956 年版，第 7998 页。
③ 刘俊文笺解：《唐律疏议笺解》，中华书局 1996 年版，第 51 页。

体的贬谪案例时，应如何贬谪才能够更加合情合理便需要群臣参与商讨了。通过研究臣子对应如何实施贬谪的具体商讨，我们可以总结出贬谪实施的一般原则，这些原则即是“礼”在贬谪中的具体体现，也是贬谪遵循的内在规律。

通过对唐代大量贬谪案例的研究，我们大致可总结出唐代贬谪所依据的以下四大原则。

第一，依法实现原则。贬谪的类型中，除名、免官、流放等处罚方式都是唐律中明确规定的对犯罪官员优容性的法律处罚方式。然因唐律同样规定了皇帝在处理案件中的特权，那么，如若皇帝的处罚决定与法律规定发生冲突，到底是依照法律规定进行处罚还是依照皇帝特命呢？这便是贬谪实施过程中大臣们需要商讨的问题了。通过研究可以发现，一般而言，遵照法律是大臣们更加倾向于选择且更为合理的处罚手段，唐初便有许多大臣进谏皇帝依法处罚的例子。如戴胄劝谏太宗“敕者出于一时之喜怒，法者国家所以布大信于天下也”①。忍小忿而存大信是唐代臣子对依法与依皇帝特命的基本态度，一旦皇帝想要将其打破，臣子便会上疏进谏。同样地，高宗时亦有左威卫大将军权善才、右监门中郎将范怀义误斫昭陵柏一事，也是在狄仁杰上奏劝说之下才依法除名。此外，贬谪程序亦需依照特有的法律程序进行，许多大臣上疏进行贬谪商讨的目的便是希望贬谪能够依照一定的法律程序进行。如前文我们屡次提到的宋申锡案，其中大臣进谏的一大目的便是希望皇帝将此案付外廷按法律程序进行推鞫。此外还有中唐时期董溪、于皋谟以运粮使盗用军资被流一事，当时宪宗本判定将其流放岭南，然而后来却后悔贬谪太轻，于是诏中使半道杀之，权德舆于是上疏谏曰：“溪等方山东用兵，干没库财，死不偿责。陛下以流斥太轻，当责臣等缪误，审正其罪，明下诏书，与众同弃，则人人惧法。臣知已事不净，然异时或有此比，要须有司论报，罚一劝百，孰不甘心。”②劝谏的核心也是希望无论如何，贬谪能够光明正大地依照法律的规定处理。这样的例子，史书中所在多有，这种情形之下，大臣或通过进谏或通过上疏，其商讨贬谪应坚持的原则便是依法实现原则，即希望贬谪能够在法

---

① （宋）司马光编著：《资治通鉴》卷一九二，中华书局1956年版，第6144页。

② （宋）欧阳修、宋祁撰：《新唐书》卷一六五《权德舆传》，中华书局1975年版，第5078～5079页。

律的范围内实现。

第二，尊重人性原则。贬谪的最终目的是要贬官认识到自己所犯的罪行从而改过迁善，这是法律背后的“礼”想要实现的至高理想。那么，什么样的方式能够帮助官员认识到自身罪过？这便需要处罚者对人性有非常深入的认识，唐太宗便是一位洞察人性的大师。《旧唐书》卷五八《长孙顺德传》记载长孙顺德受人馈绢一事，唐太宗对其处罚乃“于殿庭赐绢数十匹，以愧其心”。大理少卿胡演进不明，问太宗：“顺德枉法受财，罪不可恕，奈何又赐之绢？”太宗曰：“人生性灵，得绢甚于刑戮，如不知愧，一禽兽耳，杀之何益！”①唐太宗认为，对长孙顺德这样位高爵厚有功德的人来说，得到皇帝赐绢是比对他实施刑戮更能够让他生出愧悔之心的，因此针对这样的特殊情形，太宗反而以赐绢这样的形式惩罚其贪赃。无独有偶，高宗时许圉师亦曾采用类似的措施处罚官吏犯赃的行为。《旧唐书》卷五九《许绍传》记载：“尝有官吏犯赃事露，圉师不令推究，但赐清白诗以激之，犯者愧惧，遂改节为廉士，其宽厚如此。”②与太宗相同的是，许圉师同样了解人，了解人性，他能够断定，人人内心深处都是向善的，你以清白赐他反而更能够激发他的感激忏悔向善之心，这是比依照法律进行惩罚更能够帮助其达到改过迁善目的的方式，因此他大胆越过法律而采用这样的方式。若不是有对人性的深刻了解，是断然不敢采用这样的处罚方式的。当然，总体而言这样的处罚方式只在唐代前期出现过，是一种非常特殊且少见的处罚方式。

除此之外，唐代对犯罪官员进行处罚时几乎不使用笞刑和杖刑亦是基于对人性的了解，照顾被贬士人的尊严而对犯罪官员实施相应的处罚。《旧唐书·张廷珪传》中有：“时监察御史蒋挺以监决杖刑稍轻，敕朝堂杖之，廷珪奏曰：‘御史宪司，清望耳目之官，有犯当杀即杀，当流即流，不可决杖。士可杀，不可辱也。’”③张说也曾就张嘉贞请杖裴伷先一事作过慷慨陈词：“臣闻刑不上大夫，以其近于君也。故曰：‘士可杀，不可辱。’臣今秋受诏巡边，中途闻姜皎以罪于朝堂决杖，配流而死。皎官是三品，亦有微功。若其有犯，应死即杀，应流即流，

① （后晋）刘昫等撰：《旧唐书》卷五八《长孙顺德传》，中华书局1975年版，第2308页。

② （后晋）刘昫等撰：《旧唐书》卷五九《许绍传》，中华书局1975年版，第2330页。

③ （后晋）刘昫等撰：《旧唐书》卷一〇一《张廷珪传》，中华书局1975年版，第3153页。

不宜决杖廷辱，以卒伍待之。”①等等这些，均体现出唐代对犯罪官员的处罚是尊重人性的，并不仅仅是简单的依法而行这么简单。

第三，照顾人情原则。人与人相处免不了涉及人情的问题，贬谪是依“礼”对犯罪官员进行的处罚，而人情，也是进行处罚时会考虑到的一个重要因素。如皇帝对岑文本弟文昭的贬谪便是如此。太宗欲贬文昭，却先与其兄文本商量，只因文本是皇帝非常看重的臣子，而文昭又是文本的弟弟，正因为皇帝和文本之间的人情关系，所以在施行贬谪之前，会首先听取文本的建议。文本听到皇帝的想法，泣诉于上曰：“‘臣弟少孤，老母特所钟爱，未尝信宿离左右。今若出外，母必愁悴，傥无此弟，亦无老母矣。’因歔欷呜咽。上愍其意而止，惟召文昭严戒之，亦卒无过。”②显而易见，在这样的一次贬谪中，人情关系完全改变了原本贬谪的处罚，可见人情在贬谪中的重要性。与此相似的还有玄宗对张说的贬谪。《资治通鉴》载：

> 夏，四月，壬子，隐甫、融及御史中丞李林甫共奏弹说“引术士占星，徇私僭侈，受纳贿赂”。敕源乾曜及刑部尚书韦抗、大理少卿明珪与隐甫等同于御史台鞫之。……源乾曜等鞫张说，事颇有状，上使高力士视说，力士还奏：“说蓬首垢面，席藁，食以瓦器，惶惧待罪。”上意怜之。力士因言说有功于国，上以为然。庚申，但罢说中书令，余如故。③

对张说引术士占星、徇私僭侈、受纳贿赂等罪行，经过推鞫，事颇有状，原本应该依法进行处罚。然而，当玄宗命高力士查看张说在狱中的情形发现其“蓬首垢面，席藁，食以瓦器，惶惧待罪”时，“上意怜之”，最终仅仅将张说罢中书令，余如故。显然，按其罪行，原本的处罚绝对要更重一些，但张说在狱中的样子引得皇帝动了恻隐之心，于是基于人情的考虑大大减轻了处罚。此外，唐代还有很多对功臣减轻处罚的例子均属这一情形，考虑到这些功臣曾经为国家做出的贡

① （后晋）刘昫等撰：《旧唐书》卷九九《张嘉贞传》，中华书局1975年版，第3091页。
② （宋）司马光编著：《资治通鉴》卷一九七，中华书局1956年版，第6324页。
③ （宋）司马光编著：《资治通鉴》卷二一三，中华书局1956年版，第6890~6891页。

献，以及曾经共同打江山的革命情谊，贬谪的力度常常会有所减轻。

此外还有因考虑到孝心、亲情而减轻处罚的例子，如刘禹锡。《新唐书》卷一六八《刘禹锡传》载：“宰相欲任(刘禹锡)南省郎，而禹锡作《玄都观看花君子》诗，语讥忿，当路者不喜，出为播州刺史。诏下，御史中丞裴度为言：‘播极远，猿狖所宅，禹锡母八十余，不能往，当与其子死诀，恐伤陛下孝治，请稍内迁。’帝曰：‘为人子者宜慎事，不贻亲忧。若禹锡望它人，尤不可赦。’度不敢对，帝改容曰：‘朕所言责人子事，终不欲伤其亲。’乃易连州，又徙夔州刺史。”①很显然，刘禹锡能够由播州刺史改任夔州刺史，便是因为皇帝考虑到其老母不能随行，怕其老母伤心，恐伤孝道，因此改变其处罚决定的。由此可见，贬谪并不是简单地按照法律进行处罚，它往往要考虑更多更复杂的情况，并针对这些情况进行处理，而这样的处理显然也是更符合人性、更有利于打动被贬者的内心，从而激发其向善之心的。

第四，考虑影响原则。既然贬谪的最终目的是使犯罪官员能够认识到自己的过错从而改过迁善，那么，不仅处罚犯罪的方式需要仔细考虑，处罚犯罪带来的影响同样需要引起官员们的重视。有时为了使处罚行为能够起到更良好的社会效应，处罚便不一定完全按照常理进行。具体例子如太宗贞观年间，戴州刺史贾崇以所部有犯十恶者，御史劾之，希望将其贬谪，太宗言：“昔唐、虞大圣，贵为天子，不能化其子；况崇为刺史，独能使其民比屋为善乎！若坐是贬黜，则州县互相掩蔽，纵舍罪人。自今诸州有犯十恶者，勿劾刺史，但令明加纠察，如法施罪，庶以肃清奸恶耳。”②按照常理，贾崇是应该受到处罚的，然而，如若这样贬谪，一旦自己管辖范围之内有犯十恶者，地方长官便要受到处罚，那以后凡是地方出现犯十恶罪的，地方长官便必然会竭尽所能去掩蔽犯罪，放纵罪人，这样从长久来看，显然对整个国家的治理是更加不利的。也就是说，在这件事情上依法实施处罚反而会带来更加不好的社会效应，因此实际政治中就不能这样简单地进行贬谪。除此之外，《资治通鉴》中记载的开元三年尚书左丞韦玢出为小州刺史

① (宋)欧阳修、宋祁撰：《新唐书》卷一六八《刘禹锡传》，中华书局1975年版，第5129页。

② (宋)司马光编著：《资治通鉴》卷一九五，中华书局1956年版，第6276页。

的例子亦是如此。其具体事件是这样的：

> 尚书左丞韦玢奏："郎官多不举职，请沙汰，改授他官。"玢寻出为刺史，宰相奏拟冀州，敕改小州。姚崇奏言："台郎宽怠及不称职，玢请沙汰，乃是奉公。台郎甫尔改官，玢即贬黜于外，议者皆谓郎官谤伤。臣恐后来左右丞指以为戒，则省事何从而举矣！伏望圣慈祥察，使当官者无所疑惧。"乃除冀州刺史。①

韦玢奏请沙汰郎官，但不久自己被贬，且是被贬小州刺史。姚崇很敏感地注意到，这样的贬谪很容易引起外界的误解，以为韦玢被贬是因为奏请沙汰郎官而被郎官毁谤，如此一来，后来的臣子便会以此事为戒，不再敢向朝廷提出建议了，基于这样的考虑，最后朝廷还是将韦玢贬为冀州刺史。显然，这种贬谪的处理便是考虑到贬谪可能带来的影响而作出的。整个唐代，这样的例子不胜枚举，它向我们展示的便是贬谪这种处罚行为的灵活性。贬谪不像法律那么说一不二，而是有更大的自由活动空间，这一方面是为了更好地实现"礼"，但与此同时也会引发另外一个问题，即容易给更多存有私心、进行权力争夺之人提供机会，大量的负向贬谪也由此形成。

① （宋）司马光编著：《资治通鉴》卷二一一，中华书局1956年版，第6833页。

第四章　唐代贬官赴贬所及迁转制度

贬途及贬所是贬官最具意味的生存空间，贬官在贬途与到达贬所之后创作的大量贬谪诗歌，其中之沉痛、怨愤、追寻、思索无一不深深打动着人们的内心。而贬谪诗文之所以呈现出如此特色，又与贬官被贬之后种种境遇密切相关。贬官一旦接到贬诏，贬谪便开始生效，其在装束时限、送行与否、交通行驿、家属随行、赴谪所路线及贬地活动、死后安葬等方面都要遵循相应的规定。官员被贬，不仅在政治上要受到人身自由的限制，经济待遇更是与之前有了很大的不同。贬官被贬之后还要经历一个迁转的过程，流官的迁转主要通过量移，贬官的迁转途径则更为多样化，玄宗朝之后，贬官常常以各种方式被朝廷牵制于贬地，量移很难如法实行，这便更加加深了贬谪官员被弃的痛苦。总而言之，官员从接到贬诏离开京城起，便是以罪人的身份开始生活，其行动的各方各面都要受到制度的相关约束，而这种政治上、经济上的重重限制又从根本上影响着贬谪文人的内心，激发他们于困厄中的生命之思，穷苦之言，千载之下感动着一代又一代人。

第一节　贬官的装束与路途

罪行认定、贬诏下达之后，贬官便开始踏上茫茫万里贬途，而其踏上贬途的整个过程中又有许多相关的制度规定，包括行装置办、送行与否、装束时间、交通工具、行驿速度、家人随行、死后安葬等许多个方面。本节主要就贬官踏上贬途所涉及的具体制度规定进行分析，以期更为全面地了解唐代贬谪的相关细节。

一、装束时限

《唐会要》载，普通刺史官员赴任，一般会有十日的装束时间，“五年五月，御史台奏：‘应诸州刺史谢官后，限发赴任日。准敕例，刺史谢官后，不计近远，皆限十日内发。’”①然而，官员往往因“道途稍遥，私室贫乏，限内不能办集事宜，须假故淹留，虚悬促期，多不遵守”②，因此，朝廷又进一步规定“请量其远近，次第限日，应去京一千里内者，限十日；二千里内者，限十五日；三千里内，限二十日；三千里以外者，限二十五日”③。即根据地方的远近规定装束时限，然而可惜的是“其贬授刺史，即请准旧例发遣，不依此限”④，那么，贬官赴任的旧例如何？他们被贬之后的装束时限又是怎样规定的呢？

贬诏下达之后，贬官踏上贬途的时限在唐前后期的规定并不完全相同。则天长寿三年五月三日，武则天敕令：“贬降官并令于朝堂谢，仍容三五日装束。”⑤到玄宗时，贬官便已经没有多余装束时间，被贬之后常常即日奔驰上道。张九龄在其《荆州刺史谢上表》中有：“闻命惶怖，魂胆飞越，即日戒路，星夜奔驰。”⑥建中初杨炎贬道州司户，“自朝受责驰驿出城，不得归第……夕次蓝田”⑦，想请假一日以俟病期，驿吏便以“敕命严迅”而不许。韩愈《赴江陵途中》记述其被贬阳山的情景是“中使临门遣，顷刻不能留……悲啼乞就别，百请不颔头”⑧。《全唐诗》卷六〇八皮日休《三羞诗三首并序》也描述了咸通七年诗人下第东归所见之

---

① （宋）王溥撰，牛继清校证：《唐会要校证》卷六八《刺史上》，三秦出版社2012年版，第1029页。

② （宋）王溥撰，牛继清校证：《唐会要校证》卷六八《刺史上》，三秦出版社2012年版，第1029页。

③ （宋）王溥撰，牛继清校证：《唐会要校证》卷六八《刺史上》，三秦出版社2012年版，第1029页。

④ （宋）王溥撰，牛继清校证：《唐会要校证》卷六八《刺史上》，三秦出版社2012年版，第1029页。

⑤ （宋）王溥撰，牛继清校证：《唐会要校证》卷四一《左降官及流人》，三秦出版社2012年版，第630页。

⑥ 《全唐文》卷二八八《荆州刺史谢上表》，中华书局1983年影印本，第2922页。

⑦ （宋）李昉等编：《太平广记》卷一五三《定数八》，中华书局1961年版。第1098页。

⑧ （清）方世举撰，郝润华、丁俊丽整理：《韩昌黎诗集编年笺注》卷三《赴江陵途中》，中华书局2012年版，第160页。

情景："出都门，见朝列中论犯当权者，得罪南窜，卯诏辰发，持法吏不容一刻留私室，视其色，若将厌禄位、悔名望者。"①其诗谓："宪司遵故典，分道播南越。苍惶出班行，家室不容别。玄鬓行为霜，清泪立成血。乘遽剧飞鸟，就传过风发。"②很显然，玄宗以后，随着贬谪实施的不断严厉，被贬官员并无从容的装束时间，而是即日踏上贬途，甚至来不及见妻子一面。《朝野佥载》载："（崔）日知贬歙县丞，被县家催，求与妻子别不得。"③有的时候，为了能与妻子互通讯息，让妻子了解自己被贬的情形，贬官甚至会采用一些特殊的方式，《续定命录》中便记载了这样的一个故事：

> 户部侍郎杨炎贬道州司户参军，自朝受责，驰驿出城，不得归第。炎妻先病，至是炎虑耗达，妻闻惊，必至不起。其日，炎夕次蓝田，（崔）清方主邮务。炎才下马，屈崔少府相见，便曰："某出城时，妻病绵缀，闻某得罪，事情可知。欲奉烦为申辞疾，请假一日，发一急脚附书，宽两处相忧，以俟其来耗，便当首路，可乎？"清许之，邮知事吕华进而言曰："此故不可，敕命严迅。"清谓吕华："杨侍郎迫切，不然，申府以阙马，可乎？"华久而对曰："此即可矣。"清于是以此闻于京府，又自出俸钱二十千，买细毡，令造毡舁，顾夫直诣炎宅，取炎夫人。夫人扶病登舁，仍戒其丁勤夜行，旦日达蓝田。时炎行李简约，妻亦病稍愈，便与炎偕往。④

被贬后驰驿出城的杨炎为了将自己的情况发书告知生病的妻子，接妻子同行，便与驿吏商量是否可以申请病假一日。唐代，蓝田关的驿吏因为见多了这样失魂落魄的贬降官，对其态度往往十分恶劣，张籍描写杨凭被贬临贺尉时便描写过"邮

① （清）彭定求等编：《全唐诗》卷六〇八皮日休《三羞诗三首并序》，中华书局1960年版，第7014页。

② （清）彭定求等编：《全唐诗》卷六〇八皮日休《三羞诗三首并序》，中华书局1960年版，第7015页。

③ （唐）张鷟撰，郝润华辑校：《朝野佥载辑校》，山东人民出版社2018年版，第159页。

④ （宋）李昉等编：《太平广记》一五三《定数八》，中华书局1961年版，第1098页。

夫防吏急喧驱，往往惊堕马蹄下”①的场景。然而，杨炎此次遇到的驿吏应该是非常少见的友善，在相互沟通之后，驿吏最终同意以“府阙马”的缘由请停一天，前去接炎夫人同行。此文后面有杨炎重掌权柄之后许诺驿吏官职的一段记载可见杨炎对此次驿吏能够通融的感激。唐代贬官被贬之后苍黄踏上贬途，甚至没有回家见亲人一面的时间，且此一行可能终生不归，生死未卜，由此官员在面临贬谪时的痛苦与惊惧便可想而知了。除此之外，贬官被贬后即日奔驰上道，这一点我们从唐代大量贬诏中“驰驿发遣”的说明也可略窥一端。玄宗时期的《贬王毛仲诏》中便有“差使驰驿领送至任，勿许东西”②，肃宗时期的《贬李揆袁州长史诏》中也有“仍即驰驿赴任”③，宪宗贬王伾、王叔文的诏书中也有“并驰驿发遣”④的要求，一直到昭宗时的《贬孙偓南州司马制》中均有“仍令所在驰驿发遣”的字样。可见，玄宗之后一直到唐末，贬官被贬之后都是没有装束时间的，都必须立即踏上贬途。依照相关规定，只有一种情形可以例外，即受到杖刑的官员，在受杖刑之后可以有一个月休息、养伤的时间，之后赴任。开元十年，玄宗规定：“自今以后，准格及敕，应合决杖人，若有便流移左贬之色，决讫，许一月内将息，然后发遣。其缘恶逆指斥乘舆者，临时发遣。”⑤可见，因犯恶逆及指斥乘舆之罪的贬官，不在可以休息的范围内，而依旧是要当即发遣的。

实际生活中，也有一些特殊类型的官员被贬之后是允许养病再赴任贬所的。如僖宗时《贬郑畋太子少傅分司东都制》中有：“仍且于兴元管内逐便将养，侯疾损日赴任，主者施行。”⑥而之所以允许郑畋养病再赴贬所，与其被贬的特殊情形有很大的关系，《新唐书·郑畋传》有“乾符六年，黄巢势寖盛，据安南，腾书求天平节度使，帝令群臣议，咸请假节以纾难”，时“卢携方倚高

① （清）彭定求等编：《全唐诗》卷三八二《伤歌行》，中华书局1960年版，第4283页。

② 《全唐文》卷三十《贬王毛仲诏》，中华书局1983年影印本，第338页。

③ 《全唐文》卷四三《贬李揆袁州长史诏》，中华书局1983年影印本，第477~478页。

④ 《全唐文》卷五六《贬李揆袁州长史诏》，中华书局1983年影印本，第605页。

⑤ （宋）王溥撰，牛继清校证：《唐会要校证》卷四一《左降官及流人》，三秦出版社2012年版，第630页。

⑥ 《全唐文》卷八六《贬郑畋太子少傅分司东都制》，中华书局1983年影印本，第902页。

骈，使立功”①，主张攻打黄巢。郑畋则与其他众多朝臣意见相同，认为“巢之乱本于饥，其众以利合……如以恩释罪，使及岁丰，其下思归，众一离，即巢机上肉耳”②，主张假节，二人意见不合发生争执，僖宗怒，郑畋被贬。不难看出，郑畋被贬只是因为政见不合，并无严重的罪行，其被贬也只是一种皇帝为平衡各方力量决定攻打黄巢的暂时安排，并不是有意为之的政治打击，故而不要求驰驿赴任，而是可以养病之后再上道。除此之外，还有一些官员会因为皇帝喜欢或是与皇帝关系密切而在贬谪之后留京数月。如《旧唐书》卷一三〇《李泌传》载：“李泌字长源……又为宰相常衮所忌，出为楚州刺史。及谢恩，具陈恋阙，上素重之，留京数月。”③裴寂也因其功勋而在放还乡之后，“留一十九日”④不发，长安县令王文楷因不准敕发遣而决杖三十，尚书右丞魏徵谏曰：“……今流人尚得装束假，况寂放还乡宅。古人有言，进人以礼，退人以礼，文楷识陛下恩宽，见寂大臣，不即蹙迫。论其此情，未合得罪。”⑤可见，特殊情形下，官员被贬有的是会在京城淹留较长时间的，并不会立即赴任。

而无论是有三五日的装束时间还是即刻驰驿赴任，被贬都意味着将要去外地生活，这便需要置办行装，若时间比较宽裕当然可以从容置办，但若是驰驿发遣，行装置办则几乎没有时间，这时，便往往需要依赖亲友的帮忙。白居易在《与杨虞卿书》中便记载了杨虞卿为被流贬的崔行俭置办行装之事：“又足下与崔行俭游，行俭非罪下狱，足下意其不幸，及于流窜，敕下之日，躬候于御史府门，而行李之具，养活之物，崔生顾其旁，一无阙者。”⑥由此可见贬官处境的艰辛，贬谪的仓促使得贬官往往凄惶上路，此时朋友的帮助也便更显出情意的

① （宋）欧阳修、宋祁撰：《新唐书》卷一八五《郑畋传》，中华书局1975年版，第5402页。

② （宋）欧阳修、宋祁撰：《新唐书》卷一八五《郑畋传》，中华书局1975年版，第5402页。

③ （后晋）刘昫等撰：《旧唐书》卷一三〇《李泌传》，中华书局1975年版，第3620页。

④ （宋）王溥撰，牛继清校证：《唐会要校证》卷五八《左右丞》，三秦出版社2012年版，第848页。

⑤ （宋）王溥撰，牛继清校证：《唐会要校证》卷五八《左右丞》，三秦出版社2012年版，第848页。

⑥ （唐）白居易撰，顾学颉校点：《白居易集》卷四四《与杨虞卿书》，中华书局1979年版，第948页。

深厚。

二、亲友送行

自唐玄宗之后，贬官赴任越来越仓促，装束时间越来越短，可见朝廷对贬官的处罚越来越严厉。那么，如此严厉的处罚下，贬官是否允许送行呢？

关于贬官送行，历史上并无明确的相关规定，但从一些历史案例，我们大概可以总结出朝廷的态度。整体来看，贬官因为是负罪官员，为其送行是充满风险的，唐史中便记载了许多因为贬官送行而遭致贬谪的案例。《册府元龟·学校部·师道》中就曾记载阳城因送别被贬的薛约而出为道州刺史一事："有薛约者，尝学于城，狂躁以言事得罪，窜连州，客无根蒂，吏踪迹求，得之城家。城坐吏于门，与约饮食，诀别涕泣，送上郊外。德宗闻之，以城为党罪人，出为道州刺史。"①《旧唐书·高元裕传》载："(大和)九年，宗闵得罪南迁，元裕出城饯送，为李训所怒，出为阆州刺史。"②《旧唐书·毕諴传》亦载："武宗朝，宰相李德裕专政，出悰为东蜀节度。悰之故吏，莫敢饯送问讯，唯諴无所顾虑，问遗不绝。德裕怒，出諴为磁州刺史。"③可见，贬谪官员被贬之后，朝廷往往是不乐于见到官员为其送行的，一旦送行，便会被怀疑有朋党之嫌或不满处罚而遭处罚。特殊情形之下，若有人进谏请求，或上疏为皇帝说理，才有可能会免除被处罚的命运，《唐会要》中记载太子仆射崔贞慎等人送别被张易之等诬陷贬谪的魏元忠，便是一个这样的例子。

> 长安三年九月八日，魏元忠为张易之所构，配流岭表。太子仆射崔贞慎、东宫率府独孤祎等送至郊外。易之大怒，复使人诬告。则天令监察御史马怀素推问，续使中使促迫，讽令构成其事。怀素执正不受命。则天怒，怀素奏曰："元忠犯罪配流，贞慎等以亲故相送，诚为可责。若以为谋反，臣岂诬罔神明。昔彭越以反伏诛，栾布犹奏事，哭于其尸下。汉朝不坐。况元

① (宋)王钦若等编：《册府元龟》卷六〇〇《学校部·师道》，中华书局1960年影印本，第7212页。

② (后晋)刘昫等撰：《旧唐书》卷一七一《高元裕传》，中华书局1975年版，第4452页。

③ (后晋)刘昫等撰：《旧唐书》卷一七七《毕諴传》，中华书局1975年版，第4609页。

忠罪非彭越，陛下岂加追送之罪。”则天意解，由是获免。①

崔贞慎等人因为送别贬官魏元忠引得张易之大怒，讽令中使诬构，后在马怀素的谏言之下才改变主意，贞慎等人豁免。然而，像马怀素这样正直而敢于直言进谏的人并不多，大部分时候，官员被贬都是“亲戚相逢不容语”“中门之外无送者”②的。白居易《寄隐者》中也曾形象地描写过这样的场面，“道逢驰驿者，色有非常惧，亲族走相送，欲别不敢住”③，形象地描绘出永贞元年韦执谊被贬崖州司马时紧张、肃杀、凄惨的场景，亲族送别，连一刻的停留都不敢，只能驰驿前往贬所。一旦从政治的巅峰跌落下来，那等待贬官的，便是无限悲惨的命运。

当然，也有一些个别的官员仗义相送之后，还能因此忠直、义气得到别人的嘉奖。《资治通鉴》中记载了杨凭被贬临贺尉，徐晦送之一事。“凭之亲友无敢送者，栎阳尉徐晦独至蓝田与别。太常卿权德舆素与晦善，谓之曰：‘君送杨临贺，诚为厚矣，无乃为累乎！’对曰：‘晦自布衣蒙杨公知奖，今日远谪，岂得不与之别！借如明公他日为谗人所逐，晦敢自同路人乎！’德舆嗟叹，称之于朝。后数日，李夷简奏为监察御史。晦谢曰：‘晦平生未尝得望公颜色，公何从而取之！’夷简曰：‘君不负杨临贺，肯负国乎！’”④徐晦不负恩情的相送不仅没有受到处罚，反而为他的仕宦生涯带来了机会。可见，给贬官送行原本是一种合情合理的行为，然而因为是负罪官员，原则上的合情合理却也被政治的高压笼罩，权力的重压使得人们不敢随心意而为，像徐晦这样因送别贬官而获得升官的例子少之又少，大部分的时候，官员被贬都是无人敢去相送而孤独踏上贬途的。

除了这种实际的送别，文人亦往往通过作诗的方式送别自己被贬的友人，相对于实际的送别，这样的方式显然更自由灵活、不受限制。最有名的如李白的《闻王昌龄左迁龙标，遥有此寄》，还有上文提到的张籍送别杨凭的《伤歌行》，

① （宋）王溥撰，牛继清校证：《唐会要校证》卷六二《御史台下·推事》，三秦出版社2012年版，第921页。

② （清）彭定求等编：《全唐诗》卷三八二《伤歌行》，中华书局1960年版，第4283页。

③ （唐）白居易撰，顾学颉校点：《白居易集》卷一《寄隐者》，中华书局1979年版，第25页。

④ （宋）司马光编著：《资治通鉴》卷二三八，中华书局1956年版，第7784~7785页。

贾至送别南巨川的《送南给事贬崖州》，戎昱的《送陈炼师贬辰州》，李洞的《赋得贾岛谪长沙》，李明远的《送韦觐谪播州》以及贯休的《送薛侍郎贬峡州司马》等，这些诗歌或表达别情的凄怆，或宣泄友人被贬与怀才不遇的感愤，又或抒发对友人由衷的劝勉和宽慰，写得情真意切，真挚感人。

三、交通行驿

经过下诏、装束甚至送别之后，唐人便要从此开始漫长的行旅。那么，他们行驿一般会选择怎样的交通工具？行驿速度如何？行驿过程中又有些什么样的规定呢？本节拟针对这些问题进行探索挖掘。

唐人贬途中使用的交通工具，一般以马和船为主。张籍《伤歌行》中便有“辞成谪尉南海州，受命不得须臾留。身着青衫骑恶马，中门之外无送者。邮夫防吏急喧驱，往往惊堕马蹄下”①，可见，贬官赴贬所是乘马的。有时，贬官赴贬所也可能会乘骡，《太平广记》中记载的杨炎贬道州司户参军时，王新就曾送骡给炎，“炎至商於洛源驿，马乏，驿朴王新送骡一头”②，但一般情形下，贬官赴贬所主要还是乘马。然而，流官在这一点上的规定却与贬官不同，《旧唐书·薛元超传》载：“旧制：‘流人禁乘马’”,③ 李义府配流隽州，薛元超奏请给之，因贬简州刺史④。不过，在实际行驿过程中，有时流人同样是可以乘马赴流所的。神龙初，沈佺期流欢州，其有诗“夕宿含沙里，晨行冈路间。马危千仞谷，舟险万重湾”⑤，显然沈佺期赴欢州的路途中是乘马的，而且，除了乘马以外，还乘舟，这便是本节要论述的贬官赴贬所最常用的另一种交通工具——船。唐代贬官大多都是贬往距京城遥远的南方，而南方的水系又特别发达，流贬官员赴贬所常常要走水路，此时船自然成为了他们的交通工具。白居易诗集中便有许多记录自己乘舟赴贬所的诗歌，如《舟中雨夜》：“江云暗悠悠，江风冷修修。夜雨滴船背，风

① （清）彭定求等编：《全唐诗》卷三八二《伤歌行》，中华书局1960年版，第4283页。
② （宋）李昉等编：《太平广记》卷一五三《定数八》，中华书局1961年版，第1098页。
③ （后晋）刘昫等撰：《旧唐书》卷七三《薛元超传》，中华书局1975年版，第2590页。
④ （后晋）刘昫等撰：《旧唐书》卷七三《薛元超传》，中华书局1975年版，第2590页。
⑤ 陶敏等校注：《沈佺期宋之问集校注》，中华书局2001年版，第87页。

浪打船头。船中有病客，左降向江州。”①《襄阳舟夜》：“下马襄阳郭，移舟汉阴驿，秋风截江起，寒浪连天白。本是多愁人，复此风波夕。”②《江州夜行》：“烟淡月蒙蒙，舟行夜色中。江铺满槽水，帆展半樯风。”③此外还有《舟夜赠内》《浦中夜泊》《舟中读元九诗》《舟行阻风寄李十一舍人》等许多记录水驿生活情感的诗歌，可见，船亦是贬官贬途中常见且重要的交通工具。

唐代，不同的交通工具有着不同的行驿速度。《唐律疏议·名例》“流配人在道会赦”条规定：“诸流配人在道会赦，计行程过限者，不得以赦原。”该条《唐律疏议》解释云：“‘行程’，依令：‘马，日行七十里；驴及步人，五十里；车，三十里。其水程，江、河余水沿溯，程各不同。’”④除此之外，唐代对流贬官员整体的行驿期限又有明确规定，流贬官员一定要在指定的时间之内到达贬所，否则便要受到处罚。《唐律疏议》“之官限满不赴”条有：“诸之官限满不赴者，一日笞十，十日加一等，罪止徒一年。即代到不还，减二等。”⑤《唐律疏议》曰：“依令，之官各有装束程限。限满不赴，一日笞十，十日加一等，罪止徒一年。”⑥除去对整体行驿期限的规定，唐代诏敕对流贬官员每日行驿速度也有明确的要求，更不允许贬官在路逗留或枉道行走。天宝五载七月，玄宗规定：“应流贬之人，皆负遣罪。如闻在路多作逗留，郡县阿容，许其停滞。自今以后，左降官量情状稍重者，日驰十驿以上赴任。流人押领，纲典画时，递相分付，如更因循，所由官当别有处分。”⑦《唐六典》记载，唐代驿路“凡三十里一驿”，十驿则为三百里，也就是说，贬官赴贬所要日行三百里以上。唐代，不少区域交通条件还非常落后，许多地方崎岖难行，且路途上经常遇到阻风阻水的情况，如白居易在从长安赴江州的途中便写过《臼口阻风十日》《舟行阻风，寄李十一舍人》等诗，表达路

---

① (唐)白居易撰，谢思炜校注：《白居易诗集校注》，中华书局2006年版，第819页。

② (唐)白居易撰，谢思炜校注：《白居易诗集校注》，中华书局2006年版，第1216页。

③ (唐)白居易撰，谢思炜校注：《白居易诗集校注》，中华书局2006年版，第1216页。

④ 刘俊文笺解：《唐律疏议笺解》卷三《名例·流配人在道会赦》，中华书局1996年版，第265页。

⑤ 刘俊文笺解：《唐律疏议笺解》，中华书局1996年版，第721页。

⑥ 刘俊文笺解：《唐律疏议笺解》，中华书局1996年版，第721页。

⑦ (宋)王溥撰，牛继清校证：《唐会要校证》卷四一《左降官及流人》，三秦出版社2012年版，第630页。

途上遇到的各种难行的阻碍，所谓“虎蹋青泥稠似印，风吹白浪大于山”①，以致发出“等闲臼口坐经旬”“且愁江郡何时到，敢望京都几岁还”②的感慨。在如此落后的交通条件下，要日行三百里对贬官来说显然是非常残酷的。据《资治通鉴》记载，这条诏策的颁发乃是李林甫用以打击异己的一种措施，其颁发的结果就是“是后流贬者多不全矣”③。由此我们大概可以肯定，流贬官员日驰十驿以上赴任是一种基于政治迫害出现的政策，对流贬官员而言是极大的摧残。

不过分析具体的唐代流贬官员行驿速度会发现，实际生活中有许多流贬官员，他们在贬途的行驿速度是不到日驰十驿的标准的。如白居易，他被贬江州途中有《初出蓝田路作》，诗中云：“朝经韩公坂，夕次蓝桥水。浔阳近四千，始行七十里。”④白居易从长安走到蓝桥驿共走了七十里的路程，而这一天则从韩公坂走到蓝桥水，走了一驿，大概三十里的路程，也就是说他的行驿速度是日行三十里。再如前文提到的杨炎被贬道州司户，《太平广记》载：“自朝受责，驰驿出城，不得归第。……其日，炎夕次蓝田。”⑤此处的蓝田，作者没有说是指蓝田驿、蓝田县还是蓝田关，这三个地方离京城的距离是不同的，蓝田驿最近、其次是蓝田县、最远的是蓝田关，根据严耕望《唐代交通图考》所述，即使是最远的蓝田关，距离京师也才一百七十里⑥，也就是说，杨炎被贬道州司户，其行驿速度最快也是日行一百七十里，远远没有达到日行十驿的速度。还有韩愈被贬潮州刺史，韩愈至潮州后所作的《潮州刺史谢上表》中有：“臣以正月十四日蒙恩除潮州刺史，即日奔驰上道，经涉岭海，水陆万里，以今月二十五日到州上讫。”⑦其中未言明今月是几月，根据卞孝萱在《韩愈评传》中的考证，韩愈到潮州的时间

① （唐）白居易撰，谢思炜校注：《白居易诗集校注》，中华书局2006年版，第1224页。

② （唐）白居易撰，谢思炜校注：《白居易诗集校注》，中华书局2006年版，第1221页、1224页。

③ （宋）司马光编著：《资治通鉴》卷二一五，中华书局1956年版，第6991页。

④ （唐）白居易撰，谢思炜校注：《白居易诗集校注》，中华书局2006年版，第814页。

⑤ （宋）李昉等编：《太平广记》卷三，中华书局1961年版，第1098页。

⑥ 严耕望撰：《唐代交通图考》（第三卷 秦岭仇池区），三民书店1985年版，第643页。

⑦ （唐）韩愈撰，刘真伦、岳珍校注：《韩愈文集汇校笺注》，中华书局2010年版，第2921页。

当在“四月二十五日，计行程八千里，走了近一百天”①，如若这样计算的话，日行也就八十里左右，远远不及日行十驿的标准。不过虽不够日行十驿的标准，但通过某些特殊的案例，我们仍然可以看出，自天宝五载的诏命颁发之后，唐代贬官赴贬所的速度还是加快了很多。如张九龄开元二十五年左迁荆州长史，到州后所上《荆州谢上表》即言：“伏奉四月十四日制，授臣荆州大都督府长史。闻命皇怖，魂胆飞越，即日戒路，星夜奔驰，属小道使多，驿马先少。以今月八日至州礼上。”②四月十四日下制，即日上路，五月八日抵荆州，花去二十四天。据《旧唐书·地理二》，长安至荆州江陵府一千七百三十里，一千七百三十里走了二十四天，日行是七十二里。而到元和五年，元稹被贬江陵府士曹参军，白居易在《和答诗十首·和思归乐》中描述其行程为：“荆州又非远，驿路半月程”，也就是说元稹赴贬所的速度大约是日行一百一十五里。张九龄在“即日戒路，星夜奔驰”的情况下才日行七十二里，而元稹被贬却是日行一百一十五里，可见，玄宗之后，贬降官行走于贬途的速度与唐前期相比还是加快了不少。

依上文所说，朝廷虽然规定了贬官的行驿速度，但在具体行驿的过程中，又时常有枉道而行或在路逗留的情况出现。天宝五载七月“日驰十驿以上”诏令的出台便是因为多有“流贬人多在道逗留”的情形，如“甲申贬新除桂管观察使裴弘泰为饶州刺史，以除镇淹程不进，为宪司所纠故也”③。《唐会要》中也有：“比缘向外除授刺史，多经半年已上，方至本任，或称敕牒不到，或作故滞留。”④还有留连宴会，也是贬官在行驿过程中比较容易出现的问题。既然贬途中的枉道或逗留都要受到相应的处罚，那么，朝廷又是如何判断贬官在贬途中有没有逗留不进或枉道而行呢？

要明白这一点便需要提到唐代贬官所用的券牒。券牒，其实就是一种使用驿馆的凭证，它由门下省下发，有公券和私券的区别，官员贬谪乃因公赴任，使用

① 卞孝萱等撰：《韩愈评传》，南京大学出版社 1998 年版，第 196 页。。

② 《全唐文》卷二八八《荆州谢上表》，中华书局 1983 年影印本，第 2922 页。

③ （后晋）刘昫等撰：《旧唐书》卷一七下《文宗纪下》，中华书局 1975 年版，第 543 页。

④ （宋）王溥撰，牛继清校证：《唐会要校证》卷六九《刺史下》，三秦出版社 2012 年版，第 1033 页。

公券，元稹有“伏准前后制敕，入驿须给正券”①的说法。关于券牒的发放，玄宗时规定：“凡乘驿者，在京于门下给券，在外于留守及诸军、州给券，若乘驿经留守及五军都督府过者，长官压署，若不应给驿者，随即停之。”②事实上，不仅仅是贬官，唐代对所有官员的奉使、赴任等均需要门下省下发这种券牒，券牒上一般会注明行程，即走哪些驿，要走多少天等。《唐律疏议》有：“给驿者给铜龙传符，无传符处为纸券。量事缓急，注驿数于符契上，据此驿数以为行程，稽此程者，一日杖八十，二日加一等，罪止徒三年。”③也就是说，凡发使，皆由驿使根据事情的缓急规定每日行走的驿数，将官员所经驿站、出发到达时间、具体路线等在牒券上加以说明，“再着令沿途馆吏、驿长、关吏都视券牒督察，视具体情况给驴马车船，到达目的后，地方官有权据牒券审查行程，凡枉道、越道而行都违法，将受到惩处”④。这也就是柳宗元《馆驿使壁记》中凡“授馆”住驿者“传吏奉符而阅其数，县吏执牍而书其物”⑤的意思。唐代，从中央到地方都有督察

① （唐）元稹撰，冀勤校点：《论转牒事》，《元稹集》，中华书局2010年版，第496页。

② （唐）李林甫等撰，陈仲夫点校：《唐六典》，中华书局1992年版，第163页。

③ 刘俊文笺解：《唐律疏议笺解》卷一〇《职制·驿使稽程》，中华书局1996年版，第814页。

④ （宋）王溥撰，牛继清校证：《唐会要校证》卷六一《馆驿使》，中华书局1975年版，第903~909页。从《馆驿使》中的几条规定可知这一情形。如“其年九月十七日，门下省奏：‘准公式令，诸给驿马：职事三品及爵三品已上若王，四疋；四品已上及国公，三品、五品及爵三品已上，二疋；余官爵各一匹。伏望今后。并约前件马数给券。其从人，每马一匹。许将一人。’从之。其月敕节文：‘两京宜委御史台，各定知驿御史一人，往来句当。诸道委节度观察使，各于本道判官中定一人专知。差定讫，具名衔闻奏，并牒奏。’”如：“其年四月敕：如闻馆驿递马，死损转多，欲令提举吏人，悉又推委中使。驿吏称不见券，则随所索尽供。既无凭据，肯有定数。自今以后，中使乘递，宜将券示驿吏，据券供马。如不见券，及分外索马，辄不得勒供。下后从长乐、临皋等驿，准此勘合，如不遵守，要速闻知。仍委所在长官，当时具名衔闻奏。其常参知官出使，及诸道幕府军将等，合乘递者，并须依格式。如有违越，当加科贬。”再如：“其年九月，时诏命授行营诸司方略，朝令夕改，驿使相望。京兆尹柳公绰献状诉云：‘自幽、镇兵兴，使命繁并，馆驿贫虚，鞍马多阙。又敕使行传，都无限约，驿吏不得视券牒，随口即供。驿马既尽，遂夺鞍乘，衣冠士庶，惊扰怨嗟。’于是降敕：‘中使传券，素有定数，如闻近日多越券牒。宜令诸司府据元和十四年四月五日敕，分明晓示。自今已后，如更违越，所在州县，俱当时具名闻奏。’”

⑤ （唐）柳宗元撰，尹占华、韩文奇校注：《馆驿使壁记》，《柳宗元集校注》，中华书局2013年版，第1737页。

驿路的官员，中央如驾部郎中，地方上，每驿皆有专知官，元和五年正月考功奏，“诸道节度使、观察等使，各选清强判官一人，专知邮驿，如一周年无违犯，与上考。如有违越，书下考者，伏以遵守条章，才为奉职，便与殊考，恐涉太优，今请不违敕文者，书中上考，其违越者，依前书下考，仍请永为例程”①。也就是说，牒券上提前规定的行程，会在贬官具体入住每一站馆驿的时候被驿站的专知官员审查，然后逐一签字画押，如果有超出规定驿站的驿名出现，或在两个驿站之间的行走时间上有较大的时差，便会被盘查出来，贬官也会因此而受罚。此外，为了保证官员在规定的期限到达贬所，《唐律疏议》中对馆驿行为亦有明确规定，凡“应遣驿而不遣驿，及不应遣驿而遣驿者杖一百。若依式应须遣使诣阙而不遣者，罪亦如之”②。唐代的普通官员奉使出行尚且如此，更不用说身为罪人的流贬官员。《旧唐书·宇文融传》中便记载了流官宇文融配流岩州，生病欲暂留广府，又被都督耿仁忠劝走的事情。其时融配流岩州，“地既瘴毒，忧恚发疾，遂诣广府，将停留未还。都督耿仁忠谓融曰：‘明公负朝廷深谴，以至于此，更欲故犯严命，淹留他境，仁忠见累，诚所甘心，亦恐朝廷知明公在此，必不相容也。’融遽还，卒于路”③。宇文融因为害怕朝廷处罚，连生病都不敢淹留他境，甚至带病死于贬途。

除此之外，流贬官员赴贬所通常还会由中官押领，这种押领本身便有监督的意思。玄宗时的《贬王毛仲诏》中有：“差使驰驿领送至任，勿许东西。”④《旧唐书·仪礼五》中孙平子被谪“康州都城尉，仍差使领送至任，不许东西”⑤，差使领送即是朝廷派人领送至贬所，“勿许东西”说明在领送至贬所的过程中要严格遵照牒券的要求，不能随意而行。这一点，从唐《狱官令》第十五条的规定也可以见出端倪：

---

① （宋）王溥撰，牛继清校证：《唐会要校证》卷六一《馆驿使》，三秦出版社2012年版，第905页。

② 刘俊文笺解：《唐律疏议笺解》卷一〇《职制律》，中华书局1996年版，第819页。

③ （后晋）刘昫等撰：《旧唐书》卷一〇五《宇文融传》，中华书局1975年版，第3221～3222页。

④ 《全唐文》卷三〇《贬王毛仲诏》，中华书局1983年影印本，第338页。

⑤ （后晋）刘昫等撰：《旧唐书》卷二五《礼仪五》，中华书局1975年版，第953页。

诸流移人，州断讫，应申请配者，皆令专使送省司。令量配讫，还附专使报州，符至，季别一遣(原注：若符在季末至者，听与后季人同遣)。具录所随家口及被符告若发遣日月，便移配处，递差防援(原注：其援人皆取壮者充，余应防援者，皆准此)。专使部领，送达配所。若配西州、伊州者，并送凉州都督府。江北人配岭以南者，送赴桂、广二都督府。其非剑南诸州人而配南宁以南及嶲州界者，皆送付益州大都督府，取领即还。其凉州都督府等，各差专使，准式配送所。付领讫，速报元送处，并申省知(其使人，差部内散官充，仍申省为使劳。若无散官，兼取勋官强干者充)。若妻、子在远，又无路便，豫为追唤，使得同发。其妻、子未至间，囚身合役者，且于随近公役，仍录已役日月下配所，即于限内听折。①

这一段材料介绍的虽然是地方流官的流放方式，但其中提到“具录所随家口及被符告若发遣日月，便移配处，递差防援。专使部领，送达配所”②，这一点，和我们前面提及流贬官员需要派人押送以及其被贬牒券上要注明发遣日月等是一致的，也就是天宝五载诏敕中所言“流人押领，纲典画时，递相分付”的意思。由此可见，唐代的流贬官员赴贬所路途中的规定之细致，制度之完备。

四、家属随行

在贬官前往贬所的过程中，还有一个问题值得我们关注，那就是贬官被贬之后，其家属是否需要同行呢？

唐律中关于夫妻之间权利与义务的规定因受“礼”的影响而形成其自身的性别秩序，即“男尊女卑”“夫尊妻卑”，妻子把丈夫当成自己的“天”，甚至丈夫被贬或被流，妻子都要随行。《唐律疏议》卷三《名例》“犯流应配”条规定：“诸犯流应配者，三流俱役一年，妻妾从之。”③这一点，从前文所举杨炎被贬道州司户参

① 雷闻：《唐开元狱官令复原研究》，天一阁博物馆、中国社会科学院历史研究所：《天一阁藏明抄本天圣令校证(附唐令复原研究)》，中华书局2006年版，第6页。

② 雷闻：《唐开元狱官令复原研究》，天一阁博物馆、中国社会科学院历史研究所：《天一阁藏明抄本天圣令校证(附唐令复原研究)》，中华书局2006年版，第6页。

③ 刘俊文笺解：《唐律疏议笺解》卷三《名例律》，中华书局1996年版，第256页。

军，拜托邮知事将妻子接至蓝田同行即可见出。不过，在实际执行的过程中，一些特殊情况下，妻子也可不同行，如《新唐书·高士廉传》载，高士廉贬为朱鸢主簿，“以母老不可居瘴疠地，乃留妻鲜于奉养而行”①。因母亲老迈，高士廉因此留妻子照顾，不用其跟自己同行。然而，这样通情达理的做法大概也是在唐初才会出现，中唐以后，随着贬谪制度越来越严苛，便再也没有这么温情的一面了。如韩愈被贬潮州刺史，“愈既行，有司以罪人家不可留京师，迫遣之。女挐年十二，病在席，既惊痛与其父诀，又舆致走道，撼顿失食饮节，死于商南层峰驿，即瘗道南山下”②。因为官吏催逼妻子儿女要随贬官同行，致使年仅十二岁的女儿也不得不跟随韩愈一起踏上贬途，最终在父亲被贬的惊痛与贬途行旅艰辛的双重打击下死于商南层峰驿，可想而知，对于一个正直却负罪遭贬的父亲来说，这是多么大的打击与痛苦。然而，据卞孝萱所言，最终，韩愈的家眷却似乎并没有追随至潮州，“大约家眷行至韶州，就在那里住下来了”③，可见，贬官的家眷虽必须与贬官同行，但有时因为路途太过于遥远，也可以不完全跟随至贬所。

相比之下，母亲是否需要跟随至贬所则没有那么严苛，这更多地是基于“孝”的考虑。“不孝”本身是“十恶”之一，母亲一般年纪较高，身体较弱，若因为跟随去贬地而去世，那便是大不孝了，因此，在对于贬官母亲是否跟随至贬地这个问题上，唐史中的相关记载是比较温和的，上文所言高士廉“以母老不可居瘴疠地”而留妻子奉养便是这个道理。除此之外，最为大家所熟知的应该是刘禹锡的例子，《新唐书·刘禹锡传》载：刘禹锡出为播州刺史“诏下，御史中丞裴度为言：‘播极远，猿狖所宅，禹锡母八十余，不能往，当与其子死诀，恐伤陛下孝治，请稍内迁。’帝曰：‘为人子者宜慎事，不贻亲忧。若禹锡望它人，尤不可赦。’度不敢对，帝改容曰：‘朕所言责人子事，终不欲伤其亲。’乃易连州”④。

① （宋）欧阳修、宋祁撰：《新唐书》卷九五《高士廉传》，中华书局1975年版，第3839页。

② （唐）韩愈撰，刘真伦、岳珍校注：《韩愈文集汇校笺注》，中华书局2010年版，第2695页。

③ 卞孝萱等撰：《韩愈评传》，南京大学出版社1998年版，第197页。

④ （宋）欧阳修、宋祁撰：《新唐书》卷一六八《刘禹锡传》，中华书局1975年版，第5129页。

正是在裴度一番关于孝治的言论之后，考虑到刘禹锡老母对刘禹锡的担忧及其身体状况，宪宗最终将刘禹锡被贬之地由播州改为连州。可见，母亲不仅可以不跟随儿子赴任贬所，且基于孝道的考虑，有时甚至会改变贬官的被贬之地。

事实上，这种情形我们从唐代制敕中关于贬官奔丧的相关规定也可以见出。《旧唐书》卷九《玄宗下》有：

> (天宝十三载二月)乙亥，御兴庆殿受徽号，礼毕，大赦天下。左降官遭父母忧，放归。①

《唐会要》卷四十一《左降官及流人》载：

> (天宝)十三载二月九日赦文："左降官承前遭忧，皆不得离任。孝行之道，所未宏通，情礼之间，深可哀恤。如有此类，并宜放还，仍申省计至服满日，准法处分。自今以后，编入例程。"②
>
> 乾元元年二月五日敕节文："其左降官，非反逆缘坐，及犯恶逆名教、枉法强盗赃，如有亲年八十以上，及患在床枕，不堪扶持，更无兄弟者，许停官终养。其流移人亦准此。"③
>
> 元和六年闰十二月，庐州奏："量移官司户参军员外置同正员颜頳，母在扬州十二月二十七日身亡，今请奔丧者。"准贞元十八年五月十九日敕，自今以后，流人左降官，称遭忧奔丧者，宜令所司，先奏听进止。④

天宝年间规定左降官遭忧，应放还奔丧，计服满日再准法处分。乾元元年又规定，左降官凡被贬原因不是反逆缘坐，及犯恶逆名教、枉法强盗赃，其若有亲年

---

① (后晋)刘昫等撰：《旧唐书》卷九《玄宗下》，中华书局1975年版，第228页。

② (宋)王溥撰，牛继清校证：《唐会要校证》卷四一《左降官及流人》，三秦出版社2012年版，第630页。

③ (宋)王溥撰，牛继清校证：《唐会要校证》卷四一《左降官及流人》，三秦出版社2012年版，第630页。

④ (宋)王溥撰，牛继清校证：《唐会要校证》卷四一《左降官及流人》，三秦出版社2012年版，第631页。

八十以上，及患病在床，更无兄弟，则可以停官终养。这意味着，特殊情况下，贬官甚至可以不履行左降或流放的制诏，而先行孝道，可见唐代对孝行的重视。同样地，元和六年，仍然有制敕规定左降官遭忧奔丧的问题。由此我们可以知道，左降官的父母并非一定要跟随左降官员至贬所，他们很多都一直待在家中，去世之后，左降官还要回乡奔丧。

五、赴贬所路线

前文所言，贬官踏上贬途之时，会由门下省发放一种牒券，牒券上会注明行程，经过哪些驿，要走多少天等。《唐律疏议》云："给驿者给铜龙传符，无传符处为纸券。量事缓急，注驿数于符契上，据此驿数以为行程，稽此程者，一日杖八十，二日加一等，罪止徒三年。"①远行之人需在牒券上标明官员应行驿站，这便意味着大致规定了远行路线。可见，虽然没有制度方面的明文规定，然而，国家对贬官赴贬所应行路线是有特定要求的，这种要求因牒券的失传而不能直接知晓，但我们通过对唐代交通路线的分析并结合贬官具体的诗文创作，是能够大致摸索清楚的。

尚永亮先生在其《唐五代逐臣与贬谪文学研究》中曾对唐五代贬官之时期与地域分布作过定量分析，其中有言："我们依据对大量文献资料的统计，得知唐五代三百四十余年间，有姓名和贬地可考的贬官共 2828 人次。……而在南方诸道中，数量最多的是岭南道，高达 436 人次，其下依次是江南西道，402 人次，江南东道，277 人次，山南东道，242 人次，剑南道 155 人次。"②"有姓名贬地可考的文人贬官 1040 人次，江南西道贬官最多，共 163 人次，岭南道其次，为 150 人次。"③李德辉在《唐代交通与文学》中也有"唐代官员流贬最集中的地方是剑南道、黔中道、江南道、岭南道"④的说法。由此，本节论述唐代贬官赴贬所的路线主要选取剑南黔中道、江南东西道与岭南道为主要对象。又因为去往岭南道必然经过江南东西道，因此，本节主要以剑南黔中、岭南两道为主要对象，论述官

① 刘俊文笺解：《唐律疏议笺解》卷一〇《职制律》，中华书局 1996 年版，第 814 页。
② 尚永亮：《唐五代逐臣与贬谪文学研究》，武汉大学出版社 2007 年版，第 74 页。
③ 尚永亮：《唐五代逐臣与贬谪文学研究》，武汉大学出版社 2007 年版，第 76 页。
④ 李德辉：《唐代交通与文学》，湖南人民出版社 2003 年版，第 133 页。

员赴贬所的具体路线。

1. 长安——剑南黔中道(包括山南西道)

蜀中、剑南一直是贬官分布比较集中的地方，据李德辉的考察，“查《舆地纪胜》‘官吏’目，山剑地区刺史，可以确认是自朝中派出的左降官有近二十人，据《唐刺史考》，山剑两地左降官出身的刺史达七十二人，若加贬山剑滇黔的上诸州上佐，数目当更大”①。“查《唐刺史考》，该地区共二十七州曾有唐官迁谪而来，忠州、通州、开州、巴州、资州、硖州是重点区，黔中是重中之重”②。既然有这么多的流贬官员都要前往这一地域，那么，他们在去往这一地区时，走的是一条怎样的路线呢？

根据严耕望《唐代交通图考》，我们可以总结出唐人去往剑南道的几条主要路线。大体而言，从唐都长安入蜀主要有四条交通线路，分别是凤兴道、褒斜道、骆谷道与子午谷道。

凤兴道：从长安出发往西北到凤翔府——西南至宝鸡县渡渭水——经大散关、黄牛岭、黄花驿到凤州——过两当县、长举县到兴州——东南行至百牢关——过金牛县、三泉县到利州——西南到剑州——过绵州、汉州——成都府。

褒斜道：从长安出发过兴平县、武功县、扶风县——郿县——过褒斜谷道到兴元府——向西过褒城县、百牢关——到利州、剑州、绵州、汉州到成都府。

骆谷道：从长安出发经鄠县——盩厔县——经骆谷道至洋州——向西过兴元、百牢关、金牛县、三泉县到利州——西南到剑州——过绵州、汉州——成都府。

子午谷道：从长安县出发——经子午谷道——洋州——向西过兴元、百牢关、金牛县、三泉县到利州——西南到剑州——过绵州、汉州——成都府。

从剑州再往西南经邛州——雅州——黎州，过清溪关便至巂州，巂州再往西南为姚州。以上则为唐代从长安到剑南府再到巂州、姚州的大概路线，至于贬官被贬的其他地方，如忠州、通州等地，则因其同属于一个区域，所以行走路线也大体相同。

① 李德辉：《唐代交通与文学》，湖南人民出版社 2003 年版，第 76 页。
② 李德辉：《唐代交通与文学》，湖南人民出版社 2003 年版，第 76 页。

具体来说，唐代被贬文人通过蜀道的如元稹，元和十年正月，元稹奉诏回朝，本以为起用有望，没想到三月二十五日，又突然被谪通州。通过分析元稹的诗歌我们发现，元稹赴通州走的正是关中与汉中最便捷的通道——骆谷道。元稹在其《紫踯躅》与《山枇杷》中都提到一个地名，即青山驿，而青山驿正处于骆谷道上，元稹《望云骓马歌》中也曾有"八十四盘青山驿"的说法，可见路途的盘曲险峻。过青山驿之后，元稹又经过了褒城驿，并作《褒城驿》二首，表达对时间流逝、物是人非的凄凉与悲痛之情。此后诗人又"从嘉陵江边的新政县东行，经由蓬州，然后顺着流江南下至渠州"①，在渠州停留数天后，乘舟从渠州转入渠江，赴任通州。除了元稹，中晚唐左降官赴贬所，通常都会经由骆谷道。刘禹锡《传信方》有："(王)及早充西川安抚使判官，乘骡入骆谷。"②《旧唐书》卷一一四《来瑱传》载，宝应二年来瑱贬播州尉，翌日赐死于鄠县，鄠县正在骆谷道上，这便说明其赴播州也是经由骆谷道的。此外，贬谪文人入蜀除了走骆谷道之外，有的也会走凤兴道，如唐后期的文士薛逢贬蜀，便有《题黄花驿》一诗，黄花驿在凤州北黄花县，表明薛逢乃是由凤兴道入蜀的。

2. 长安——岭南道(包括山南东道、淮南道、江南西道)

唐代前期，文人贬所广泛分布于河南、山东、关中、蜀中、闽中等地，并不固定，有的甚至贬至来济或西域的庭州。武周时期，政治黑暗，酷吏横行，流贬人数剧增，自武周至长寿中，不到10年时间，李唐皇族及诸大臣亲族流放在外者"且数万人"。万国俊等奉使往六道鞫流人，展开杀人比赛。《资治通鉴》引潘远《纪文》中也有"十道流人"③的记载。盛唐时，官员亦常常被贬往两河与山东地区，如王维便曾被贬济州。但自肃宗、代宗以后，大量政治犯开始贬往岭南，岭南成为新的安置流官官员的重要区域。那么，官员从长安到岭南的路线是怎样的呢？

长安经江南西道到岭南道的路线整体而言有两条，第一条是从长安先至洛阳，然后再向南，第二条是直接从长安出发，走蓝田——武关道至南方。

---

① 吴伟斌撰：《元稹评传》，河南人民出版社2008年版，第221页。

② (唐)刘禹锡撰，冯汉镛集释：《传信方集释》，上海科学技术出版社1959年版，第26页。

③ (宋)司马光编著：《资治通鉴》卷二〇五，中华书局1956年版，第6607页。

第一条从长安出发，首先要通过两都驿道到洛阳。根据严耕望先生的考证，从长安至洛阳的路线为：从长安通化门出发，向东经过长乐驿——灞桥驿——经华州出潼关，沿着黄河东行，过函谷关、虢州、陕州，由陕州东南行至洛水，沿洛水东下洛阳。到洛阳以后，再往江南的路线又有三条。第一条，从洛阳向南行到汝州，从汝州继续往南到襄阳、荆州、岳州。第二条，从洛阳南行到汝州，再经豫州(即蔡州)、申州、黄州、蕲州至江州。第三条，从洛阳东行到汴州，再沿大运河到扬州，从扬州又可以沿长江至江州。到岳州或江州以后，往岭南方向的路线有两条：一条是从江州往南至鄱阳湖，过湖后至洪州，在洪州溯赣江而上，经吉州至虔州，翻越大庾岭至岭南道韶州，在韶州沿韶水而下至广州。另一路是从岳州经洞庭湖往潭州，再溯湘江而上，经衡州至郴州，过骑田岭往韶州，沿韶水至广州，或经衡州至永州，翻越萌诸岭，过灵渠至桂州。

从长安到岭南的第二条路线为蓝田武关道。这一条路线从长安出发，向东南经五松驿、蓝田驿、韩公堆、商州、曾峰驿、武关、阳城驿至邓州，从邓州南下至襄州，从襄州再南行至荆州、岳州，或江州、洪州。据严耕望先生所言，“盖唐代京师长安与江淮之间之交通，除物资运输及行李笨重之行旅者多取道汴河外，朝廷使臣及一般公私行旅远适东川、黔中、江淮、岭南者，皆利此道之捷径”①，可见此道在唐代交通中的重要性。此外，这条驿道还是唐代贬谪文人贬往南方经常走的一条道路，严耕望《唐代交通图考》中便列举过张九龄、白居易、元稹等贬官都曾数度经过此道，“颜真卿贬峡州，周子谅、薛锈、杨志成、颜师邕、王抟等流贬岭南”②也都取此道，盖此道“途出崇山峻岭间，道小崎岖，且多猛兽”，而贬逐之臣于贬途往往不得求安适，故而常常成为贬谪官员贬往南方所走的重要通道。

在这条驿路上，留下了许许多多贬谪文人的足迹，他们也写了许许多多的诗歌，表达自己被贬之后内心的恐惧与无限的悲愤。特别是许多关津诗，如韩愈的《左迁至蓝关示侄孙湘》，白居易的《初出蓝田作》《韩公堆寄元九》以及元稹的《阳城驿》等，写得情感深沉动人。这是一条充满恐惧的道路，这条驿路上的许多驿

① 严耕望：《唐代交通图考》卷三 秦岭仇池区，三民书店 1985 年版，第 637 页。
② 严耕望：《唐代交通图考》卷三 秦岭仇池区，三民书店 1985 年版，第 664 页。

站都成为朝廷对贬黜出城的官员进行刺杀的地方，其中，以长乐驿、蓝田驿、故驿、青泥驿、长城驿等赐死的文人最多。如蓝田驿，严耕望先生言“此驿唐史中极常见，朝臣重遣往往赐死于此”①，具体如“襄州刺史裴茙长流费州，赐死于蓝田驿”②，《昭宗纪》光化三年六月，宰相王抟“贬崖州司户，寻赐死于蓝田驿”③，还有京兆尹黎干、中官刘忠冀等，都死于这条驿路。以下沿途诸驿自商、邓至郴州都赐死过大臣，最远的延伸到崖州驿。据严耕望考证，单商山以上路段就有周子谅、薛锈、杨志诚、顾师邕等七位被赐死，商岭以南又有陈弘志、韦元素、杨承和王践言④等人。也正因为如此，左降官被贬降之后，常常会胆落色变，韩愈被贬潮州，也才会发出“云横秦岭家何在，雪拥蓝关马不前”的感慨。

总而言之，唐代被贬至江南东西道、岭南道的贬降官基本都是经过上文总结出的几条路线前往贬所的，如宋之问、韩愈、白居易等被贬泷州、越州、潮州、江州等地即是如此，以下结合这些诗人的具体诗作分析其赴贬所的路线。

宋之问，神龙元年正月被贬泷州参军。这一年，在他诗集中有一首《途中寒食题黄梅临江驿寄崔融》，诗题中的黄梅指黄梅县，《元和郡县图志》卷二七记载蕲州黄梅县有“大江水，在县南一百里”⑤，临江驿应该也在此地。可见，宋之问赴贬地经过了蕲州，走的是从洛阳出发，经汝州、申州、蕲州至江州的这条路线。到江州后，他写了《寒食江州满塘驿》，从江州至洪州，又有《自洪府舟行直书其事》一首，过洪州之后有《题大庾岭北驿》《度大庾岭》《早发大庾岭》等诗，过大庾岭之后到达韶州，并作《早发始兴江口至虚氏村作》，始兴，县名，《元和郡县图志》卷三四有韶州始兴县的记载⑥。过韶州以后便至端州，宋之问又作《至端州驿见杜五审言沈三佺期阎五朝隐王二无竞题壁慨然成咏》，其后作《入泷州江》，到达目的地泷州。通过对宋之问于贬途中所作诗歌的分析，我们可以明显

---

① 严耕望：《唐代交通图考》卷三 秦岭仇池区，三民书店 1985 年版，第 639 页。

② （后晋）刘昫等撰：《旧唐书》卷十一《代宗》，中华书局 1975 年版，第 270 页。

③ （后晋）刘昫等撰：《旧唐书》卷二〇上《昭宗纪》，中华书局 1975 年版，第 766 页。

④ 严耕望著：《唐代交通图考》卷三 秦岭仇池区，三民书店 1985 年版，第 664 页。

⑤ （唐）李吉甫撰：《元和郡县图志》卷二七《蕲州黄梅县》，中华书局 1983 年版，第 655 页。

⑥ （唐）李吉甫撰：《元和郡县图志》卷三四《韶州始兴县》，中华书局 1983 年版，第 902 页。

看出宋之问赴贬所的路线。在这之后，景龙三年，宋之问又因倾附安乐公主，遭太平公主忌恨，进言中宗，下迁越州长史。赴越州途中，宋之问作《初宿淮口》一诗，淮口“当指汴水（通济渠）入淮河处，在今江苏盱眙”①，可见，宋之问之行程应该是先经过两京驿道，从长安至洛阳，又经过汴水沿着运河南下到广陵，他路途中的诗作有《伤王七秘书监寄呈扬州陆长史通简府僚广陵好事》，广陵之后又有《陪润州薛司功丹徒桂明府游招隐寺》《登北固山》《钱江晓寄十三弟》《题杭州天竺寺》等诗记其旅途。诗作中提及的润州治在今江苏镇江，北固山即在其地，钱江指钱塘江，由此可知，宋之问是从长安到洛阳经盱眙到镇江、杭州再到越州的。景云元年六月，宋之问因附二张及武三思诏流钦州，他从越州到钦州的路线我们也可在其诗歌中寻到踪迹。宋之问先从越州沿长江逆流而上到荆州江陵，再从江陵出发南下过洞庭湖，溯湘水过岳州、衡州、韶州至广州。其《初发荆府赠崔长史》《在荆州重赴岭南》《洞庭湖》《晚泊湘江》《自衡阳至韶州谒能禅师》《游韶水广果寺》《广州朱长史座观妓》等诗可以为证。由此可见宋之问的赴贬所路线基本是沿着我们前文总结的几条南北交通的水陆要道而行进的。

与宋之问相比，白居易、韩愈的被贬之路则主要走的是蓝田——武关道。元和十年（815），白居易因越职言事与被人诽谤贬江州司马。诏书在元和十年七月下旬下发，按照当时对贬降官的规定，官员被贬之后必须马上踏上贬途，因此，诗人“左降诏下，明日而东”②。那么，他赴江州走的是一条怎样的路线呢？

通过白居易在贬途所作的诗歌，我们可以判断，白居易赴江州走的是蓝田——武关道。这一段路程中，白居易有诗《初出蓝田作》《蓝桥驿见元九诗》《韩公堆寄元九》《仙娥峰下作》等，其中记录行程有：“朝经韩公坂，夕次蓝桥水”③，“我为东南行，始登商山道。商山无数峰，最爱仙娥好”④等句。无论是蓝田驿、韩公驿、蓝桥驿、仙娥驿还是商山，都是蓝田——武关道中的具体驿

① 陶敏等校注：《沈佺期宋之文集校注》，中华书局 2001 年版，第 494 页。

② （唐）白居易撰，顾学颉校点：《白居易集》卷四四《与杨虞卿书》，中华书局 1979 年版，第 946 页。

③ （唐）白居易撰，谢思炜校注：《白居易诗集校注》卷一〇《初出蓝田作》，中华书局 2006 年版，第 814 页。

④ （唐）白居易撰，谢思炜校注：《白居易诗集校注》卷一〇《仙娥峰下作》，中华书局 2006 年版，第 815 页。

站。越过蓝田县，进入商州地界之后，诗人还登上了一个叫望秦岭的高峰，回首长安，无限留恋，并作诗《初贬官过望秦岭》，表达对被贬生活的茫然无策之感，可谓“草草辞家忧后事，迟迟去国问前途”①。达到商州后，诗人在驿馆中等待自己的家眷，等待了三天，待妻子孩子都到了以后又一起往江州进发，并写《发商州》诗记录这一过程。直到诗人走到商洛山中的最后一道关隘——武关时，看到自己友人元稹的题诗有感而作《武关南见元九题山石榴花见寄》一诗。到八月下旬，诗人到达了襄阳，从其《再到襄阳访问旧居》一诗可知。过了襄阳之后，诗人又改走水路，这一时期，他写了很多舟行诗，如《舟中雨夜》：“江云暗悠悠，江风冷修修。夜雨滴船背，风浪打船头。船中有病客，左降向江州。”②如《襄阳舟夜》：“下马襄阳郭，移舟汉阴驿。秋风截江起，寒浪连天白。”③如《江夜舟行》：“烟淡月蒙蒙，舟行夜色中。江铺满槽水，帆展半樯风。”④等等，用以记录江行的见闻与感受。到达郢州之后，诗人还作了《登郢州白雪楼》诗，表达对故乡的思念，而且，舟行到郢州臼口时，还遭遇到了阻风南行的情况，耽搁了十天未行，从其《臼口阻风十日》可以知道，诗中既描写了自己所不熟悉的南方的奇异情状，又写出了等待中不耐烦的情绪。之后，《夜闻歌者》一诗中，诗人自注在鄂州作，其诗曰：“夜泊鹦鹉洲，江月秋澄澈。邻船有歌者，发词堪愁绝”⑤，可见，从襄阳出发以后，诗人沿汉水终于到达了汉水与长江的交汇城市——鄂州。在鄂州，诗人的友人卢侍御、崔评事设宴于黄鹤楼招待白居易，他作诗《卢侍御与崔评事为予于黄鹤楼致宴宴罢同望》记录此事。最终，经过两个月左右的舟行生活，在这一年的初冬，诗人终于到达了贬谪的目的地——江州，并作《望江州》《初到江州》等诗。在江州，诗人一直呆了三年半的时间，到元和十三年十

① （唐）白居易撰，谢思炜校注：《白居易诗集校注》卷一五《初贬官过望秦岭》，中华书局 2006 年版，第 1211 页。

② （唐）白居易撰，谢思炜校注：《白居易诗集校注》卷一〇《舟中夜雨》，中华书局 2006 年版，第 819 页。

③ （唐）白居易撰，谢思炜校注：《白居易诗集校注》卷一五《襄阳舟夜》，中华书局 2006 年版，第 1216 页。

④ （唐）白居易撰，谢思炜校注：《白居易诗集校注》卷一五《江夜舟行》，中华书局 2006 年版，第 1216 页。

⑤ （唐）白居易撰，谢思炜校注：《白居易诗集校注》卷一〇《夜闻歌者》，中华书局 2006 年版，第 820 页。

二月二十日，被量移为忠州刺史。量移之后，白居易再次带领全家从湓口出发，溯江而上，途经鄂州、岳州、峡州而到达了山城忠州。这一路有诗《行次夏口先寄李大夫》《江州赴忠州至江陵已来舟中示舍弟五十韵》《题岳阳楼》《入峡次巴东》《题峡中石上》《夜入瞿塘峡》等等，记录诗人的见闻感受，特别是路经峡州时的惊险体验，如“瞿唐天下险，夜上信难哉。岸似双屏合，天如匹帛开。逆风惊浪起，拔念暗船来。欲识愁多少，高如滟滪堆”①。还有《初入峡有感》中的“上有万仞山，下有千丈水。苍苍两岸间，阔狭容一苇。瞿唐呀直泻，滟滪屹中峙。未夜黑岩昏，无风白浪起。大石如刀剑，小石如牙齿。一步不可行，况千三百里”②。这首诗下诗人自注：“自峡州至忠州，滩险相继，凡一千三百里。”③这样的奇绝险恶之景，也间接暗示了白居易行走于贬途中的惊恐与忧愁。由于白居易诗作很多且多得以流传，因此，我们可以通过这些诗歌很清晰地画出其赴贬所的主要路线，也就是前文所列举的蓝田——武关道。

除白居易之外，韩愈被贬阳山及潮州走的也都是蓝田——武关道。贞元十九年，韩愈因上疏论旱，得罪幸臣，被贬阳山。冒着隆冬的严寒，韩愈出长安东门，踏上贬途。两年后，当韩愈再回长安时，曾写过一首《南山诗》回忆其被贬阳山时出蓝田关的情景：“初从蓝田入，顾眄劳颈脰。时天晦大雪，泪目苦蒙瞀”④，可见，韩愈当时赴阳山走的是蓝田武关道。出蓝田武关道之后，韩愈途经过汨罗江，怀屈原，并作《湘中》一首，这说明韩愈出蓝田武关道之后沿汉水到达岳州，之后，又沿着湘水逆流而上，到达郴州西南的九嶷山，经过连州的贞女峡、同冠峡，到达距京师三千八百余里的阳山县。宪宗元和十四年正月，韩愈再一次因上《论佛骨表》而被贬潮州，这一次，他仍然是经蓝田武关道赴潮州。韩愈行至蓝田关，写下了《左迁至蓝关示侄孙湘》这样一首流传千古的名诗，抒

① （唐）白居易撰，谢思炜校注：《白居易诗集校注》卷一八《夜入瞿塘峡》，中华书局2006年版，第1431页。

② （唐）白居易撰，谢思炜校注：《白居易诗集校注》卷一一《初入峡有感》，中华书局2006年版，第845页。

③ （唐）白居易撰，谢思炜校注：《白居易诗集校注》卷一一《初入峡有感》，中华书局2006年版，第845页。

④ （唐）韩愈撰，孙昌武选注：《韩愈选集》，上海古籍出版社2013年版，第76页。

发自己内心的郁愤以及前途未卜的感伤。行至商洛县武关之西，道逢吐蕃囚流配湖南，有感作《武关西逢配流吐蕃》一首。出武关，进入邓州境内，作《次邓州界》。二月二日，韩愈抵达襄阳境内的古宜城，也就是古宜驿，驿内有昭王庙，韩愈分别作了《记宜城驿》及《题楚昭王庙》二首。再至岳州、郴州、衡州，到三月中旬，抵达韶州乐昌泷水，并作《泷吏》一首。其后经广州增江口，夜宿，作《夜曾江口示侄孙湘二首》，再从广州到潮州，计行程八千里。在潮州，韩愈勤于王事，忠于职守，深入了解民生疾苦，去害除弊，关注农桑，安定百姓生活。到元和十四年，宪宗颁发赦书，韩愈于"其年十月二十四日准例量移"①袁州。元和十四年，韩愈离开潮州，取道韶州，前往袁州，有诗《将至韶州先寄张端公使君借图经》《题秀禅师房》《韶州留别张端公使君》为证。元和十五年九月，韩愈以袁州刺史为朝散大夫，受国子祭酒，赐金紫。十月，韩愈辞别袁州，踏上返回长安的路途，他从袁州溯赣水到江州，途经豫章，宿石头驿，献诗于江西观察使王仲舒，作《次石头驿寄江西王十中丞阁老》，又经庐山下西林寺，访萧存旧居，作《游西林寺题萧二兄郎中旧堂》，以诗寄鄂岳观察使李程，作《除官赴阙至江州寄鄂岳李大夫》。之后经随州，作《寄随州周员外》，经襄阳，剑南东川节度使李逢吉设宴款待，韩愈赋诗以谢，作《酒中留上襄阳李相公》，襄阳之后韩愈便再一次进入蓝田武关道。这一次经过蓝田武关道中商州层峰驿，韩愈感慨万千，去年贬潮，幼女于贬途中惊病交加，便是于层峰驿去世并葬于此的，今返途再遇，不能不哭之，于是作《去岁自刑部侍郎以罪贬潮州刺史，乘驿赴任，其后家亦谴逐，小女道死，殡之层峰驿旁山下，蒙恩还朝，过其墓，留题驿梁》一首，对小女进行悼念。此后，沿着蓝田武关道，韩愈返回了长安。由上可知，白居易、韩愈被贬，其赴贬所的路线乃蓝田——武关道，这条道路比起从长安到洛阳再到汴州之后沿运河而下显然更为难行，但比起从洛阳南下而言，这条路又较近。贬官赴贬所一方面要快，时限要求更高，另一方面又要难行，以惩罚这些犯罪官员，让其经受鞍马劳顿之苦，而蓝田——武关道，显然正好符合了这两个要素，因此成为唐代贬官比较常见的赴贬所路线。

---

① （唐）韩愈撰，刘真伦、岳珍校注：《韩愈文集汇校笺注》，中华书局 2010 年版，第 2941 页。

六、贬地规定与贬官安葬

在经过漫长的行驿，贬官到达贬地之后，便要开始新的生活。

唐代朝廷对居于贬地的贬官的要求是不允许其擅离州县或流连宴会。如元和十二年四月敕："应左降官流人，不得补制及留连宴会。如擅离州县，具名闻奏。"①这就意味着，贬谪除了官员职位降低与迁往外地之外，还必须强制限制被贬之人的人身自由，这种限制让贬官即使身居官位，仍然有强烈的拘囚之感。柳宗元"欲采苹花不自由"即是这种拘囚之感的反映。还有其在《与李翰林建书》中表达的自己对永州山水的感受："譬如囚居圜土，一遇和景，负墙搔摩，伸展支体。当此之时，亦以为适，然顾地窥天，不过寻丈，终不得出，岂复能久为舒畅哉？"②《答问》中的反复申诉的"吾缧囚也，逃山林入江海无路，其何以容吾躯乎？"③《囚山赋》中的感慨"谁使吾山之囚吾兮滔滔？"④这些无一不是柳宗元内心的不自由感的外化，难怪宋人晁补之评曰"自昔达人，有以朝市为樊笼者矣，未闻以山林为樊笼者"⑤，柳宗元显然就是一位被贬地囚困之人。

除此之外，一般情况下，贬官是可以正常生活的，比如陆贽和白居易。《旧唐书·陆贽传》记载陆贽在忠州十年，"常闭关静处，人不识其面，复避谤，不著书。家居瘴乡，人多疠疫，乃抄撮方书，为《陆氏集验方》五十卷，行于代"⑥。白居易被贬江州司马，遍游名胜，"由是郡南楼山、北楼水、湓亭、百花亭、风篁、石岩、瀑布、庐宫、源潭洞、东西二林寺、泉石松雪、司马尽有之矣"⑦。如果说陆贽的贬谪生活还比较谨慎保守的话，白居易在江州的生活则更为洒脱自在。柳宗元被贬永州亦游览了永州的许多景色清幽之处，写下著名的《永州八

---

① （宋）王溥撰，牛继清校证：《唐会要校证》卷四一《左降官及流人》，三秦出版社 2012 年版，第 631 页。

② （唐）柳宗元：《柳宗元集》，中华书局 1979 年版，第 801 页。

③ （唐）柳宗元：《柳宗元集》，中华书局 1979 年版，第 433 页。

④ （唐）柳宗元：《柳宗元集》，中华书局 1979 年版，第 63 页。

⑤ （唐）柳宗元：《柳宗元集》，中华书局 1979 年版，第 63 页。

⑥ （后晋）刘昫等撰：《旧唐书》卷一三九《陆贽传》，中华书局 1975 年版，第 3818 页。

⑦ （唐）白居易撰，顾学颉校点：《白居易集》卷四三《江州司马厅记》，中华书局 1979 年版，第 933 页。

记》，并为自己在愚溪旁筑草堂为家，还栽种各种花草树木。可见，贬官在贬地的痛苦更多是心理上的，是政治上受到污蔑与打击的痛苦，是远离官场报国理想不得实现的痛苦，至于其生活方面，朝廷并未给予过多的限制。

最后要说明的是贬官的安葬。唐代贬官因身陷贬地，久不召回，或因染上疾病而死于流贬之所的，政府允许其亲友收其遗骨归葬故土。大历十四年敕：“如闻士庶在外身亡，将榇还京，多被所司不放入城，自今以后，不须止遏。”①建中三年正月敕：“诸流贬之人及左降官身死，并许亲属收之，本贯殡葬。”②大中三年六月又有：“先经流贬罪人殁于贬所，有情非恶逆，任经刑部陈牒许归葬。绝远之处，仍量事给棺槥。”③终唐之世，这项政策都未曾改变，它让这些流贬官员最终能够尸骨还家，为这严酷的流贬官制度增添了最后一抹温情的色彩。

第二节　贬官的政治约束与经济待遇

官员被贬，一方面，随着官职品级的降低，其俸禄也会出现相应的变化，并在唐代前后期呈现出不同的状态；另一方面，贬官罪人的身份使得其无论是否还是官员、还享有俸禄，都会受到诸多的约束，有的甚至还会受到当地蛮族或地方官员的迫害。朝廷对贬谪官员的政治约束与经济待遇调整显然会给贬谪官员的生活与心理带来极大的影响。本节就贬谪官员到达贬所之后的政治、经济状况进行分析，以便我们更为全面地理解贬谪制度及其在此制度之下生活的贬谪文人。

一、贬官的政治约束

正因为贬谪官员的罪人身份，贬官在贬地可能经常会受到当地官员的欺凌甚

① （宋）王溥撰，牛继清校证：《唐会要校证》卷三八《葬》，三秦出版社 2012 年版，第 596 页。

② （宋）王溥撰，牛继清校证：《唐会要校证》卷四一《左降官及流人》，三秦出版社 2012 年版，第 630 页。

③ （宋）王溥撰，牛继清校证：《唐会要校证》卷四一《左降官及流人》，三秦出版社 2012 年版，第 633 页。

至杀害。天宝六载，酷吏罗希奭“自青州如岭南，所过杀迁谪者”，宜春太守李适之闻其至，“仰药自杀”，道州别驾王琚“仰药不死”，自缢①。有时因为被贬之人的特殊身份，贬官也会受到当地官员的保护。《旧唐书·崔光远传》载：“中宗为庐陵王，安置在州，官吏多无礼度，（崔）敬嗣独以亲贤待之，供给丰赡，中宗深德之。及登位，有益州长史崔敬嗣，既同姓名，每进拟官，皆御笔超拜之者数四。后引与语，始知误宠。访敬嗣已卒，乃遣中书令韦安石授其子汪官。”②《旧唐书》卷一八五下《良吏下》也同样记载了此事：“中宗以庐陵王安置房州，制约甚急。知謇与董玄质、崔敬嗣相次为刺史，皆保护，供拟丰赡，中宗德之。”③正因为有崔敬嗣、知謇与董玄质在房州对中宗相次不间断的供养与保护，中宗才能够较为轻松、平安地在贬地过渡，一直到被召回朝。这也从侧面反映出，一般的普通官员若无特殊身份，被贬之后罪人的身份很有可能会让其在贬地遭至许多无妄的折磨与伤害。

除去贬降者，流放官员的政治待遇之差更是有过之而无不及。《唐律疏议》云：“犯五流之人，有官爵者，除名，流配，免居作。”④流放官员除了像一般的贬谪官员一样没有人身自由，还要劳作，有时还要遭到朝廷或是其他官员的杀害，人身安全处于极大的威胁之中。《唐会要》“贬降官与流人”条有：“其年（元和）十月敕：‘自今以后，流人不得因事差使离本处。’”⑤可见，流放官员人身不自由。《旧唐书·宇文融传》载：宇文融配流岩州，“地既瘴毒，忧恚发疾，遂诣广府，将停留未还。都督耿仁忠谓融曰：‘明公负朝廷深谴，以至于此，更欲故犯严命，淹留他境，仁忠见累，诚所甘心，亦恐朝廷知明公在此，必不相容也。’

① （宋）司马光编著：《资治通鉴》卷二一五，中华书局1956年版，第6994页。

② （后晋）刘昫等撰：《旧唐书》卷一一一《崔光远传》，中华书局1975年版，第3317页。

③ （后晋）刘昫等撰：《旧唐书》卷一八五下《良吏下》，中华书局1975年版，第4809页。

④ 刘俊文笺解：《唐律疏议笺解》卷二《应议请减（赎章）》，中华书局1996年版，第135页。

⑤ （宋）王溥撰，牛继清校证：《唐会要校证》卷四一《左降官及流人》，三秦出版社2012年版，第632页。

融遽还，卒于路。”①宇文融本因生病欲暂留广府休养，但却被都督耿仁忠苦心劝走，其原因便是害怕朝廷知道宇文融淹留他境而受处罚，最终宇文融只能带病离开，最后死于贬途。流官到达流所之后，人身安全也依然没有办法保证，武后时，韦玄贞被流放钦州，玄贞死后，蛮族首领宁承基兄弟逼娶其女，玄贞妻拒绝，最终妻子与四个儿子全部被杀②。至德二载，尚书工部侍郎韦述流放渝州，渝州刺史薛舒将其困辱至死③。更不要说有的时候，流放之人还有可能遭到朝廷大规模地屠杀。最有名的如长寿二年，有人诬告岭南流人谋反，武则天派人往广州推按此事，“国俊至广州，尽召流人，矫诏赐自尽，皆呼哭不服，国俊驱就水曲，使不得逃，一日戮三百余人”④。其后，武则天又派刘光业、王德寿等酷吏分别按察诸道流人，“光业等以国俊多杀蒙赏，争效之，光业杀七百人，德寿杀五百人，自余少者不减百人，其远年杂犯流人亦与之俱毙”⑤。可见，相对于贬官而言，流官在流所的政治环境更差，不仅仅是人身自由受限，更是生命安全随时遭遇威胁。

二、贬官在贬所的经济待遇

唐代官员的经济收入主要包括职田、禄米、俸料、杂用及课钱等。关于贬谪官员的经济收入，我们主要探讨禄米及俸料，因为这两项乃是构成唐代官员收入最重要的部分。

贬官虽然戴罪，但因为有官职在身，所以有相应的经济收入。贬官的经济收入体现在禄米与料钱两方面。首先来看贬谪官员的禄米。禄米指的是按照官员的品级发放给官员的粮食，唐代不同时期官员的禄米数额都有变动，且京官和地方官员之间，禄米发放也有区别。

---

① （后晋）刘昫等撰：《旧唐书》卷一〇五《宇文融传》，中华书局1975年版，第3221～3222页。

② （宋）司马光编著：《资治通鉴》卷二〇八，中华书局1956年版，第6720页。

③ （后晋）刘昫等撰：《旧唐书》卷一〇二《韦述传》，中华书局1975年版，第3184页。

④ （宋）欧阳修、宋祁撰：《新唐书》卷七六，中华书局1975年版，第3482页。

⑤ （宋）司马光编著：《资治通鉴》卷二〇五，中华书局1956年版，第6606页。

《通典》中《职官十七·禄秩》中记载了贞观的给禄标准：

> 京官正一品，七百石。从一品，六百石。正二品，五百石。从二品，四百六十石。正三品，四百石，从三品，三百六十石。正四品，三百石。从四品，二百六十石。正五品，二百石。从五品，一百六十石。正六品，一百石。从六品，九十石。正七品，八十石。从七品，七十石。正八品，六十七石。从八品，六十二石。正九品，五十七石。从九品，五十二石。诸给禄者，三师、三公及太子三师、三少，若在京国诸司文武官职事九品以上并左右千牛备身左右、太子千牛，并依官给。其春夏二季春给，秋冬二季秋给。①

相对于京官而言，唐初期“外官卑品，犹未得禄”②，也就是说，外官品位低者并没有相应的禄米收入，针对这种情况，贞观八年，中书舍人高季辅上书言曰：“既离乡井，理必贫煎。但妻子之恋，贤达犹累其怀；饥寒之切，夷、惠罕全其行。为政之道，期于易从。若不恤其匮乏，唯欲励其清俭，凡在末品，中庸者多，止恐巡察岁出，輶轩继轨。不能肃其侵渔，何以求其政术？今户口渐殷，仓廪已实，斟量给禄，使得养亲。然后督以严科，责其报效，则庶官毕力，物议斯允。”③高季辅提倡给予低品位外官一定的禄米，这一建议应该是得到了太宗的应允，《通典》中记载：“其在外文武官九品以上准官皆降京官一等给”④，并规定了降等的等级差别：“诸给禄应降等者，正从一品各以五十石为一等，二品三品皆以三十石为一等，四品五品皆以二十石为一等，六品七品皆以五石为一等，八品九品皆以二石五斗为一等。”⑤根据这一规定，我们可总结出唐代贞观年间京官

① （唐）杜佑撰：《通典》卷三五《职官十七·禄秩》，中华书局1984年版，第200页。

② （宋）王溥撰，牛继清校证：《唐会要校证》卷九〇《内外官禄》，三秦出版社2012年版，第1411页。

③ （宋）王溥撰，牛继清校证：《唐会要校证》卷九〇《内外官禄》，三秦出版社2012年版，第1411页。

④ （唐）杜佑撰：《通典》卷三五《职官十七·禄秩》，中华书局1984年版，第200页。

⑤ （唐）杜佑撰：《通典》卷三五《职官十七·禄秩》，中华书局1984年版，第200页。

与外官具体的禄米收入，如表 4-1：

表 4-1　唐代贞观年间京官、外官禄米收入　　单位：石

	一品（正、从）	二品（正、从）	三品（正、从）	四品（正、从）	五品（正、从）	六品（正、从）	七品（正、从）	八品（正、从）	九品（正、从）
京官	700 600	500 460	400 360	300 260	200 160	100 90	80 70	67 62	57 52
外官	650 550	470 430	370 330	280 240	180 140	95 85	75 65	64.5 59.5	54.5 49.5

根据这个表格，我们可以清楚贞观年间京官外官具体的禄米收入。《通典·禄秩》："内外员外官同正员者，禄料赐会食料一事以上，并同正员。其不同正员者，禄赐食料亦同正员，余各给半。职田并不给。"①可见，贞观年间，被贬为正员官或员外官同正员官者，其禄米与正员官相同，而被贬为员外官的，禄米却只有正员官的一半。这样的禄料制度一直延续到玄宗开元二十六年，表 4-1 亦为至开元之前朝廷公行之禄米制度。到天宝年间，官员禄米额与贞观时期相比略有变化，主要是八、九品官员的禄米额数稍有减少，但整体而言与贞观年间的禄米收入是大致相当的。根据黄惠贤和陈锋所著《中国俸禄制度史》统计，玄宗天宝间的京官、外官禄米收入如表 4-2 所示：

表 4-2　唐代天宝间京官、外官禄米收入　　单位：石

	一品（正、从）	二品（正、从）	三品（正、从）	四品（正、从）	五品（正、从）	六品（正、从）	七品（正、从）	八品（正、从）	九品（正、从）
京官		500 460	400 360	330? 260	200 160	100 90	80 70	60 55	55? 50
外官		470 430	370 330	280? 240	180 140	95 85	75 65	57.5 52.5	52.5? 47.5

（资料据黄惠贤、陈锋撰《中国俸禄制度史》第 166~167 页）

① （唐）杜佑撰：《通典》卷三五《职官十七·禄秩》，中华书局 1984 年版，第 201 页。

显然，除了八、九品官员的禄米收入与贞观年间稍有差别，天宝年间的禄米收入与贞观年间是大致相同的。这一制度一直到肃宗至德之后才有了新的变动。至德中，唐王朝处于激烈的动荡之中，肃宗着力于收复两京，庞大的军费开支使得肃宗不得不削减官员的俸禄开支。至德二年，外官给半禄。乾元元年肃宗下发诏令："以常赋不给，内外官俸禄各减其半。"①待安史之乱结束之后，这种情况才逐渐恢复，到唐代后期，官员的禄米收入甚至大幅度提升。元和五年，白居易从左拾遗迁京兆府户曹有诗"廪禄二百石，岁可盈仓囷"②，京兆府户曹为正七品下，每月可以有两百石的禄米，这个相当于唐代前期五品官员的收入，非常丰厚可观。由此，我们可以清楚唐代官员禄米收入的情况，整体而言，外官禄米收入要少于京官，官员若被贬为外官，经济收入一定会降低，而这也是造成贬官痛苦的原因之一。

以上是唐代官员的禄米收入。禄米之外，唐代官员还有一项非常重要的收入，即俸钱。唐代官员的俸钱收入也经历了几个不同时期的变化，根据刘海峰考察，主要有贞观制、乾封制、开元制、大历制、贞元制、会昌制③。这六个阶段的变化又可以分为唐前期三种，唐后期三种。唐前期即贞观初年、乾封元年、开元二十四年，唐后期三种即大历十二年、贞元四年与会昌年间。现据其统计，将唐前期几次俸禄列表如表4-3所示：

表4-3 唐前期京官月俸表 单位：文

品级 / 月俸 / 年代	一	二	三	四	五	六	七	八	九	资料来源
贞观初	6800	6000	5100	4200	3600	1600	2400	1600	1300	《通典》卷19
乾封元年	11000	9000	6000	4200	3600	2400	2100	1850	1500	《新唐书》卷55
开元二十四年	31000	24000	17000	11867	9200	5300	4050	2475	1817	《册府元龟》卷505

（资料据刘海峰《论唐代官员俸料钱的变动》第19页）

① （唐）杜佑撰：《通典》卷三五《职官十七·禄秩》，中华书局1984年版，第201页。

② （唐）白居易撰，顾学颉校点：《白居易集》卷五《初除户曹喜而言志》，中华书局1979年版，第98页。

③ 刘海峰：《论唐代官员俸料钱的变动》，《中国社会经济史研究》1985年第2期。

显然，从贞观到乾封再到开元年间，京官的俸钱逐渐增多。这一方面是因为唐初期的俸制较简约，俸钱数额不包括防阁庶仆代役钱，《通典》卷十九记载“其干力及防阁庶仆并别给”①，而开元制中，俸钱却包括了防阁庶仆钱。另一方面，贞观年间官员俸钱的来源是官府高利贷公廨本钱的利息，数量有限，而永徽到乾封之后，户税开始征收，并成为俸钱比较可靠的来源。此外，乾封年间，重铸“乾元重宝”使得货币贬值、物价踊贵，因此也导致了京官月俸的提高。至于唐前期外官的收入，史籍中并没有明确记载唐代地方官的俸禄，但却给出了相应的计算原则：“外官则以公廨田收及息钱等，常食公用之外，分充月料，先以长官定数，其州县少尹、长史、司马及丞，各减长官之半。尹、大都督府长史、副都督、别驾及判司准二佐，以职田数为加减，其参军及博士减判司、主簿县尉减县丞各三分之一。”②也就是说，唐代前期地方官的收入并不是像京官按照品级高下来进行发放，其来源是公廨本钱的田租及利息收入，根据这个收入再分成相应的份额，计算外官收入。梁瑞根据这一方法得出了玄宗开元天宝时期州县官的月俸收入。如表 4-4 所示：

表 4-4　唐玄宗开元天宝时期州县官月俸表　　单位：贯

品阶	地方官	正员月俸	员外月俸
从三	上州刺史	22 贯 92 文	11 贯 46 文
正四上	中州刺史	16 贯 35 文	8 贯 17 文
正四下	下州刺史	12 贯 731 文	6 贯 365 文
正五下	别驾(中)	11 贯 225 文	5 贯 112 文
正六上	长史(中)	8 贯 17 文	4 贯 8 文
正六下	司马(中)	8 贯 17 文	4 贯 8 文
正八下	参军(中)	4 贯 810 文	2 贯 405 文
从六上	上县县令	19 贯 41 文	8 贯 70 文
正七上	中县县令	15 贯 523 文	7 贯 761 文

① (唐)杜佑撰:《通典》卷一九《职官一・禄秩》，中华书局 1984 年版，第 111 页。
② (唐)杜佑撰:《通典》卷三五《职官十七・禄秩》，中华书局 1984 年版，第 201 页。

续表

品阶	地方官	正员月俸	员外月俸
从七上	中下县令	10 贯 876 文	5 贯 438 文
从七下	下县县令	10 贯 876 文	5 贯 438 文

（资料据梁瑞《唐代流贬官研究》第 165 页）

再结合前文玄宗开元二十四年京官的俸禄列出对比便可发现，此时京官俸禄还不如地方官的俸禄高。这一情形，在梁瑞《唐代流贬官研究》所制表（表 4-5）中体现得非常明显：

表 4-5　唐玄宗开元时期京官与州县官月俸对照表　　单位：贯

品阶	地方官	正员月俸	员外月俸	京官	月俸
从三	上州刺史	22 贯 92 文	11 贯 46 文	御史大夫	17 贯
正四上	中州刺史	16 贯 35 文	8 贯 17 文	吏部侍郎	11 贯 867 文
正四下	下州刺史	12 贯 731 文	6 贯 365 文	刑部侍郎	11 贯 867 文
正五下	别驾（中）	11 贯 225 文	5 贯 112 文	尚书侍郎	9 贯 200 文
正六上	长史（中）	8 贯 17 文	4 贯 8 文	太子舍人	5 贯 300 文
正六下	司马（中）	8 贯 17 文	4 贯 8 文	太子文学	5 贯 300 文
正八下	参军（中）	4 贯 810 文	2 贯 405 文	内府局令	2 贯 550 文
从六上	上县县令	19 贯 41 文	8 贯 70 文	员外郎	5 贯 300 文
正七上	中县县令	15 贯 523 文	7 贯 761 文	四门博士	4 贯 50 文
从七上	中下县令	10 贯 876 文	5 贯 438 文	九寺主簿	4 贯 50 文
从七下	下县县令	10 贯 876 文	5 贯 438 文	国子监主簿	4 贯 50 文

（资料据梁瑞《唐代流贬官研究》第 165 页）

从表中可以见出，京官的官俸普遍低于外官的官俸。也就是说，这一时期的贬官，虽然身遭贬谪，但经济上并无太大的负担。

安史之乱以后，由于用兵，国家财政困难，“京师百寮，俸钱减耗”①，代宗时，京官俸钱甚至到不能自给的地步。《资治通鉴》记载：“元载以仕进者多乐京师，恶其逼己，乃制俸禄，厚外官而薄京官，京官不能自给，常从外官乞贷。”②元载去世以后，“杨绾、常衮奏京官俸太薄，己酉，诏加京官俸，岁约十五万六千馀缗”③。根据《唐会要》记载，大历十二年，经过杨绾、常衮的请增京官俸禄之后，京官俸禄有了很大的提升，如表4-6所示。

表4-6　大历京官月俸表　　单位：贯

职事官	品级	月俸
三师	正一品	120
三公	正一品	120
左右仆射	从二品	80
侍中	正三品	120
中书门下侍郎	正三品	100
六尚书	正三品	60
御史大夫	从三品	60
诸司侍郎	正四品	45
国子司业	从四品	30
给事中	正五品	45
郎中	从五品	45
侍御史	从六品	25
四门博士	正七品	12
殿中侍御史	从七品	20
协律郎	正八品	4.075
拾遗	从八品	12
校书郎	正九品	6
诸总监主簿	从九品	1.917

（根据《册府元龟》卷五〇六《邦计部》统计）

① （宋）司马光编著：《资治通鉴》卷二二三，中华书局1956年版，第7284页。
② （宋）司马光编著：《资治通鉴》卷二二五，中华书局1956年版，第7362页。
③ （宋）司马光编著：《资治通鉴》卷二二五，中华书局1956年版，第7362页。

从以上可知，大历时京官的俸钱的确较开元时有很大的增长。那么，这一时期外官俸钱如何呢？据《唐会要》卷九一、《册府元龟》卷五〇六载，这一时期外官的俸钱有了明确的规定。大历十二年五月，中书门下奏定："州县官给料，（上州）刺史八十贯文；别驾五十五贯文；长史、司马各五十贯；录事参军四十贯；判司三十贯；参军、博士各一十五贯；录事县令等各一十三贯。（上县）县令四十贯；丞三十贯；簿、尉各二十贯……其中州、中县已下，三分减一分。"①据此，可列出大历年间京官与外官的月俸对照表如表4-7所示：

表4-7　大历中京官、外官月俸对照表　　单位：贯

地方官	俸禄	京官	品阶	大历俸料
上州刺史（从三）	80贯	御史大夫	从三品	60贯
中州刺史（正四上）	53贯333文	诸司侍郎	正四品上或下	45贯
下州刺史（正四下）	35贯555文	太子左右庶子	正四品上或下	40贯
上州别驾（从四下）	55贯	国子司业	从四下	30贯
上州长史（从五上）	50贯	诸司郎中	从五上	25贯
上州司马（从五下）	50贯	大理正	从五下	20贯
上州判司（从七下）	30贯	国子监主簿	从七下	10贯
上县令（从六上）	40贯	诸司员外郎	从六品上	18贯
中县令（正七下）	27贯777文	四门博士	正七品上	12贯
中下县令（从七上）	17贯911文	左右补阙	从七品上或下	15贯
下县令（从七下）	11贯941文	御史台主簿	从七品下	15贯
上县丞（从八上）	30贯	左右拾遗	从八上	12贯
上县尉（从九上）	20贯	尚书主事	从九上	4贯175文

（根据梁瑞《唐代流贬官研究》第167页统计）

从表4-7可以看出，大历十二年的京官月俸改革虽使官员月俸大增，但却并没有使京官月俸高于外官，绝大部分的京官月俸钱仍是低于外官收入的。《新唐

① （宋）王溥撰，牛继清校证：《唐会要校证》卷九一《内外官料钱上》，三秦出版社2012年版，第1419页。

书》卷一三九《李泌传》这样描写当时京官与外官俸钱之间的反差："是时，州刺史月奉至千缗，方镇所取无艺，而京官禄寡薄，自方镇入八座，至谓罢权。薛邑由左丞贬歙州刺史，家人恨降之晚。崔佑甫任吏部员外，求为洪州别驾。使府宾佐有所忤者，荐为郎官。其当迁台阁者，皆不赴取罪去。"①为了俸钱，官员甚至求外出，或取罪外出，可见此时京官与外官官俸差距造成的影响之大。在这样的情形下，德宗贞元三年六月，李泌奏请增加百官俸料钱，"泌以为外太重，内太轻，乃请随官闲剧，普增其奉，时以为宜"②。由此贞元四年，京官俸钱又一次大幅提升，具体如表4-8所示。

表4-8 贞元中京官、外官月俸对照表 单位：贯

地方官	俸禄	京官	品阶	大历俸料
上州刺史(从三)	80贯	御史大夫	从三品	100贯
中州刺史(正四上)	53贯333文	诸司侍郎	正四品上或下	80贯
下州刺史(正四下)	35贯555文	太子左右庶子	正四品上或下	70贯
上州别驾(从四下)	55贯	国子司业	从四下	65贯
上州长史(从五上)	50贯	诸司郎中	从五上	50贯
上州司马(从五下)	50贯	大理正	从五下	40贯
上州判司(从七下)	30贯	国子监主簿	从七下	
上县令(从六上)	40贯	诸司员外郎	从六品上	40贯
中县令(正七下)	27贯777文	四门博士	正七品上	25贯
中下县令(从七上)	17贯911文	左右补阙	从七品上或下	35贯
下县令(从七下)	11贯941文	御史台主簿	从七品下	30贯
上县丞(从八上)	30贯	左右拾遗	从八上	30贯
上县尉(从九上)	20贯	尚书主事	从九上	20贯

(根据梁瑞《唐代流贬官研究》第167页统计)

① (宋)欧阳修、宋祁撰：《新唐书》卷一三九《李泌传》，中华书局1975年版，第4635页。
② (宋)欧阳修、宋祁撰：《新唐书》卷一三九《李泌传》，中华书局1975年版，第4635页。

这一次，在不考虑外官其他收入的情况下，京官的俸钱收入确实高过了外官，显然是这次俸钱改革的成果。不过这却并不代表京官的俸钱就一定高于地方官，陈寅恪先生在其《元白诗中俸料钱问题》一文中言："唐代中晚以后，地方官吏除法定俸料之外，其他不载于法令，而可以认为正当之收入者，为数远在中央官吏之上。"①史籍中对官员俸钱有记载的如白居易，元和十年(815)，白居易被贬江州，其在《与元九书》中有："今虽谪佐远郡，而官品至第五，月俸四五万。"②根据前文统计的唐代贞元年间的外官俸禄可知，白居易作为一个上州司马，其月俸为五十贯，与其文章所言吻合。而这却与白居易在三年后即元和十三年七月所作的《江州司马厅记》中的记载有出入："案《唐典》：上州司马，秩五品，岁廪数百石，月俸六七万。"③对于这两处俸钱记载的不同，陈寅恪先生认为："鄙意乐天两文所以互异之故，实由《与元九书》中江州司马月俸之数，乃其元和十年初冬始到新任时，仅据官书纸面一般通则记载之定额而言，其时尚未知当日地方特别收入之实数。至元和十三年秋，作《江州司马厅记》时，则莅任已行将四年，既知地方特别规定指常额，较之《与元九书》中所言，更宜可信。"④显然，地方官除了特定的月俸收入之外，还有地方上的额外公廨钱的收入，像白居易这样，虽然被贬江州刺史，但其收入其实很可观，生活相对来说也是比较舒适的。也就是说，到元和年间，有些地方上官的月俸收入是高于京官的。

当然，若是被贬为员外官，那么，其收入又会与正员官有所区别。《新唐书·食货志》载："员外官、检校、判、试、知给禄料食粮之半。"⑤也就是说，员外官的俸禄只有正员官俸禄的一半。而若碰上战争或饥荒，官员被贬为外官则可能连平时的俸钱都拿不到，更不要说额外的收益了。如杜甫在至德二载被贬为华州司功参军，当时正处于战乱时期，《新唐书·食货志五》有："至德初，以用物

① 陈寅恪撰：《金明馆丛稿二编》，上海古籍出版社1980年版，第69页。

② (唐)白居易撰，顾学颉校点：《白居易集》卷四五《与元九书》，中华书局1979年版，第964页。

③ (唐)白居易撰，顾学颉校点：《白居易集》卷四三《江州司马厅记》，中华书局1979年版，第933页。

④ 陈寅恪撰：《金明馆丛稿二编》，三联书店2001年版，第75页。

⑤ (宋)欧阳修、宋祁撰：《新唐书》卷五五《食货志五》，中华书局1975年版，第1396页。

不足，内外官不给料钱，郡府县官给半禄及白直、品子课。”①而杜甫，因华州被叛军攻陷，甚至只有一个虚职，这样的情形下，杜甫描写他的生活为“自负薪采梠，儿女饿殍者数人”②，可见其穷困程度。

此外，在一些特殊情况下，贬官在贬地的经济情况也会非常不错。如李邕，《太平御览》有：“李邕尤长碑颂，虽贬职在外，中朝衣冠及天下寺观，多赍持金帛往求其文，前后所制凡数百首，受纳馈遗亦至巨万。时议以为自古鬻文获财，未有如邕者。”③因为有擅写碑文这个特长，李邕虽在贬地，但受纳馈遗亦至巨万，物质生活可谓优渥。有的皇子被贬，还有可能会得到当地官员的供养，物质生活也会比较舒适，如中宗以庐陵王安置房州，就曾被董玄质、崔敬嗣相次保护，供拟丰赡。不过，这种情况只是贬官中非常少见的一种情形，大部分情形下，官员由京官被贬为地方官，无论其俸禄是降低还是不降反增，对贬官来说都是一种打击，这一点尚永亮先生在其《唐五代诸臣与贬谪文学研究》一书中曾详细论及，这里不再赘述。外官纵然俸禄优厚，但对于贬官来说，离开政治中心，失去有所作为的机会才是最大的打击。

以上探讨了贬官的禄米及俸钱，对于流放官员而言，《唐律疏议》云：“犯五流之人，有官爵者，除名，流配，免居作。”④除名即官爵悉除，也就是说凡被流放的官员从此失去官员的身份，当然也不会有任何的经济待遇，国家不会再给他们发放俸禄。而他们流放所需要的衣粮，则主要由家里供给。据梁瑞所引唐代《狱官令》：“诸流人至配所居作者，并给官粮(原注：加役流准此)。若去家悬远绝饷及家人未知者，官给衣粮，家人至日，依数征纳(原注：其见囚绝饷者，亦准此)。”⑤国家可能先给你垫衣粮钱，但最终这部分钱还是要由家人依数交纳。

---

① （宋）欧阳修、宋祁撰：《新唐书》卷五五《食货志五》，中华书局1975年版，第1400页。

② （后晋）刘昫等撰：《旧唐书》卷一九〇下《文苑下·杜甫传》，中华书局1975年版，第5054页。

③ （宋）李昉等编纂：《太平御览》卷五八九《文部五·碑》，中华书局1960年影印本，第2652页。

④ 刘俊文笺解：《唐律疏议笺解》卷二《应议请减(赎章)》，中华书局1996年版，第135页。

⑤ 雷闻：《唐开元狱官令复原研究》，天一阁博物馆、中国社会科学院历史研究所：《天一阁藏明抄本天圣令校证(附唐令复原研究)》，中华书局2006年版，第649页。

唐代，大多数时候，官员即是自己家庭的经济来源，若官员流放，由家人交纳费用便会比较艰难，官员若是带着全家流放，经济开销则更大，家人替其交纳生活费则更不可能。《旧唐书·卢钧传》中记载：“自贞元以来，衣冠得罪流放岭表者，因而物故，子孙贫悴，虽遇赦不能自还。”①可见流官的贫穷程度，他们的子孙即使想要返回家乡，连回去的路费都难以筹措。卢钧任岭南节度使，因其“性仁恕”，因此在当时以自己的俸钱接济流人“凡数百家”，给其“医药殡殓”②。正因为流官的生活状况如此恶劣，因此有的流官宁愿铤而走险，走上逃亡的道路。《唐律疏议·捕亡律》载：“诸流徒囚役限内而亡者(原注：犯流、徒应配及移乡人未到配所而亡者，亦同)，一日笞四十，三日加一等；过杖一百，五日加一等。”疏曰：“注云犯流、徒应配及移乡人未到配所而逃亡者，各与流徒囚役限内而亡同罪，一日笞四十，三日加一等，十九日合杖一百。过杖一百，五日加一等，五十九日流三千里。”③依律，流放官员逃亡后依旧要处以流刑，但事实上，流放官员逃归往往被处以死刑。如延载元年(694)左台侍御史王弘义流琼州，逃至邓州，被岭南巡察使胡元礼所捕，“搒杀之”④。永昌元年(689)，徐敬业之弟徐敬真自岭南绣州逃归，“将奔突厥，过洛阳，洛阳司马弓嗣业、洛阳令张嗣明资遣之，至定州，为吏所获”⑤，徐敬真与张嗣明等一起被诛。可见逃归流官基本上是走上了不归路。当然，也有极少数的例外情况，在流放逃归之后不会被杀，如裴伷先。《新唐书·裴伷先传》载裴伷先为谏武则天还政激怒武后，长流瀼州之后：

> 岁余，逃归，为吏迹捕，流北廷。无复名检，专居贿，五年至数千万。娶降胡女为妻，妻有黄金、骏马、牛羊，以财自雄。养客数百人，自北庭属京师，多其客，诇候朝廷事，闻知十常七八。时补阙李秦授为武后谋曰：

① (后晋)刘昫等撰：《旧唐书》卷一七七《卢钧传》，中华书局1975年版，第4592页。

② (后晋)刘昫等撰：《旧唐书》卷一七七《卢钧传》，中华书局1975年版，第4592页。

③ 刘俊文笺解：《唐律疏议笺解》卷二八《捕亡律》，中华书局1996年版，第135、1975~1976页。

④ (后晋)刘昫等撰：《旧唐书》卷一八六上《酷吏上·王弘义传》，中华书局1975年版，第4847页。

⑤ (宋)司马光编著：《资治通鉴》卷二〇四，中华书局1956年版，第6574页。

> “谶言‘代武者刘’，刘无强姓，殆流人乎？今大臣流放者数万族，使之叶乱，社稷忧也。”后谓然，夜拜秦授考功员外郎，分走使者，赐墨诏，尉安流人，实命杀之。伷先前知，以橐它载金币、宾客奔突厥，行未远，都护遣兵追之，与格斗，为所执，械系狱，以状闻。会武后度流人已诛，畏天下姗诮，更遣使者安抚十道，以好言自解释曰：“前使使尉安有罪，而不晓朕意，擅诛杀，残忍不道，朕甚自咎。今流人存者一切纵还。”繇是伷先得不死。①

裴伷先从瀼州逃归之后又被流放北庭，在北庭期间，恰逢武则天遣酷吏诛杀流人，裴伷先逃走，后被抓回，还未被杀，武则天因“畏天下姗诮”，又下令放还十道流人，于是裴伷先幸免一死。但很显然，裴伷先作为逃走的流人而未被诛杀，是有很大的运气成分的，一般流人逃归则不会有这么好的结局。可见，与贬官相比，流放官员不再享受国家的任何经济待遇，其生活需要自给，经济的困窘使得流官的生活更为艰难、痛苦，甚至铤而走险，走上不归路。

第三节　贬官的迁转与量移

官员被贬之后会有相应的迁转机制，由此获得重新做官的机会，量移就是其中之一种。唐代文献中时常能看到量移的字样，如白居易《自题》中“一旦失恩先左降，三年随例未量移”，韩愈有诗《从潮州量移袁州，张韶州端公以诗相贺，因酬之》，李白有《见京兆韦参军量移东阳二首》，刘长卿有《初闻贬谪，续喜量移，登干越亭赠郑校书》等诗作。史籍中也有大量关于官员量移的记载，最为人所熟知的如中晚唐朝廷对刘、柳诸人“纵缝恩赦，不在量移之限”的规定。唐代赦书中也有大量关于流贬官量移的规定，玄宗时《迎气东郊推恩制》中便有“其左降官及流移配隶安置罚镇效力之类，并宜量移近处”②的说法，可见量移是一种非常常见的流贬官后续处置方式。那么，唐代贬官具体有哪些迁转方式，就量移

① （宋）欧阳修、宋祁撰：《新唐书》卷一一七《裴伷先传》，中华书局1975年版，第4250页。

② 《全唐文》卷二三《迎气东郊推恩制》，中华书局1983年影印本，第268~269页。

而言，其出现在何时？对象如何？这种制度在唐代究竟是如何实施的？流官与贬官的量移又有哪些不同之处？这些问题都是我们本节要详细阐述的。

一、流官的迁转与量移

官员流放之后，往往要在流所呆一定的时间，之后才能被放还。到唐后期，流官被直接放还的例子已经非常少见，大部分官员的迁转要通过量移或帝王征召来实现。

唐代，流放官员经过六年之后是可以获得刑满释放的权利的。太宗贞观十五年(641)四月敕："犯反逆免死配流人，六岁之后，仍不听仕"①，可见，非犯反逆之罪的流官，六年之后是可以重新出仕的。《唐律疏议·犯流应配》条有："应选者，须满六年，故令云：'流人至配所，六载以后听仕。'反逆缘坐流及因反、逆免死配流，不在此例。即本犯不应流而特配流者，三载以后听仕。"②这说明一般流官在流放六年之后可以有出仕的资格，而从"听仕"二字可以知道，流官六年之后刑满释放是可以重新获得入仕资格而不是六年之后马上便可以获得新的官职，一般而言，流放官员释放还都要先归还故里，经过一段时间之后才可以通过参加吏部的选拔而重新入仕。如太宗《即位赦诏》中："自武德九年八月九日昧爽以前，罪无轻重，已发觉未发觉，系囚见徒，悉从原免。武德元年以来流配者，并放还。"③高宗的《改元弘道诏》中也有："前后责情流人并放还。"④两道诏书都是对流人放还的规定，而不是直接授予官职，从放还故里到重新为官一般需要一定的时间。如贞观二十二年，流放象州的薛万彻会赦得还，到永徽二年才授宁州刺史。在这样的规定下，虽然流放官员要经过一段时间才可再次为官，但这已经是值得流官们期待的恩赦方式了，很多时候，流人的流放时间甚至要超过六年。

在唐代，某些特殊地域的流官便要在流放之地待不止六年的时间，有的还是长流，即永不放还。如元和六年(811)，刑部侍郎、充盐铁转运使王播上言：

---

① (宋)王溥撰，牛继清校证：《唐会要校证》卷四一《左降官与流人》，三秦出版社2012年版，第629页。

② 刘俊文笺解：《唐律疏议笺解》卷三《犯流应配》，中华书局1996年版，第256页。

③ (宋)宋敏求编：《唐大诏令集》卷二，中华书局2008年版，第6页。

④ (宋)宋敏求编：《唐大诏令集》卷三，中华书局2008年版，第15页。

“流人会赦而归，独配囚为隔，遂无还者，请率以七岁为竟。”①也就是说，在元和六年之前，流刑犯在流所是会超过七年不量移的，因此王播才会上书希望以后改以七岁为期限。而流放到天德军戍边的流人的流放期限甚至可以长达十年之久。大中四年(850)，宣宗诏敕：“徒流人比在天德者，以十年为限，既遇鸿恩，例减三年。但使循环添换，边不阙人，次第放归，人无怨苦。其秦、原、威、武诸州、诸关，先准格徒流人，亦量与立限，止于七年，如要住者亦听。”②同年十一月，宣宗又敕令：“收复成、维、扶等三州，建立已定，条令制置，一切合同。其已配到流人，宜准秦、原、威、武等州流人例，七年放还。”③流放天德戍边的流人因为有职责在身常常被流放长达十年之久，因为时间太长因此宣宗两次下令希望改以七年为限。至于长流之人，则根本没有重新踏上仕途的机会，乾封元年(666)，唐高宗泰山封禅之后大赦，规定“长流人不许还”，长流剑南的李义府听到此消息后忧惧发愤而死④。可见朝廷对流放官员的处罚之严厉，六年只是一种文字上的规定，实际上有的流人甚至终生留在流放地，生儿育女，老死于此。史籍中记载的流人按时放还的例子非常少见，且越到唐代后期，流官的迁转途径越主要通过量移实现，量移成为流官恩赦进入官职系统最重要的方式。

关于量移出现的时间，清人顾炎武的说法最为人们所熟知，即认为量移最早出现在开元二十年，这一时间上的错误近年来已逐渐为人辨明。事实上，早在开元十一年(723)张九龄所撰《南郊赦书》中便有：“自开元十一年十一月十六日昧爽已前……其左贬官，非逆人五服内亲，及犯赃贿名教者，所司责勘奏闻，量移近处。”⑤其次，开元十七年的《谒五陵大赦文》中亦有：“自开元十七年十一月二十二日昧爽已前……其反逆缘坐长流及戍奴，量移近处，编附为百姓。左降官量

① 《全唐文》卷七一四《故丞相尚书左仆射赠太尉太原王公神道碑铭(并序)》，中华书局1983年影印本，第7336页。

② (宋)王溥撰，牛继清校证：《唐会要校证》卷四一《左降官与流人》，三秦出版社2012年版，第633页。

③ (宋)王溥撰，牛继清校证：《唐会要校证》卷四一《左降官与流人》，三秦出版社2012年版，第633页。

④ (后晋)刘昫等撰：《旧唐书》卷八二《李义府传》，中华书局1975年版，第2770页。

⑤ (宋)宋敏求编：《唐大诏令集》卷六八《开元十一年南郊赦》，中华书局2008年版，第380~381页。

移近处。”①可见，有确切记载的量移早在开元十一年便已经出现了。那么，量移的对象如何呢？唐代，皇帝的诸多赦宥诏令中，言及量移大多是流人与贬官同时提及的，如玄宗《迎气东郊推恩制》中“其左降官及流移配隶安置罚镇效力之类，并宜量移近处”②，肃宗《元年建卯月南郊赦文》中“其诸色流人及左降官等，前后频有处分，并与量移”③，以及代宗《即位赦文》“其四月十五日已后诸色流贬者，与量移近处”④等，量移的对象既包括贬官也包括流放之人。弄清楚量移的对象有助于我们追溯量移出现更早的时间，由上文可知，量移左降官早在开元十一年就已经出现，对流人的量移则可以追溯到更早的开元三年。《册府元龟》卷八五《帝王部·赦宥四》云，开元三年十二月，玄宗驾幸凤泉，有司奏称，凡是皇帝御驾所经过的地方，流以上囚奏听进止，凡罪至死刑，“宜决一百，配流远恶处；其犯杖配流者，宜免杖依前配流，已决及流三千里者，节级稍移近处；二千五百里以下，并宜配徒以殿”⑤。“节级稍移近处”已经是量移的意思了。明白了量移最早出现的时间以及量移的对象，以下具体分析唐代流官量移的具体情形。

量移是流放官员最重要的迁转方式，遇赦量移则是量移最为常见的形式。前文已经列举过开元三年玄宗驾幸凤泉赦免流人的相关情形，再有天宝十载，玄宗南郊祭祀，进行大赦，其赦文中有：“流人及左降官考满载满、丁忧服满者，亦准例稍与量移。”⑥代宗《即位赦文》中的“其四月十五日已后诸色流贬者，与量移近处”⑦等，这些都是赦文中对量移的规定。并且，越到唐代后期，赦文中对流放官员的量移规定越细致。如玄宗时的《加证道孝德尊号大赦文》中便增加了对特殊人员的量移规定，即“反逆缘坐流配之色，宜与量移。其王鉷、李林甫、柴

① (宋)宋敏求编:《唐大诏令集》卷七七《谒五陵赦》，中华书局2008年版，第439页。

② 《全唐文》卷二三《迎气东郊推恩制》，中华书局1983年影印本，第268~269页。

③ 《全唐文》卷四五《元年建卯月南郊赦文》，中华书局1983年影印本，第499页。

④ 《全唐文》卷四九《即位赦文》，中华书局1983年影印本，第538页。

⑤ (宋)王钦若等编:《册府元龟》卷八五《帝王·赦宥》，中华书局1960年影印本，第1002页。

⑥ (宋)宋敏求编:《唐大诏令集》卷六八《天宝十载南郊赦》，中华书局2008年版，第381页。

⑦ 《全唐文》卷四九《即位赦文》，中华书局1983年影印本，第538页。

崇耀、阿布思等，并寄任非轻，包藏特甚，原情议法，深所难容。况日月未淹，罪坐尤重，即从宽宥，何以惩肃？应缘亲累流配者，并不在该及之限”①。翻检史书可以发现在《旧唐书·李林甫传》中详细记载了发生在天宝十二年杨国忠陷害李林甫的事件：“国忠素憾林甫，既得志，诬奏林甫与蕃将阿布思同构逆谋，诱林甫亲族间素不悦者为之证。诏夺林甫官爵，废为庶人，岫、崿诸子并谪于岭表。”②《资治通鉴》中也记载了此次因李林甫而被贬的亲友数量之大：“二月，癸未，制削林甫官爵，子孙有官者除名，流岭南及黔中，给随身衣及粮食，自余资产并没官，近亲及党与坐贬者五十余人。”③而其具体的处罚，大多是流刑，这一点从其贬诏《削李林甫官秩诏》中可以看到“男前将作监岫……配流岭南及黔中延德郡，前司储郎中崿，配流苍梧郡。前太常少卿屿，配流临封郡，仍并除名……自余男有官者，令所司即勘会，亦除名，各配流岭南及黔中送恶郡。”④显然，玄宗《加证道孝德尊号大赦文》中的量移规定就是针对此次事件而发的，其中虽然规定了“反逆缘坐流配之色，宜与量移”⑤，但更清楚地说明了对王鉷、李林甫、阿布思等人的配流并不在该及之限，可见，此时赦书中对流官量移的规定已经非常细致且有针对性。这样的例子还有懿宗的《即位赦文》中关于受恩范围的具体说明：“惟自今年八月九日已后坐事流贬，并不该此新恩之限。”⑥还有僖宗《南郊赦文》中的量移法则：“诸色流贬人，元敕内云虽逢恩赦不在量移之限，有自前年十月十二日赦书后已经量移者，五千里更与量移一千里，三千里外与量移五百里，情状难容者，不在此限。天德五城流人，负罪素重，元敕未经十载不得放还，今属洪恩，须令沾及，宜减三年，如年已满，便放还。从九月四日降郊礼敕后流贬，及引决妄称冤人等，并重推覆囚徒，并不在此限。”⑦等等这些，都说明量移在赦文规定中的细化，不同的情形，不同的人物，量移的方式各有不同。除此之外，量移其他方面的规定在赦文中也越来越全面，如顺宗时期赦文中对量移

① 《全唐文》卷四十《加证道孝德尊号大赦文》，中华书局1983年影印本，第435页。
② （后晋）刘昫等撰：《旧唐书》卷一〇六《李林甫传》，中华书局1975年版，第3241页。
③ （宋）司马光编著：《资治通鉴》卷二一六，中华书局1956年版，第7037页。
④ 《全唐文》卷三三《削李林甫官秩诏》，中华书局1983年影印本，第368页。
⑤ 《全唐文》卷四十《加证道孝德尊号大赦文》，中华书局1983年影印本，第435页。
⑥ 《全唐文》卷八五《即位赦文》，中华书局1983年影印本，第891页。
⑦ 《全唐文》卷八九《南郊赦文》，中华书局1983年影印本，第930页。

程序的说明，“如有亲故在上都，任于所司陈状，便与处分”①，还有对僧尼道士量移的规定：“僧尼道士移隶者，罪人已亡殁，家口未许归者，一切放归；如自情愿住者，勿抑令归”②，甚至对之前规定“纵逢恩赦不在放还之限者”亦允许放还等，这样分类详细的说明在顺宗之后的宪宗、穆宗、敬宗、文宗、武宗、宣宗、懿宗、僖宗的赦书中甚至成为固定格式，一直被延续下去，甚至还有更为细致的趋势，如文宗时《南郊赦文》中对“纵逢恩赦不在量移之限”者的规定便从允许放还变成了委中书门下量事节级处分，“诸色得罪人中，如先敕云纵逢恩赦不在免限者，并别敕安置者，亦并委中书门下量事状轻重，节级处分”③。这样便使得朝廷对本不在量移之限的官员有更多样化、多选择的量移方式。还有敬宗时对流人死于流所如何处理的规定：“流贬人所在身亡，任其亲故收以归葬，仍仰州县量给棺椟，优当发遣。”④从这些都可以见出赦文对量移规定的不断细化、深化，而这也在一定程度上反映了遇赦量移是量移甚至流官迁转的一种非常重要的途径。

第二种流官迁转的方式为朝廷召回。朝廷召回的方式主要发生在唐初期，玄宗以后则很少再有这样的情形。如武德七年(624)，建成谋变，元吉等为其求情，高祖归罪于王珪等，流王珪、韦挺、杜淹等于巂州，待建成诛后，王珪征谏议大夫，韦挺征主爵郎中，杜淹征御史大夫。再如太宗贞观元年(627)，李玄道与君廓有怨，君廓入朝，“玄道附书，君廓私发，不识草字，疑其谋己，惧而奔叛”⑤，被流剑南巂州，未几，征为常州刺史。贞观三年(629)，汾阴狂男子谓(裴)寂有天命，寂惶惧遣监奴杀所言者，奴盗寂钱百万，寂上变，帝怒言寂有死罪四，裴寂由此被流放剑南静州，未几，太宗征入朝。有时流官也会通过入幕的方式获得再次迁转的方式。如宋之问弟宋之悌“尝坐事流朱鸢”，南蛮攻陷欢州后，宋之悌被授以总管之职击贼，“遂平贼”⑥，若不是南蛮攻陷，宋之悌是不

① 《全唐文》卷五五《即位赦文》，中华书局1983年影印本，第603页。
② 《全唐文》卷五五《即位赦文》，中华书局1983年影印本，第603页。
③ 《全唐文》卷七五《南郊赦文》，中华书局1983年影印本，第791页。
④ 《全唐文》卷六八《南郊赦文》，中华书局1983年影印本，第719页。
⑤ (后晋)刘昫等撰：《旧唐书》卷七二《李玄道传》，中华书局1975年版，第2584页。
⑥ (宋)欧阳修、宋祁撰：《新唐书》卷二〇二《文艺中·宋之问传》，中华书局1975年版，第5751页。

会直接从流人的身份被授予地方官职的。可见，特殊情形下，流官也可以通过进入地方官职系统而摆脱流放的命运。

二、贬官的迁转与量移

与流放官员的迁转相比，贬谪官员的迁转情形则更为复杂。贬官仍有官品，只是阶品有所下降，也可称为降资官，贬官需要先复资，才可以正常参加吏部的铨选，官资的恢复对贬官而言非常重要。唐代许多帝王赦书中都曾提到过复资官依常调复选的问题，如天宝十载《南郊大赦》中有："其官(左降官)已复资，至叙用之日，不须为累。"①代宗广德二年(764)赦令："左降官即与量移近处，亡官失爵、放归不齿之类，并官已复资未得本阶者，各量与收叙。"②还有文宗《南郊赦文》中："左降官量移近处，已经量移者更与量移。如复资者，五品已上中书门下速与处分，六品已下即任依常调选。"③复资之后，通过重新参加吏部考试便可以获得官职，那么，唐代贬官有哪些复资方式？贬降官员到底有哪些迁转途径呢？

首先，贬降官员可以通过考满复资而实现迁转。《唐会要》载宪宗元和十二年敕文："自今以后，左降官及责授正员官等，并从到任后，经五考满，许量移。今日以前左降官等，及量移未复资官，亦宜准此处分。"④更早的元和二年，中书门下便提出："其文武官四品以下，并五考商量与改。"⑤正因为有这样的规定，元和十年白居易贬江州司马后才有"上佐近来多五考，少应四度见花开"的诗句。这一点，我们从陆贽《三进量移官状》中也可以见出："谨按承前格令，左降官非元敕令长任者，每至考满，即申所司，量其旧资，便与改叙；纵或未有迁转，亦

---

① 《全唐文》卷四十《南郊大赦》，中华书局 1983 年影印本，第 433 页。

② (宋)宋敏求编：《唐大诏令集》卷六九《广德二年南郊赦》，中华书局 2008 年版，第 385 页。

③ 《全唐文》卷七五《南郊赦文》，中华书局 1983 年影印本，第 791 页。

④ (宋)王溥撰，牛继清校证：《唐会要校证》卷四一《左降官及流人》，三秦出版社 2012 年版，第 631 页。

⑤ (宋)王溥撰，牛继清校证：《唐会要校证》卷八一《考上》，三秦出版社 2012 年版，第 1288 页。

即任其归还。”①贬官考满之后便可以向有司申请量移，若贬官不愿量移，还可以按照其意愿放还，如显庆元年(656)的王义方，其因弹奏中书侍郎李义府而被贬为莱州司户参军，后王义方“秩满，家于乐昌，聚徒教授。母卒，遂不复仕进”②。再如骆宾王，高宗末为长安主簿，后“坐赃，左迁临海丞，怏怏失志，弃官而去”③。当然，五考的规定也并不是固定不变的，特殊时期有特殊的变化。如开成元年二月，文宗颁布制敕云：“左降官有事情可恕，才用足称者，中书门下量才处分。”④四年五月又有敕云，六品以下贬降官“起今以后，宜委吏部许终四考满与替，仍先具事由，申中书门下取指检，不得同寻常员阙使用”⑤。德宗贞元三年《南郊赦文》中有“左降官经三考，流人配隶效力之类经三周年者，普与量移”⑥，可见有时政绩突出、能力卓著的贬官也可以直接迁转，考课的时间期限还有可能缩短为四年或是三年。有的虽在赦令中没有明确规定，但实际上却在贬谪后的第二年便迁转了，如卢承庆，永徽初左迁简州司马，“岁余，转洪州长史”⑦。值得一提的是，这种通过考课而实现迁转的方式越到唐代后期越难以按规定实现，陆贽在《三奏量移官状》中云：“谨按承前格令，左降官非元敕令长任者，每至考满，即申所司，量其旧资，便与改叙；纵或未有迁转，亦即任其归还。逮于开元末，李林甫固权专恣，凡所敕黜，类多非辜，虑其却回，或复冤诉，遂奏左降官考满未别改转者，且给俸料，不须即停，外示优矜，实欲羁系。从此以后，遂为恒规，一经贬官，便同长往，回望旧里，永无还期。纵遇非常之恩，许令移远就近，虽名改转，不越幽遐。或自西徂东，或从大适小，时俗之

---

① (唐)陆贽撰：《陆贽集》卷二十《三奏量移官状》，中华书局1989年版，第662页。

② (后晋)刘昫等撰：《旧唐书》卷一八七《忠义上·王义方传》，中华书局1975年版，第4876页。

③ (后晋)刘昫等撰：《旧唐书》卷一九〇上《文学上·骆宾王传》，中华书局1975年版，第5006页。

④ (宋)王溥撰，牛继清校证：《唐会要校证》卷四一《左降官及流人》，三秦出版社2012年版，第633页。

⑤ (宋)王溥撰，牛继清校证：《唐会要校证》卷四一《左降官及流人》，三秦出版社2012年版，第633页。

⑥ 《全唐文》卷五五《南郊赦文》，中华书局1983年影印本，第588页。

⑦ (后晋)刘昫等撰：《旧唐书》卷八一《卢承庆传》，中华书局1975年版，第2749页。

语，谓之横移。驯致忌克之风，积成天宝之乱，展转流弊，以至于今。”①也就是说，自开元末，因为李林甫的专权打击异己，官员即使考满，亦难以实现量移，往往继续发给俸禄让其留在原地，或者仅仅是自西徂东的横移。建中元年，德宗也敕令：“诸州府五品以上正员内，上佐宜四考满停，左降官不在限。”②将左降官独立于四考满停的范围之外，使其考满迁转的权利受到限制。贞元十年(794)，刑部奏疏有：“五品左降官既不许停禄料，六品以下未复资，已经四考未量移间，其禄料伏望亦许准给敕旨禄料。”③贬官在四考之后仍然给禄料，这乃是朝廷为牵制贬官不允许其按时量移的一种手段，甚至在德宗末出现十年无赦的局面，史载：“德宗之末，十年无赦，群臣以微过谴逐者皆不复叙用。”④《顺宗实录》亦载：“德宗自贞元十年已后，不复有赦令。左降官虽有名德才望，以微过忤旨谴逐者，一去皆不复叙用。至是人情大悦。而陆贽、阳城，皆未闻追诏，而卒于迁所。士君子惜之。”⑤可见，贬官虽然经一定的时间考满可以量移，但是，特殊时期、特殊情形下又会有不同的情况出现。

其次，遇赦量移也是官员迁转的一种非常重要的方式。唐代赦书中有许多对贬降官员如何量移的规定。如玄宗《迎气东郊推恩制》中有：“其左降官及流移配隶安置罚镇效力之类，并宜量移近处”⑥，代宗《册尊号赦文》与《南郊赦文》中有“左降官即量移近处”“左降官即与量移近处”⑦，还有德宗皇帝《南郊赦文》中的“左降官经三考，流人配隶效力之类经三周年者，普与量移”⑧，敬宗时《南郊赦文》亦有“左降官自长庆四年三月三日制后未经量移者，与量移近处，已经量移者，更与量移”⑨。这些都是赦文中关于流贬官量移的规定，这些赦文中的规定

① （唐）陆贽撰：《陆贽集》卷二〇《三奏量移官状》，中华书局 1989 年版，第 662 页。

② （宋）王溥撰，牛继清校证：《唐会要校证》卷六九《别驾》，三秦出版社 2012 年版，第 1038 页。

③ （宋）王钦若等编：《册府元龟》卷六三〇《铨选部·条制二》，中华书局 1960 年影印本，第 7560 页。

④ （宋）司马光编著：《资治通鉴》卷二三六，中华书局 1956 年版，第 7733 页。

⑤ （唐）韩愈撰：《顺宗实录》卷二，中华书局 1985 年版，第 6 页。

⑥ 《全唐文》卷二三《迎气东郊推恩制》，中华书局 1983 年影印本，第 269 页。

⑦ 《全唐文》卷四九《册尊号赦文》，中华书局 1983 年影印本，第 539、541 页。

⑧ 《全唐文》卷五五《南郊赦文》，中华书局 1983 年影印本，第 588 页。

⑨ 《全唐文》卷六八《南郊赦文》，中华书局 1983 年影印本，第 719 页。

在实际政治中是严格被执行的，如李绅的量移，宝历元年四月敬宗加尊号，大赦天下，时任宰相李逢吉不欲李绅量移，“乃于赦书节文内，但言左降官已经量移，宜与量移近处，不言未量移者宜与量移”①，当时李绅新贬，显然并不在规定的量移范围内，针对这种情况，韦楚厚上疏论曰：“伏见赦文节目中，左降官有不该恩泽者。在宥之体，有所未弘。臣闻物议皆言逢吉恐李绅量移，故有此节。若如此，则应是近年流贬官，因李绅一人皆不得量移。事体至大，岂敢不言？……伏乞圣慈察臣肝胆，倘蒙允许，仍望宣付宰臣，应近年左降官，并编入赦条，令准旧例，得量移近处。”②韦楚厚在这一奏疏中明确指出李逢吉的私心以及其私心可能造成的危害，这一义正言辞的奏疏使得敬宗览后“深悟其事，乃追改赦文”③，“添节文云：‘左降官与量移’”④，李绅由此才可以量移，可见唐代赦文中量移的规定在现实中执行的严格程度。

再次，贬官迁转的方式为帝王征召。总体而言，唐代前期贬官被帝王征召的比例要高于唐代后期，而贬官之所以能够被召回，主要有几个方面的原因。第一，贬官与帝王有故旧。如萧瑀，贞观十二年，太宗贬萧瑀为商州刺史，贞观二十一年，太宗征萧瑀入朝，“授金紫光禄大夫，复封宋国公”⑤。萧瑀为唐朝的元老重臣，为唐王朝筹划多年，殊多建树，因此能够得到太宗直接召回朝廷的礼遇。第二，贬官有特殊的政治才能。如颜师古，因“物论称其纳贿”被贬郴州刺史，太宗惜其才，言于其曰：“卿之学识，良有可称，但事亲居官，未为清论所许。今之此授，卿自取之。朕以卿曩日任使，不忍遐弃，宜深自诫励也。”⑥之后，太宗将其复迁为秘书少监。第三，官员因为朝廷政治斗争的消长变化被召回。如牛李党争中，伴随着政治斗争的此起彼伏，党争的双方多次被贬，也多次被召回。伴随着朝廷政治力量的消长，不同党派的官员也会频繁地外出与被召回。

---

① （后晋）刘昫等撰：《旧唐书》卷十七上《敬宗纪》，中华书局 1975 年版，第 514 页。

② （后晋）刘昫等撰：《旧唐书》卷一五九《韦楚厚传》，中华书局 1975 年版，第 4185 页。

③ （后晋）刘昫等撰：《旧唐书》卷一五九《韦楚厚传》，中华书局 1975 年版，第 4185 页。

④ （后晋）刘昫等撰：《旧唐书》卷一七三《李绅传》，中华书局 1975 年版，第 4499 页。

⑤ （后晋）刘昫等撰：《旧唐书》卷六三《萧瑀传》，中华书局 1975 年版，第 2399～2404 页。

⑥ （后晋）刘昫等撰：《旧唐书》卷七三《颜籀传》，中华书局 1975 年版，第 2595 页。

最后一种贬官迁转的方式为入幕，通过入幕立功实现迁转也是贬官恢复官职的一种途径。如大历十二年，包佶因宰相元载牵连而贬岭南，因其有才干，因此被刘晏“奏起为汴东两税使”①，这也就是说，虽然贬官因为罪行一般不容易被再次任用，但有的权势较重的节度使或观察使有时也会任用一些有才能且罪行不是很重的贬官，贬官也得以以此途径实现官职的迁转。

以上分析了贬官实现迁转的四种途径，那么，贬官迁转的程序如何呢？这一点《唐会要》中有详细说明：“考满后，委本任处州府具元贬事例及到州、县月日，申刑部堪责，俾吏部量资望位量移官。仍每季具名闻奏，并申中书门下。其曾任刺史、都督、郎官、御史并五品以上及常参官，刑部检勘其所犯事由闻奏，中书门下商量处分。”②这一段文字当中，对于贬官迁转方式的说明可以说是非常具体而详细了，尹富的解读则更为清晰：“通常情况下，贬谪官吏遇赦或考满之后，先由州、府(节度或观察使府)申名，即将贬谪者的姓名、贬谪缘由以及到州、县的具体时间等申报到刑部……刑部得申报后，首先要检勘州府所呈报的有关情况，认定其符合量移的规定后，再转报所司量移授官。”③具体处理贬官量移的部门则为吏部或中书门下，一般来说，贬谪前为六品以下的官员由吏部办理，《唐会要》有：“故事，量移六品以下官，皆吏部旨授。”④而贬谪前若为五品以上官员，则由刑部办理，“其曾任刺史、都督、郎官、御史、五品以上常参官，刑部检勘，具元犯事由闻奏，并申中书门下商量处分”⑤。《资治通鉴》中引陆贽奏疏亦云：“国朝五品以上，制敕命之，盖宰相商议奏可者也。六品以下则旨授，盖吏部铨才署职，诏旨画闻而不知可否者也。”⑥由此，我们可以大体知晓官员量移的一般程序。

---

① (宋)欧阳修、宋祁撰：《新唐书》卷一四九《包佶传》，中华书局1975年版，第4799页。

② (宋)王溥撰，牛继清校证：《唐会要校证》卷四一《左降官及流人》，三秦出版社2012年版，第631页。

③ 尹富：《唐代量移制度与贬谪士人心态考论》，《中华文史论丛》第73辑，第71页。

④ (宋)王溥撰，牛继清校证：《唐会要校证》卷四一《左降官及流人》，三秦出版社2012年版，第631页。

⑤ (宋)王溥撰，牛继清校证：《唐会要校证》卷四一《左降官及流人》，三秦出版社2012年版，第632页。

⑥ (宋)司马光编著：《资治通鉴》卷二三四，中华书局1956年版，第7653页。

量移的程序看起来简单而清晰，但在具体实施的过程中却常常要花费很长的时间，以至于量移经常不能如期实行。肃宗《元年建卯月南郊赦文》中就指出："其诸色流人及左降官等，前后频有处分，并与量移，所繇稽迟，动历年数。"①宪宗《上尊号赦文》中亦说："如准前制已合量移，有司未注拟者，并任累叙。"②可见，量移延宕是一种很常见的现象。究其原因，陆贽在《贞元九年冬至大礼大赦制》中指出："比者准制量移，所司比例申牒，屡加盘覆，累涉岁年，既甚淹迟，且不均一。"③其《论左降官准制合量移事状》中也提出："若准所司旧例，须俟州府录申，盘勘检寻，动逾年岁，上稽恤宥之旨，下亏庆赖之心。臣等商量，恐徐厘革。"④也就是说，陆贽认为造成贬官不能按时量移的原因之一乃程序所需时间太长，为此，陆贽建议："贞元六年恩后左降官等，除迁改亡殁之外，具名衔及贬谪事由年月，速报中书门下，不须更待州府申请。臣等据所司报到，则便进拟，不出岁内，冀希沾恩。"⑤为了减短流程需要的时间，陆贽建议省去其中州府申请的环节。而这也就是自唐顺宗起，赦文中经常加上"如有亲故在上都，任于所司陈状，便与处分"⑥的原因，根本上而言，都是为了精简量移程序以减短量移实施所需要的时间。

此外，有关部门的办事效率低亦是导致量移经常费时很长的原因。肃宗《加恩处分流贬官诏》中有："又流降量移，久申诏令，省司类例，事亦稽迟，遂使岭嶂逾时，积流荒之叹，雨露凝泽，壅如丝之旨。……斯乃主者怠官，甚无谓也。宜令中书门下类例三司先所贬官，各具科目，均平改拟，仍审勘前后制敕，应合沾恩，并速处分。准制合量移人，亦令吏部速比类闻奏。"⑦宪宗时，更是将官员的考课同处理贬谪官员量移的速度联系起来，元和二十九年刑部奏："并余

① 《全唐文》卷四五《元年建卯月南郊赦文》，中华书局1983年影印本，第499页。

② 《全唐文》卷六三《上尊号赦文》，中华书局1983年影印本，第676页。

③ （唐）陆贽撰：《贞元九年冬至大礼大赦制》，《陆贽集》，中华书局1989年版，第77页。

④ （唐）陆贽撰：《论左降官准赦合量移事状》，《陆贽集》，中华书局1989年版，第658页。

⑤ （唐）陆贽撰：《论左降官准赦合量移事状》，《陆贽集》，中华书局1989年版，第658页。

⑥ 《全唐文》卷五五《南郊赦文》，中华书局1983年影印本，第603页。

⑦ 《全唐文》卷四三《加恩处分流贬官诏》，三秦出版社2012年版，第473页。

左降官，缘任处州府多是遐远，至考满日，其有申牒稽迟致留滞者，其刺史、本判官、录事参军等，请与下考。”①可见朝廷为加快量移速度所作的努力，然而，督责官吏虽然会使整体的情形有所好转，但收效仍然不大，“唐德宗贞元九年冬郊祀礼赦下后，快半年了流贬者量移事项还未得到处理”②。“元和十三年正月平淮西赦下，左降官等被准许量移，但白居易直到该年十二月才得到量移忠州刺史的诏命，同年，元稹从通州量移虢州，所费时日也大体相同，相比之下，韩愈元和十四年由潮州刺史量移为袁州刺史，历时三个月，已算是比较快的了。”③

最后要讨论的是贬官量移的具体情形。贬官量移基本上是通过距离的移近与官职变动来实现的，通过分析唐代贬官的量移可以发现，量移主要有三种不同的方式：第一类是地理位置移近且官职升迁；第二类是官职升迁但地理位置移远；第三类为地理位置移近，但官职降低。这其中最值得说明的是第二类，官职升迁但位置移远，这样的情形看似量移，但在具体案例中，这样的量移甚至相当于再次贬谪，如元和十年，贬官韩晔由饶州司马量移汀州刺史，陈谏自台州司马量移封州刺史，韩泰自虔州司马量移漳州刺史，柳宗元由永州司马量移柳州刺史，刘禹锡由朗州司马量移连州刺史，虽然官职的阶品均有所提高，但其量移之地距离京城却更远了。《资治通鉴》载：“王叔文之党坐谪官者，凡十年不量移。执政有怜其才欲渐进之者，悉召至京师。谏官诤言其不可，上与武元衡亦恶之。三月，乙酉，皆以为远州刺史，官虽进而地益远。”④由“上与武元衡亦恶之”可知，这次量移并不是宪宗对这些官员的宽恕，而是以另一种形式对他们进行贬谪打击。此外，在对官员的量移中，还有一点需要提及的是“纵逢恩赦不在量移之限”的规定。如李德裕，宣宗大中元年(847)十二月，李德裕由分司东都改为潮州司马，并命令“纵逢恩赦，不在量移之限”。《旧唐书·宪宗纪》载宪宗诏书：“左降官韦执谊、韩泰、陈谏、柳宗元、刘禹锡、韩晔、凌准、陈异等八人，纵逢恩赦，不

① (宋)王溥撰，牛继清校证：《唐会要校证》卷四一《左降官及流人》，三秦出版社2012年版，第632页。

② 尹富：《韩愈量移江陵遇赦问题新考》，《西南民族学院学报》(哲学社会科学版)2000年第6期，第61页。

③ 尹富：《韩愈量移江陵遇赦问题新考》，《西南民族学院学报》(哲学社会科学版)2000年第6期，第61页。

④ (宋)司马光编著：《资治通鉴》卷二三九，中华书局1956年版，第7831页。

在量移之限。"①量移是贬官重新返回朝廷的希望，若规定"纵逢恩赦，不在量移之限"，无疑是将贬官最后一点返回朝廷的希望都破灭了，这显然会给贬官带来极大的心灵打击。如李德裕，太和末年贬为袁州长史时，还能够"吟咏著述以自适，不以迁谪为意"②，到宣宗大中年间贬崖州时便"其心若水，其死若休"③了。而柳宗元，被贬永州其间，其诗文中充满了"弃""囚"等相关的意象，甚至于看山也如同一座囚牢囚禁自己，加深了内心的痛苦，这样的痛苦显然与不能量移有很大的关系。总之，贬谪虽然痛苦，但量移还是其唯一的希望，如若连量移的可能都失去了，那贬官的痛苦也便可想而知了。

综合以上可知，贬官的迁转包括流放官员与贬降官员的迁转。官员被贬之后往往会有不同的迁转方式，而量移则是其中最重要的一种。量移又有遇赦量移，有考满量移，还有其特定的实施程序。量移是贬谪官员进入仕途的希望，而唐后期"纵逢恩赦，不在量移之限"的规定则给贬官心灵造成了极大的伤痛，形成其贬谪诗文中的强烈痛感。

① (后晋)刘昫等撰：《旧唐书》卷一五上《宪宗纪》，中华书局1975年版，第418页。

② 《正德袁州府志》(天一阁藏本)卷6《名宦》，转引自傅璇琮《李德裕年谱》，齐鲁书社1984年版，第319页。

③ 傅璇琮、周建国校笺：《李德裕文集校笺》，河北教育出版社2000年版，第555页。

第五章　唐代贬谪制诏研究

刘勰曾在《文心雕龙·诏策》篇中，对“诏策”这一“王言”文体的特点作过生动描述：“王言之大，动入史策，其出如綍，不反若汗。”①“王言”指皇帝的语言，特别是行之于书面的皇言。作为“王言”的一种，贬谪制诏是伴随贬谪而下达的书面性公文，具有最高的权威性与最高的法律效力。贬谪制诏经历了漫长的发展过程，到唐代，开始具备了稳定的文体形式。唐代贬谪制诏有固定的体制、用语风格，其书写亦充满了艺术性，贬诏背后，或为了打击政敌，或出于全身避祸，或用来报复，或因之结怨，贬诏的书写艺术大大开阔了这一实用性王言文体的意义内涵。仔细参校贬诏文本及史籍记载便会发现，贬诏中贬官罪名与被贬官员的实际罪行之间，存在相当的距离，或避重就轻、或无中生有、或上纲上线。这种距离反映的便是唐代政治环境中礼与权之间的因势互动。贬官罪行由对权之争夺所致，而罪名则始终依礼而定。作为一种无可指摘又义正言辞的官方文本，贬诏充分彰显出国家的“礼制”意识形态，是士人精神家园的象征，然深藏于其背后的却是种种人情及权力的复杂纠斗、较量，这种礼与权的根本冲突导致罪名与罪行之间的必然距离。本章拟以贬谪制诏为研究对象，探讨其文体特质及文本背后影射出的政治文化内涵。

第一节　贬谪制诏的文体渊源及其流变

贬谪是我国古代朝廷对犯罪官员的一种处罚方式，其出现甚早，且方式多

① （南朝梁）刘勰撰，杨明照校注：《增订文心雕龙校注》，中华书局2012年版，第262页。

样，有流徙、免官、出镇等多种不同的形式。各种形式的贬谪在其实施过程中，均伴随着相关诏令的颁发，这些诏令，便可称为贬谪诏令。目前，关于诏令类公文的研究比较集中于文体之形制、功能、运转等整体性的考察，而对某一种公文类型的纵向研究则相对阙如，贬谪制诏的专门研究亦尚少有人涉足。贬谪，作为古代国家政治生活中的重大事件，其相关诏令情形如何？为何在唐代始形成一种统一、固定的形制？从先秦至汉至唐，贬谪公文经历了一个怎样的发展过程？又有什么样的特点？贬诏的书写与贬谪的制度化以及其时的政治生活又有何联系？这些便是本章希望深入探索和解决的问题。

一、秦之"赐书"到汉之"策""制"

贬谪制诏渊源久远，早在先秦便已出现，其时贬诏的书面表达还未形成固定的形制。到汉代，贬谪文本大量出现，且根据所贬对象、目的的不同，开始有了"策""制""诏"的不同文体形式。

据笔者考察，最早有记载的书面性贬谪诏书是《国语·鲁语》中鲁太史李革的《更鲁公书逐莒仆》，其具体内容为："夫莒太子杀其君而窃其宝来，不识穷固，又求自迩。为我流于夷，今日必通，无逆命矣。"①讲的是莒太子仆，杀害其国君又窃取其国的宝物而来投奔鲁国的鲁宣公，鲁宣公很高兴，便要赐予他一块土地，并命季文子宣达王命，季文子半道遇到鲁太史李革，李革便更其书为此。这件事情在《左传》中亦有记载，只不过矫诏的主人公变成季文子而不是李革。然相同的是，二人均因矫诏而遭到宣公的质问，作者也都以一篇不可侍奸贼的精彩辩论赢得了宣公的认同，认为莒仆不该奖赏而该贬谪。此后，第二篇关于贬谪的诏令文书是秦始皇的《赐文信侯书》。时始皇发现太后与嫪毐私通，事连相国吕不韦，始皇十年，免相国吕不韦，在朝臣谏说下，出文信侯就国河南，"乃赐文信侯书曰：'君何功于秦？秦封君河南，食十万户。君何亲于秦？号称仲父。其与家属徙处蜀！'"②无论是莒仆的"流于夷"还是文信侯的"徙处蜀"，此时国君

① （清）严可均辑：《全上古三代秦汉三国六朝文》，中华书局1958年版，第25页。

② （汉）司马迁撰，（宋）裴骃集解，（唐）司马贞索引，（唐）张守节正义：《史记》卷八五《吕不韦列传》，中华书局1959年版，第2513页。

对罪行的处理都相对简单粗糙，贬谪还未成为统治者人事调整及政局平衡的手段，亦无针对不同身份的不同贬谪方式。因此这只是贬谪的初始阶段，相关的贬谪文书则是最初形态的贬诏。

贬谪诏令拥有稳定的形制要到汉代。诏策公文发展到汉代，已经经历了相当漫长的过程。《文心雕龙》曾对此做过一个颇为准确的描述："昔轩辕唐虞，同称为'命'，'命'之为义，制性之本也。其在三代，事兼诰誓，誓以训戎，诰以敷政，'命'喻自天，故授官锡胤……降及七国，并称曰'令'。令者，使也。秦并天下，改'命'曰'制'。汉初定仪则，则命有四品：一曰策书，二曰制书，三曰诏书，四曰戒敕。"①可以看到，从轩辕时代到汉，诏策先后经历了先秦的"命"到三代的"誓""诰""命"，到战国的"令"，秦的"制"，再到汉代的"策""制""诏""敕"四种文体。由前文可知，秦及以前，贬谪诏令还无特定的形制，而从汉代开始，无论是"策"还是"制""诏"中，都开始出现了规范的贬谪诏令的身影。

首先，汉代"策"这一文体中首次出现了贬谪相关诏令，即策免类策书。蔡邕在《独断》中曾为"策"下过这样的定义："策者，简也。礼曰：不满百文，不书于策。其制长二尺，短者半之；其次一长一短，两编，下附篆书，起年月日，称皇帝曰。以命诸侯王三公。其诸侯王三公之薨于位者，亦以策书诔谥其行而赐之如诸侯之策。三公以罪免，亦赐册，文体如上策而隶书，以一尺木两行。唯此为异者也。"②其中，不仅对策书的书写材料、方式作了说明，并指出策封、吊唁和策免诸侯王三公都要用到这一文体，策免便是贬谪的意思。细检严可均先生所编《全上古三代秦汉三国六朝文》，可发现策免类策书十四篇，这十四篇文献，除一篇废后策书外，均可视作当时的贬谪文书。如成帝永始二年的策免策书——《策免薛宣》：

君为丞相，出入六年，忠孝之行，率先百僚，朕无闻焉。朕既不明，变异数见，岁比不登，仓廪空虚，百姓饥馑，流离道路，疾疫死者以万数，人

① （南朝梁）刘勰撰，杨明照校注：《增订文心雕龙校注》，中华书局 2012 年版，第 267 页。

② （汉）蔡邕：《独断》，子部一五六《杂家类二》，文渊阁四库全书影印本，第 78 页。

至相食，盗贼并兴，群职旷废是朕之不德而股肱不良也。乃者广汉群盗横恣，残贼吏民，朕恻然伤之。数以问君，君对辄不如其实。西州鬲绝，几不为郡。三辅赋敛无度，酷吏并缘为奸，侵扰百姓，诏君案验，复无欲得事实之意。九卿以下，咸承风指，同时陷于谩欺之辜，咎繇君焉。有司法君领职解嫚，开谩欺之路，伤薄风化，无以帅示四方。不忍致君于理，其上丞相高阳侯印绶，罢归。①

策书通过罗列薛宣的一系列罪行说明其不堪为丞相之由，因此将薛宣罢归。类似的策免策书还有哀帝建平年间的《策免彭宣》《策免何武》《策免师丹》《策免傅喜》《策免孔光》等。总之，这类策免三公的策书与先秦的贬谪诏令不同，它作为汉代一种独特的公文形态，有了固定的体制，是第一类形制完整的贬谪诏令。

其次，第二类形制完整的贬谪诏令存在于这一时期的“制”书中。《独断》载：“制书，帝者制度之命也。其文曰制诏三公，赦令、赎令之属是也。刺史太守相劾奏，申下土迁，书文亦如之。其征为九卿、若迁京师近臣，则言官，具言姓名，其免若得罪，无姓。”②很显然，制书除了向全国颁布赦令、赎令之外，另一个重要功能便是任用或免除京师近臣，而免官的部分，便是制书形式的贬谪诏令。其具体形制，乃“制诏+”，对象可以是丞相、太尉、御史大夫等，其中，“制诏御史”出现频次最高。如元帝时期的《诏免诸葛丰》：

制诏御史：城门校尉丰，前与光禄勋堪、光禄大夫猛在朝之时，数称言堪、猛之美。前为司隶校尉，不顺四时修法度，专作苛暴，以获虚威。朕不忍下吏，以为城门校尉。不内省诸己，而反怨堪、猛，以求报举，告案难证之辞，暴扬难验之罪，毁誉恣意，不顾前言，不信之大者也。朕怜丰之耆老，不忍加刑，其免为庶人。③

① （清）严可均辑：《全上古三代秦汉三国六朝文》，中华书局1958年版，第170页。
② （汉）蔡邕：《独断》，子部一五六《杂家类二》，文渊阁四库全书影印本，第78页。
③ （清）严可均辑：《全上古三代秦汉三国六朝文》，中华书局1958年版，第162页。

同样地，诏令通过历数诸葛丰的罪状宣布了对其处罚的具体结果，大体而言，这一时期的贬谪制书也具备了相对完整的形制。那么，为什么有的贬谪用策书，而有的用制书呢？二者之间有什么区别？要解决这个问题便需要我们对“策”与“制”的文体内涵进行更深层次的理解。《文心雕龙·诏策》曰：“汉初定仪则，则命有四品，一曰策书，二曰制书，三曰诏书，四曰戒敕。”①作为定仪则而生的四种文体之首，“策”的产生与汉初分封诸侯王有着非常重大的关系。汉初礼制仪则乃叔孙通等人所制，其特点是“希世度务，制礼进退，与时变化”②，即根据时代的需要确立新的礼仪制度。分封作为汉初的头等大事，显然需要特定的仪礼规则，这便促使了“策”这一文体的产生，即以礼册封诸侯王三公时需要的一种仪式性文体，由此我们便不难理解“策”书的书写规范，“篆书，起年月日，称皇帝曰”③等，均是为了实现其仪礼性的特征。正是因为这一特征，“策”书后来也一直都用在授封或策免的仪式上，是一种仪式性的文书，故而其体式更为稳定、正式。“制”乃“制度之命”，《文心雕龙·书记》有：“制，裁也。上行于下，犹匠之制器也。”④《说文》云：“从刀从禾。物成有滋味，可裁断，一曰止也。”⑤《珊瑚钩诗话》有：“帝王之言，出法度以制文者，故谓之制。”⑥显然，制即规范裁夺之意，人事的任免显然是国家治理中需要规范的内容之一，于是有了贬官的“制”书。相对于“策”的礼仪性、文化性，“制”则更侧重于一种行政性，强调人事任免的法度和规定。表达风格上，与“制度之命”这种下达命令的制书相比，“策”书不仅表达更为完整，也更加温和，对被贬之人更为尊重，二者的区别造成了其使用范围的差异。此外，因策的礼仪性而产生的另一种贬谪方式即因灾异而策免三公。自董仲舒“始推阴阳，为儒者宗”⑦的思想流行后，灾异与朝政对应的说法

① （南朝梁）刘勰撰，杨明照校注：《增订文心雕龙校注》，中华书局2012年版，第267页。

② （汉）司马迁撰，（宋）裴骃集解，（唐）司马贞索引，（唐）张守节正义：《史记》卷九九《刘敬叔孙通列传》，中华书局1959年版，第2726页。

③ （汉）蔡邕：《独断》，子部一五六《杂家类二》，文渊阁四库全书影印本，第78页。

④ （南朝梁）刘勰撰，杨明照校注：《增订文心雕龙校注》，中华书局2012年版，第351页。

⑤ （汉）许慎撰：《说文解字》，中华书局1963年影印本，第92页。

⑥ （宋）张表臣撰：《珊瑚钩诗话》，中华书局1985年版，第26页。

⑦ （汉）班固撰，（唐）颜师古注：《汉书》卷二七上《五行志》，中华书局1962年版，第1317页。

便日渐增多："汉廷自武帝以后，儒术日隆，而朝廷论灾异者亦日盛。因汉儒经术，本杂方士阴阳家言，而所立说，固靡弗及灾异也"①，人们既将灾异视为上天对治理问题的反映，那么，若有天灾，作为协助皇帝治国的三公便理应承担相应的责任。《春秋繁露·阳尊阴卑》曰："《春秋》君不名恶，臣不名善，善皆归于君，恶皆归于臣。臣之义比于地，故为人臣者，视地之事天也。……是故孝子之行，忠臣之义，皆法于地也，地事天也，犹下之事上也。"②臣下替皇帝承担罪过即是一种臣事君之礼，因此因灾异而策免三公便自然而然了。《后汉书·徐防传》载："延平元年，（防）迁太尉，与太傅张禹参录尚书事。数受赏赐，甚见优宠。安帝即位，以定策封龙乡侯，食邑千一百户。其年以灾异、寇贼策免，就国。凡三公以灾异策免，始自防也。"③细检两汉时期的策免策书，其中有许多都是因为灾异而策免的，如《册免薛宣》中"朕既不明，变异数见，岁比不登，仓廪空虚，百姓饥馑，流离道路"④，《策免师丹》中"朕既不明，委政于公，间者阴阳不调，寒暑失常，变异娄臻，山崩地震，河决泉涌，流杀人民，百姓流连，无所归心，司空之职尤废焉"⑤，《策免孔光》中"朕既不明，灾异重仍，日月无光，山崩河决，五星失行，是章朕之不德而股肱之不良也"⑥等。由此可知，到汉代，"策"或是"制"的文体中，都有相应的贬谪诏令，并且各有其特殊的形制。

二、魏晋之"令"与唐之"制""敕"

检索《全上古三代秦汉三国六朝文》可知，魏晋时期出现了一种新的制诏文体，即"令"。这一时期的贬谪令文有三篇，即魏郭后所下的《追贬高贵乡公令》，吴孙权的《斥张温令》以及南朝陈的《黜始兴王伯茂令》。那么，为什么这一时期会出现"令"这一种形式的贬诏呢？"令"又是一种什么样的文体？

刘勰在《文心雕龙》中有"昔轩辕唐虞，同称为'命'，'命'之为义，制性之本

① 钱穆撰：《秦汉史》，三联书店2004年版，第235页。
② （汉）董仲舒撰：《春秋繁露·阳尊阴卑》，中华书局2012年版，第416页。
③ （南朝宋）范晔撰：《后汉书》卷四四《徐防传》，中华书局1965年版，第1502页。
④ （清）严可均辑：《全上古三代秦汉三国六朝文》，中华书局1958年版，第170页。
⑤ （清）严可均辑：《全上古三代秦汉三国六朝文》，中华书局1958年版，第175页。
⑥ （清）严可均辑：《全上古三代秦汉三国六朝文》，中华书局1958年版，第176页。

也。其在三代，事兼诰誓，誓以训戎，诰以敷政，‘命’喻自天，故授官锡胤……降及七国，并称曰‘令’。令者，使也”①。由此可知到战国，所有的诏令文体有了一个共同的名称即“令”，包括诏书、令书、告书、誓书、檄书、律法书等，其中以法令以及军事指令相关的“令”书为主。那么，先秦的“命”为何会演化为战国之“令”？事实上，此一时期“令”体的大力发展，与其时的社会背景密切相关。从西周灭亡到春秋战国，周王室逐渐衰微，只保留着天下共主的名义而无实际的权力，各个诸侯国争霸不断，战乱频仍，社会处于激烈的大动荡之中。在这样的情形之下，“令”逐渐成为战国各诸侯国使用的公文书，此公文书既可以用于颁布法令，又可用于军事指令，且使用主体不限于帝王，诸侯国君、重臣或军事首领均可发布。也就是说，社会的失序动荡要求一种有别于传统帝王庄重典雅之“命”的文体出现，更短小精干、条理明晰、严谨冷峻，而“令”即是这样的一种文体形式。与春秋战国类似，魏晋南北朝亦是一个激烈动荡的时期，江山易主速度极快，“萧齐时，梁王欲宣德皇后禅位，命任昉为令，《文选》载之，是固然矣。予观贾谊《上文帝书》，‘谓天子之言曰令，诸侯之言曰令’，盖伤其制度不定如此……若论其用，如赦宥、求才、求言诸类，未可悉数”。② 如此制度不定时期，不专属于统治者且使用范围颇广的令文，自然会受到青睐。社会动乱造成战争频发，促使“令”这种适用范围广、传播速度快、实用性更强的文体成为此时的新型文体，备受重用。上面提到的三篇魏晋时期的贬诏，便是三则贬“令”，一篇出自魏时郭太后，乃由司马氏逼迫郭太后所下，一篇出自吴孙权，用以贬谪因出使蜀汉而名声太盛的张温，还有一篇出自南朝陈武宣张皇后，用以贬谪谋反阻挠高宗即位的王伯茂，三桩贬谪的施行者均不是传统大一统帝国的封建帝王，由此，用“令”这种文体是最为合适的。总之，特殊的时代环境形成特殊的需求，特殊的需求产生特殊的文体，“令”即为适应大动乱而生的文体，贬“令”便成为这一时期贬谪诏令的特别形式。

伴随着王朝的更迭，魏晋南北朝时期，统一帝国倾向于使用的礼仪性的

① （南朝梁）刘勰撰，杨明照校注：《增订文心雕龙校注》，中华书局 2012 年版，第 267 页。

② 王水照编：《历代文话》，复旦大学出版社 2007 年版，第 3771 页。

“策”书和制度性的“制”书逐渐减少，使用范围更为广泛的“诏”书逐渐成为最受欢迎的文体形式。事实上，在汉代，贬谪诏令除去“策”“制”之外，便还有“诏”，如《免息夫躬孙宠诏》《贬阜陵王延诏》等。“诏”，《说文解字》释“诏”为“诏，告也”①。《尔雅·释诂》释为“导也”②。刘熙《释名·释典艺》说：“诏书。诏，昭也。人暗不见事宜，则有所犯。以此照示之，使昭然知所由也。”③又，唐代吕向《文选》注亦言：“诏，照也。天子出言，如日之照于天下也。”④明代黄佐《六艺流别》说“诏者何也？以言召也。人有所不知，以言召而示之，使其心昭然也，乃通用之辞。汉以后天子涣号，始专以诏名矣”⑤。从这些解释中我们不难明白，诏即用语言告诉，使知晓、宣告之意，正是从这个意义而言，汉初，高祖便向天下宣告《求贤诏》《重祠诏》等诏书，借此晓谕臣民，“布告天下，使明知联意”⑥即是此意，还有后来文帝时的《振贷诏》《养老诏》，武帝时期《诏贤良》，宣帝时期的《地震诏》，和帝时的《罢盐铁诏》等，都是通过颁发诏书向民众宣布国家治理方针之意。事实上，“诏”明确地成为一种文体应该是在秦，据《史记·秦始皇本纪》记载，秦始皇统一天下后，改“命为制，令为诏”⑦。然因秦存在时间不长，这一文体本身便也没有形成非常稳定的体制，“诏”的意义更多地偏向于一种关于帝王诏令的整体性的称呼，向天下宣达王命。一直到汉代，“诏”都延续了作为一种命令性文书的统称这一文体内涵，但除此之外，汉代贬谪有时也会使用“诏”，如上文所说的《贬阜陵王延诏》。《后汉书》卷四十二《光武十王列传第三十二》中完整记载了这一诏书：“建初中，复有告延与子男鲂造逆谋者，有司奏请

① （汉）许慎撰：《说文解字》，中华书局1963年影印本，第52页。

② （清）郝懿行撰：《尔雅义疏》，中国书店1982年版，第54页。

③ （汉）刘熙撰，（清）毕沅疏证，（清）王先谦补：《释名疏证补》卷六，中华书局2008年版，第216~217页。

④ （南朝梁）萧统编，（唐）李善等注：《六臣注文选》卷三五，中华书局1987年版，第663页。

⑤ （明）黄佐撰：《六艺流别二十卷》卷七，《四库全书存目丛书》集部第三〇〇册，齐鲁书社1997年版，第195页。

⑥ （汉）班固撰，（唐）颜师古注：《汉书》卷一下《帝纪第一下》，中华书局1962年版，第71页。

⑦ （汉）司马迁撰，（宋）裴骃集解，（唐）司马贞索引，（唐）张守节正义：《史记》卷六《秦始皇本纪》，中华书局1959年版，第236页。

槛车征诣廷尉诏狱。肃宗下诏曰：‘王前犯大逆，罪恶尤深，有同周之管、蔡，汉之淮南。经有正义，律有明刑，先帝不忍亲亲之恩，枉屈大法，为王受愆，群下莫不惑焉。今王曾莫悔悟，悖心不移，逆谋内溃，自子鲂发，诚非本朝之所乐闻。朕恻然伤心，不忍致王于理，今贬爵为阜陵侯，食一县。获斯辜者，侯自取焉。于戏诫哉！’”①再如《诏贬乐成王苌》，《后汉书》载此诏原文曰：“安帝诏曰：‘苌有腼其面，而放逸其心。知陵庙至重，承继有礼，不为致敬之节，肃穆之慎，乃敢擅损牺牲，不备苾芬。慢易太姬，不震厥教。出入颠覆，风淫于家，娉取人妻，馈遗婢妾。驱击吏人，专己凶暴。愆罪莫大，甚可耻也。朕览八辟之议，不忍致之于理。其贬苌爵为临湖侯。朕无则哲之明，致简统失序，罔以慰承太姬，增怀永叹。’”②可见，“诏”在汉代亦是贬谪诏令的常用文体。到魏晋南北朝，贬谪“策”书与“制”书慢慢消失，除了贬“令”，贬谪使用的文体主要是贬谪“诏”书，如晋的《诏免庾纯官》《庾旉等除名诏》，宋的《徙谢灵运诏》《徙徐爰诏》，以及后魏孝文帝的《除薛真度为荆州刺史诏》，孝明帝的《追削刘腾爵位除元乂名为民诏》和北齐的《王昕削爵诏》等。

经过魏晋南北朝到唐，诏策类文体不断增多。正如吕思勉说“文体古少而后世多，多由进化之理，始简单而后复杂。后世杂多之体制，皆自古代数种文体中分化而出……然古代简单之文体，自有其不得不化为多种文体之势”。③ 王言文体亦遵循着这样的规律，《唐六典》中便记载，唐代的诏策文由汉代的“命有四品”到分而为七，即：“凡王言之制有七：一曰策书，二曰制书，三曰慰劳制书，四曰发敕，五曰敕旨，六曰论事敕书，七曰敕牒。”④同样地，贬谪诏令经过魏晋南北朝，亦产生了相当的变化。

“策”书这种用于策封、策免、吊唁的文体到唐代逐渐变成册命的专用文体，“立后建嫡、封树藩屏、宠命尊贤，临轩备礼则用之”⑤，显然，这一文体中，

① （南朝宋）范晔撰：《后汉书》卷四二《光武十王列传第三十二》，中华书局 1965 年版，第 1444~1445 页。

② （南朝宋）范晔撰：《后汉书》卷八〇《孝明八王列传第四十》，中华书局 1965 年版，第 1673 页。

③ 吕思勉撰：《史学与史籍七种》，上海古籍出版社 2009 年版，第 243 页。

④ （唐）李林甫等撰，陈仲夫点校：《唐六典》卷九，中华书局 1992 年版，第 274 页。

⑤ （唐）李林甫等撰，陈仲夫点校：《唐六典》卷九，中华书局 1992 年版，第 273 页。

“策免”一类已经消失，原本用来贬谪三公诸王的“策”书已被制书取代，分布于宰相的“罢免”和“出镇”“贬降”类中。“策”书主要用于唐代册命皇帝、皇后、太子等文书中，如太子即位册文《册遂王为皇太子文》：

维元和七年，岁次壬辰，十月丙戌朔，十七日壬寅，皇帝若曰：“於戏！建立储嗣，崇严国本，所以承祧守器，所以继文统业，钦若前训，时惟典常，越我祖宗，克享天禄，奄宅九有，贻庆亿龄，肆予一人，序承丕构，纂武烈祖，延洪本枝，受无疆之休，亦无疆惟恤，负荷斯重，祗勤若厉，永怀嗣训，当副君临。咨尔遂王恒，体干降灵，袭圣生德，教深蕴瑟，气叶吹铜，早集大成，不屑幼志，温文得于天纵，孝友因于自然，符采昭融，器业英远，爰膺锡社，实寄维城，懿河间之不群，慕东平之最乐，自顷离明辍曜，震位虚宫，地德可尊，人神攸属，式稽令典，载焕徽章，是用册尔为皇太子，往钦哉！有国而家，有君而父，义兼二极，重系万邦，何好非贤，何恶非佞，何行非道，何敬非刑，居上勿骄，从谏勿咈，懋兹乃德，惟怀永图，用陪贰朕躬，以对扬休命，可不慎与！”①

不过，翻检《唐大诏令集》可以发现，封立太子也有用制书的情况，如上文所言遂王，即唐穆宗李宥，《大诏令集》中便有其立太子的制书《立遂王为皇太子制》：

门下：承庙祧之尊，固邦国之本，重其绪业，贞以元良，斯今古之通制也。乃者春宫旷位，已涉岁时，裸献阙主鬯之仪，胶庠虚齿学之道，其何以怀宁方夏，彰示教源，稽诸往册，用举彝典。遂王宥，孝敬忠肃，宽明惠和，遵保傅之言，佩经训之旨，友于兄弟，睦于宗亲，博爱而恕己以诚，慎行而饬躬以礼，载观所履，克慎厥谋，宜升储闱，以对休命，朕祗若成宪，惟怀永图，法三王垂统之规，绍十圣重光之烈，致严禋配，俾奉粢盛，式昭

① （宋）宋敏求编：《唐大诏令集》卷二八《册遂王为皇太子文》，中华书局2008年版，第100页。

上嗣之崇，庶叶明离之吉，宜册为皇太子，改名恒，仍令有司择日备礼册命，主者施行。(元和七年十月)①

那么，这是不是说明制书与策书的使用在唐代出现混乱了呢？事实上，这恰恰是策书对其原本的仪礼性特征的延续。册书开头对时间进行交代："维元和七年，岁次壬辰，十月丙戌朔，十七日壬寅"，此后则基本以四言这种利于朝堂朗读的形式成文，言语古奥，册书末尾是对即将任命之人的勉励与告诫，其形制实是对汉代策书形式的继承。而制书的首称"门下"，显然承袭了汉代制书"制诏+"的形式，只不过将具体官职变成了主要部门，而不论如何称呼，均体现出下达行政命令的意思。显而易见，制书主要用于行政命令的下达，而策书则是行册立之礼仪之时于朝堂宣读的文书，这一点不同，从制书末尾的模式化套语"仍令有司择日备礼册命，主者施行"也可见出。就贬谪而言，制书用于人事任免政策，策书则用于策封的仪式性场合，二者继承了两种文体的基本属性，功能不同，因此不可说是重复或混淆。那么，原本用"策免"类策书行使的对三公诸王的贬谪到唐代又以什么样的方式呈现呢？研究发现，原本对三公的策免在唐代已全部用制书表达，且主要分布在针对宰相的"罢免"和"出镇"两类制书中，对宰相的贬谪常不明言，或只略带谪词，贬谪转化成为更深层、隐蔽的形式。如在针对宰相的"罢免"和"出镇"两类制书中，罢免基本是免为东宫官、东都分司官或六部尚书，既行了贬谪之实又照顾了宰相的颜面，对官员罪行只是小有微词，而出镇更是全无责辞，甚至还有重用夸赞的意思。这样的贬谪方式，一方面可以说是照顾了宰相尊严，全皇帝尊贤之礼，另一方面也为贬谪的暗箱操作提供了极大的空间，而这，也从侧面反映出了唐代作为一个统一的封建国家，其政治治理的复杂性及其艺术性。

当然，也有除"罢免"和"出镇"之外的宰相的贬谪制书，集中在《唐大诏令集》的"贬降"条下，只是，其形式还是制书的形式。制书发展到唐代，文体使用范围逐渐发生变化，原本的"制度之命"变成了"行大赏罚，授大官爵"则用之，

① (宋)宋敏求编：《唐大诏令集》卷二八《立遂王为皇太子制》，中华书局 2008 年版，第 95 页。

文体范围大幅度缩窄，主要用于任免官员，《唐大诏令集》中的贬降类，使用的全部都是制书。而诏书，一度因为与武则天的“曌”字重音，为避讳而改为“制”使用，出现了制诏混用的现象，后来虽然有所恢复，但终唐一代，制诏的使用并无特别的区分，如《大诏令集》中有《杨炎崖州司马制》，而《旧唐书·杨炎传》中的记载则为“建中二年十月，诏曰”①，《大诏令集》中有《皇甫镈崖州司户参军制》，《旧唐书·皇甫镈传》中记载为：“穆宗在东宫，备闻镈之奸邪，及居谅阴，听政之日，诏……”②可见，在唐代，制和诏的使用并不非常严格。此外，唐代贬谪除了《唐大诏令集》中用的制体，诏体的运用也非常广泛，如太宗时期的《贬裴虔通诏》，中宗时期的《贬敬晖等诏》，以及玄宗时期的《贬韦安石等诏》《贬王毛仲诏》等。

除了制书与诏书，唐代还出现了另外一种贬谪文体，即“敕”，如《贬责罗希奭张博济敕》《贬吴凭等敕》《贬李伫海康县尉敕》等。“敕”早在汉代便已经出现，当时合称“戒敕”，刘勰称“戒敕州部”③，《独断》则称“戒敕刺史、太守及三边营官”④，并指出其体式为“有诏敕某官”。“戒敕”一体，虽然在汉代作为王言的一种被确立下来，但其使用主体却不仅仅限于皇帝，其他群体如长官或尊长亦可采取“戒敕”的形式。这种情形一直持续到北齐才开始有了一定的变化，顾炎武《金石文字记·西岳华山庙碑》称：“汉时人官长行之掾属，祖父行之子孙，皆曰敕。……则晋时上下犹通称之也。至南北朝以下，则此字惟朝廷专之，而臣下不敢用。故北齐乐陵王百年习书数‘敕’字，而遂以见杀。此非汉人所当忌也。”⑤《北史·齐宗室诸王》载：“会博陵人贾德胄教百年书，百年尝作数敕字，德胄封以奏。帝又发怒，使召百年。……见帝于玄都苑凉风堂，使百年书敕字，验与德胄所奏相似。遣左右乱捶击之……遂斩之。”⑥朝廷因为书“敕”字而将乐陵王处

① （后晋）刘昫等撰：《旧唐书》卷一一八《杨炎传》，中华书局1975年版，第3425页。

② （后晋）刘昫等撰：《旧唐书》卷一三五《皇甫镈传》，中华书局1975年版，第3742页。

③ （南朝梁）刘勰撰，杨明照校注：《增订文心雕龙校注》，中华书局2012年版，第267页。

④ （汉）蔡邕撰：《独断》，子部一五六《杂家类二》，文渊阁四库全书影印本，第78页。

⑤ （清）顾炎武撰：《金石文字记》，《顾炎武全集》第5册，上海古籍出版社2011年版，第229~230页。

⑥ （唐）李延寿撰：《北史》卷五二《齐宗室诸王》，中华书局1974年版，第1886页。

死，可见此时，“敕”这一文体已经成为皇帝的专用文体，具有一定的权威。发展到唐代，敕书的使用范围进一步扩大，不仅是皇帝的专用文书，甚至成为“王言之制有七”中的四种，即发日敕、敕旨、论事敕书、敕牒。其中发日敕即“御化发日敕也，增减官员，废置州县，征发兵马，除免官爵，授六品以下官……则用之”①。除免官爵显然与贬谪有关，至此，唐代出现了一种新的贬谪文书，即贬谪敕书。究其原因，唐经过武则天诏书与制书混用之后，传统诏书便更偏向于制书的功能，使用范围大幅缩减，而制书则从以前的“制度之命”主要用于“行大赏罚，授大官爵”，这样，以前制书与诏书的部分职能便要有新的文体来承担，于是，敕书便应运而生，成为唐代贬谪的新文体。不过，虽是一种贬谪新文体，综合言之，唐代贬谪相关的敕书却并不多，“敕”并未成为唐代贬谪文书的重要部分，贬谪公文的主体仍然是“制”书。

由以上分析可知，随着历史及政治现实的演变与发展，贬谪制诏从先秦到汉到唐，经历了一个漫长的产生—分化—发展过程。在这一历史进程中，贬谪制诏历经了秦以前的无固定形制到汉的有一定形制；从汉代针对对象不同的“策”“制”等多样化形制到唐代“行大赏罚、授大官爵”的统一“制”体。其间种种变化看似不断变得明晰简单，事实上，对贬谪而言却是一个逐渐复杂化、隐蔽化的过程。许多未明言贬谪却含贬义的贬谪诏令都包含在“制”这一大文体之下，需要加以细致的辨析。而这一点，与有唐一代政治制度的发展密切相关。作为一个武力开国的强健的大一统帝国，唐代需要有专门的、自上而下体现皇帝权威的公文文体，且唐结束了汉需要分封诸侯王的历史问题，国家政治由皇帝及其领导的宰相集团直接管理，这便对统治者的统治策略及其专制力度提出了新要求，新制度应运而生，治理的艺术由之升华。贬谪经历了先秦到唐的变化，逐渐成为一种国家治理方式，自然地，贬谪诏令的相关情形便也比前代更加复杂。此外，也正是因为贬谪诏令到唐代大多统一为“制”体的形式，因此，其形制在综合前代“策”“制”“诏”“令”等的基础上进一步稳定，形成历史上贬谪诏令的经典体式，到之后的宋代都一直成为被沿袭、模仿的对象，并在之后的王朝政治中，彰显出德治的光辉。

---

① （唐）李林甫等撰，陈仲夫点校：《唐六典》卷九，中华书局1992年版，第274页。

第二节　唐代贬诏的文体形制及恩怨书写

贬谪制诏是古代朝廷为处罚犯罪官员而颁布的相关诏令，既体现着皇帝的绝对权威，又左右着无数知识分子的人生命运，对封建皇权的运行及维护具有举足轻重的作用。唐代贬谪制诏在吸收前代贬诏的基础上，形成了完整稳定的体式，成为贬谪制诏的经典范本，并被后世继承。目前，随着文体研究的日益深入，制、诏等公文文体已逐渐进入研究者的视野，并取得了一定的研究成果，然对贬谪制诏这类特殊的公文文体而言，至今仍少有专文进行论述。本章从唐代贬谪制诏的渊源与体制、用语与风格、恩怨与书写三个方面切入，以期对这类公文文体之形式及内涵进行考察。

一、唐代贬谪制诏的渊源及体制

由前文可知，贬谪制诏滥觞于先秦，到汉代开始出现相对稳定的体式。汉代“王言”主要有四种形式：“一曰策书，二曰制书，三曰诏书，四曰戒敕。”①其中“策”“制”“诏”中均有贬谪诏令，且都具备各自的表达特色。作为定仪则而生的四种文体之首，“策”伴随分封礼仪而产生，“策”即策封，与之相应地有策免，即贬谪。汉代多有因灾异而策免诸侯王、三公的策书，如《策免薛宣》《策免何武》《策免师丹》等。其次是制书。“制”书之“制”，乃“制度之命”的意思，有规范裁夺之意，人事的任免是国家治理中需要规范的内容之一，于是便有了贬官“制”书。相对于“策”的礼仪性、文化性，“制”则更侧重于行政性，强调人事任免的法度和规定，一般以“制诏+官职”的形式开头，如《免丞相王商诏》《左迁毋将隆诏》《诏免诸葛丰》等。诏书则是最常见的诏令形式，没有固定体式，运用灵活广泛，如《下诏贬削齐王晃等》《贬阜陵王延诏》等。魏晋南北朝，社会激烈动荡，江山变易，战争频仍。相比于汉代庄严的王言文体，“令”因使用主体不局限于帝王、传播速度快、实用性强而逐渐受到青睐，短小精干、条理明晰而又严

① （南朝梁）刘勰撰，杨明照校注：《增订文心雕龙校注》，中华书局 2012 年版，第 267 页。

谨冷峻为其特色，如魏郭后所下的《追贬高贵乡公令》，吴孙权的《斥张温令》以及南朝陈的《黜始兴王伯茂令》等。发展到唐代，“策”书这种原本用于策封、策免、吊唁的文体逐渐变成册命的专用文体，“立后建嫡、封树藩屏、宠命尊贤，临轩备礼则用之”①，汉代的“策免”一类消失，原本用来贬谪三公诸王的“策”书已被“行大赏罚，授大官爵”制书取代，分布于宰相的“罢免”“出镇”“贬降”类的制书中。制书的使用范围比汉代而言大为缩小，主要用于官员的升降任免。而诏书，经过与武则天“曌”字重音避讳又重新恢复的过程，在整个唐代均与“制”书无明显区别。可以说，唐代贬谪制诏最终实现了以“制”“诏”为主体的文体形式，完成定型。

王应麟《玉海》中曾说明体制对王言的重要性：“文章以体制为先，精工次之。失其体制，虽浮声切响，抽黄对白，极其精工，不可谓之文矣。凡文皆然，而王言尤不可以不知体制。”②前文明确了贬谪制诏的渊源，以下则具体分析唐代贬谪制诏形成的固定体制。宋王楙《野客丛书》卷三〇“白朴”条云：“仆读元微之诗，有曰‘白朴流传用转新’，注云：乐天于翰林中，专取书诏批答词撰为矜式，禁中号为‘白朴’。每新入学求访，宝重过于《六典》。检《唐·艺文志》及《崇文总目》无闻，每访此书不获，适有以一编求售，号曰‘制朴’，开帙览之，即微之所谓‘白朴’者是也。为卷上、中、下三，上卷文武阶勋等，中卷制头、制肩、制腹、制腰、制尾，下卷将相、刺史、节度之类。此盖乐天取当时制文编类，以规后学者。”③从材料可以看出，《白朴》是一本白居易总结的制书写作指导书，在当时极受欢迎。随着唐代诗、文、赋格的大量涌现，白居易对当时的公文写作进行了总结，其将“制”书分制头、制肩、制腹、制腰、制尾几个部分加以解说，这样的总结是以对当时公文体制的深入认知为基础的。此书虽现已失传，然相似的说法从王应麟《辞学指南》中亦可略窥一端。如“制头四句说除授之职，其下散

① （唐）李林甫等撰，陈仲夫点校：《唐六典》卷九，中华书局 1992 年版，第 273 页。

② （宋）王应麟撰：《玉海》卷二〇二《辞学指南》，江苏古籍出版社 1987 年版，第 3692 页。

③ （宋）王楙撰：《野客丛书》，王水照编：《历代文话》第五册，复旦大学出版社 2007 年版，第 4433 页。

语一段略说除授之意”①，又如“制头四句四六一联，散语四句或六句……‘具官某’一段颂德，先须看题……一段说旧官……一段说新官。于戏用一联，或引故事，或说大意……后面或四句散语，或止用两句散语，结不须更作联，恐冗”②。可见，最迟至中唐，“制”书已经拥有了固定的体制。贬谪制书作为制书的一种，虽不如除授制书形制那样严整，但其体制基本亦可用制头、制肩、制腹、制腰、制尾几部分加以解析。

细致摸排爬网《唐大诏令集》《全唐文》以及《唐大诏令集补编》，笔者共统计出唐代贬谪诏令 170 篇。其在唐代各朝的分布如表 5-1 所示：

表 5-1　唐历朝贬诏分布及具体数量

朝代	数量	朝代	数量
太宗	5	穆宗	11
高宗	6	敬宗	2
中宗	2	文宗	13
睿宗	2	武宗	0
玄宗	40	宣宗	14
肃宗	4	懿宗	6
代宗	8	僖宗	2
德宗	8	昭宗	12
顺宗	1	哀帝	9
宪宗	25	总计	170

仔细分析这 170 篇诏令，我们可以大致总结出唐代贬谪制诏的体制如表 5-2 所示：

① （宋）王应麟撰：《玉海》卷二〇二《辞学指南》，江苏古籍出版社 1987 年版，第 3682 页。

② （宋）王应麟撰：《玉海》卷二〇二《辞学指南》，江苏古籍出版社 1987 年版，第 3682~3683 页。

表 5-2　唐代贬谪诏令体制及内容分布

名称	具体内容
制头	“门下：云云”，“门下”有时省略 说明君臣相处之道或君臣之职，点明其重要性，或言刑罚之意义等。一般起到引子的作用，引起下文
制肩	顺承制头引出制腹，或对制头作出进一步解释，属于连接部分，经常省去，或者并入制头“云云”
制腹	“具官某云云”，主要对犯事官员的罪行进行描述。经常用“而”或“诚宜……而乃”“理合……乃”“岂知”“而乃”等形式对具体的贬谪原因进行说明。此部分是贬谪制书必不可少的部分，也是最重要的部分
制腰	和制肩一样，起连接作用，经常省略不言
制尾	表明宽恕和最终的处罚结果如“可某官，驰驿发遣”，还有的加上“于戏”云云，再次申明治国之道和自责己之失职，悉怀的同时警励百官

其中，“制肩”和“制腰”因只起连接作用而经常被并入“制头”或省略不言，唐代贬谪制诏主要由“制头”“制腹”“制尾”三个部分构成。如《贬齐澣麻察等制》：

朕闻四时之义，信在不言，三代之风，德以归厚。道可光乎训俗，理必由乎在位。有犯无隐，名教之攸先；上和下睦，宪章之惟旧。其有辩言乱政，实诫殷书；伪行登朝，深惩鲁典。(制头)朝请大夫守吏部侍郎上护军齐澣，累践清要，诚宜至公。承议郎守兴州别驾麻察，频经贬逐，理合迁善，乃交构将相，离间君臣，作谄黩之笙簧，是德义之蝥贼。都水监丞齐敷、灵州都督府兵曹参军郭禀等，趋走末品，奸谲在心，左道与人，横议于下。并青蝇可鉴，害马难容，或任高星象，或名微草芥，上耻大夫之辱，下羞徒隶之刑，特解严诛，宜从远逐。(制腹)澣可高州良德县丞员外置长任；察可浔州皇化县尉员外置长任；敷宜量决一百，长流崖州；禀亦量决一百，长流白州。仍并差使，驰驿领逐。虽万方之过，情切在予；而四罪以闻，刑其自尔。且如非贤勿理，食禄忧政，庶乎文武百辟，忠公事主。出惟长者之

游，言必先王之道，光昭雅训，可不务乎？如或迹在不经，思出其位，虽轻勿赦，抑有常法。布之朝纲，知朕意焉。（制尾）①

开头的部分是“制头”，对治道进行陈述。天地运转、四时之义、三代之风、君臣之礼，无一不依赖“德”来维系，国家治理以传统的儒家之“礼”为核心，君臣要各安其分、各司其职，才能使上下和睦，德行醇厚。其次是“制腹”，即贬谪原因的陈述。一般采用“诚宜……而乃”的形式，如上面制书中“诚宜……而乃”和“理合……乃”等，都表明官员受到惩罚乃因交结奸邪、陷害良善、私心贪婪、背道弃义以致成为“德义之蟊贼”。最后是“制尾”，内容是处罚加宽宥和自省加感慨。说明即使被贬，但皇恩浩荡，仍鼓励被贬官员弃恶从善，将功补过，并且表明违反国家法令便要受到处罚，警戒朝廷重臣。

总之，经过一个历史的发展过程，贬谪制诏到唐代不仅树立了自身明确的文体意识，也具备了“制头”+“制腹”+“制尾”的稳定体式，即“治道+犯罪缘由+处罚结果/处罚感慨”的三段式结构，实现了体制定型。

二、唐代贬谪制诏的用语及风格

伴随着体制的稳定，唐代贬谪制诏形成了特定的表达内容与固定套语。其语言风格，历经骈、散的选择，最终以骈体的形式固定下来。这一方面与骈体本身易于宣读的特性相关，另一方面则是因为骈体表达模糊性的特点与贬诏本身所需的含混特性相契合。

首先，作为一种帝王话语形式，唐代贬谪制诏内含着一套特殊的“王言”符号系统，具体可总结为三大类“王言”词汇。第一类乃“君臣”相关类。如玄宗时期《斥李峤制》中“事君之节，危而不变，为臣则忠，贰乃无赦”②，《削李林甫官秩诏》中“为臣之道，贰则有辟，事君之致，将而必诛”③等。这类词汇大多对君臣之间的相处之道提出了要求，强调国家治理中的君臣相处之德：为臣便要做到

① 《全唐文》卷二三《贬齐瀚麻察等制》，中华书局 1983 年影印本，第 267 页。
② 《全唐文》卷二〇《斥李峤制》，中华书局 1983 年影印本，第 240 页。
③ 《全唐文》卷三三《削李林甫官秩诏》，中华书局 1983 年影印本，第 368 页。

忠心无二，竭力事君，臣事君以“忠”、以“义”；为君便要以信相知，以礼相待，君使臣以“礼”、以“信”。第二类词汇乃“典章”相关类。如玄宗朝《贬萧嵩青州刺史制》中“王者立法，所贵无私，有过必惩，古之令典”①，肃宗时期《贬李揆袁州长史诏》中“宜峻彝章，以惩不道”②等。这类词从侧面表明对于“不道”和“奸邪”的行为，国家将有大典进行处罚。第三类词汇乃“惩戒”“悉怀”类。如玄宗时期《贬韩朝宗吴兴郡别驾员外诏》中“宜从贬黜，用申惩戒”③，《贬齐澣麻察等制》中“布之朝纲，知朕意焉”④，德宗时期《贬吕渭歙州司马制》中“宜佐遐藩，用诫薄俗”⑤等。这类词汇意在警戒文武百官，整肃朝廷纲纪，敦励社会风俗，同时又带有示恩的意味，即通过君对臣的施恩宽恕来表明君王的仁厚爱人之意。总之，三大类“王言”符号系统都凸显了国家治理中德行的重要性。

其次，贬谪制诏的书写内容亦经历了一个不断丰富和完善的过程。从最早的两篇贬谪诏令即鲁太史的《更鲁公书逐莒仆》及秦始皇的《赐文信侯书》来看，贬谪诏令叙述被贬对象的所犯事由及处罚决定的主体内容已经具备。《更鲁公书逐莒仆》中甚至还有“今日必通，无逆命矣”⑥的行程规定，开后世贬谪制诏中行程约束之先河。到汉及魏晋南北朝，贬谪制诏中多处对所贬之官的职能或治国之道进行描述，如《策免师丹》中“夫三公者，朕之腹心也，辅善相过，匡率百僚，和合天下者也。朕既不明，委政于公，间者阴阳不调，寒暑失常，变异屡臻，山崩地震，河决泉涌，流杀人民，百姓流连，无所归心，司空之职尤废焉”⑦，《诏免庾纯官》中“先王崇尊卑之礼，明贵贱之序，著温克之德，记沈酗之祸，所以光宣道化，示人轨仪也”⑧等。不过，这一部分只在个别贬谪诏令中具备。到唐代，贬谪制诏书写才较普遍地加入这一部分，且更集中于对君臣之道的阐发。除此之

---

① 《全唐文》卷二四《贬萧嵩青州刺史制》，中华书局 1983 年影印本，第 277 页。

② 《全唐文》卷四三《贬李揆袁州长史诏》，中华书局 1983 年影印本，第 477～478 页。

③ 《全唐文》卷三二《贬韩朝宗吴兴郡别驾员外诏》，中华书局 1983 年影印本，第 355 页。

④ 《全唐文》卷二三《贬齐澣麻察等制》，中华书局 1983 年影印本，第 267 页。

⑤ 《全唐文》卷五〇《贬吕渭歙州司马制》，中华书局 1983 年影印本，第 548 页。

⑥ （春秋）左丘明撰：《国语》，上海古籍出版社 1985 年版，第 25 页。

⑦ （清）严可均辑：《全上古三代秦汉三国六朝文》，中华书局 1958 年版，第 175 页。

⑧ （唐）房玄龄：《晋书》卷五〇《庾纯传》，中华书局 1974 年版，第 1398 页。

外，唐代贬谪制诏的特殊之处乃增加了对被贬之人行程的规定及皇帝于治道的感慨。前者如《贬王毛仲诏》中"差使驰驿领送至任，勿许东西"①，《贬郑畋太子少傅分司东都制》中"仍且于兴元管内逐便将养，候疾损日赴任，主者施行"②。后者有《削李林甫官秩诏》中"明罚斯加，非无累叹，凡任咸自诫焉"③，《贬房管刘秩严武诏》中"朕自临御寰区，荐延多士，常思聿求贤哲，共致雍熙，深嫉比周之徒，虚伪成俗。今兹所谴，实属其辜。……凡百卿士，宜悉朕怀"④等。至此，贬谪制诏的内容由原本单一的"错误事实+处罚方式"变成了"治道阐述+错误事实+处罚方式+行程规定+抒发感慨"，言说内容大为丰富。

最后，就语言风格而言，贬谪制诏的语言经历了从散到骈的变化，其中虽历经元稹、白居易等人的公文语言革新，但最终仍以骈体的形式固定下来。从先秦到汉代，贬谪制诏逐渐开始由散入骈，到唐前期则已基本完成由散到骈的定型。骈体与制诏语言似乎有着某种先天的适应关系，正如陈维崧在《四六金针》中言："四六之兴，其来尚矣。骈词俪语，六经多有之。至汉乃从典谟誓命而加之润色，一篇始末，皆以对偶成文，谐协其声，以便宣读，俾听者易晓，斯亦古文之一体也。"⑤骈俪之辞，因其整齐华美、易于宣读，不仅六经中早已有之，到汉代公文甚至"一篇始末，皆以对偶成文"⑥。具体到贬诏，汉代贬诏中亦可发现骈体的点滴渗入，如《诏免诸葛丰》中"告案无证之辞，暴扬难验之罪"⑦，《免傅嘉诏》中"崇党以蔽朝，伤善以肆意"⑧，《册免丁明》中"嫉妒忠良，非毁有功"⑨等。此

① 《全唐文》卷三〇《贬王毛仲诏》，中华书局1983年影印本，第338页。

② 《全唐文》卷八六《贬郑畋太子少傅分司东都制》，中华书局1983年影印本，第902页。

③ 《全唐文》卷三三《削李林甫官秩诏》，中华书局1983年影印本，第368页。

④ 《全唐文》卷四二《贬房管刘秩严武诏》，中华书局1983年影印本，第468页。

⑤ 陈维崧撰：《四六金针》，中华书局1985年版，第1页。

⑥ 陈维崧撰：《四六金针》，中华书局1985年版，第1页。

⑦ （汉）班固撰，（唐）颜师古注：《汉书》卷七七《诸葛丰传》，中华书局1962年版，第3251页。

⑧ （汉）班固撰，（唐）颜师古注：《汉书》卷八一《孔光传》，中华书局1962年版，第3362页。

⑨ （汉）班固撰，（唐）颜师古注：《汉书》卷九三《董贤传》，中华书局1962年版，第3735页。

后，经过魏晋南北朝及唐，贬诏骈体公文的发展蔚为大观。宋王应麟在《辞学指南》中提到制诰的作法"官名须于《职官分纪》寻替换字，如尚书为中台，吏部为选部，礼部为仪曹，似此类，须每件寻两三般"①，便是因为"临时有声律虚实之不同也"②，而其提到的《中兴馆阁书目》中，公文大手笔陆贽有《备举文言》三十卷，专门"摘经史为偶对类事"③达四百五十余类之多，更可见出唐代骈体公文的发展之盛。

元稹《制诰序》曾生动描述过这种骈体公文的发展盛况："苟务刓饰，不根事实，升之者美溢于词，而不知所以美之之谓；黜之者罪溢于纸，而不知所以罪之之来。而又拘以属对，局以圆方，类之于赋、判者流。"④为此，元稹进行了公文革新，白居易评价为"制从长庆辞高古"，即言："微之长庆初知制诰，文格高古，始变俗体，继者效之也。"⑤《元公墓志铭并序》中亦评价："制诰，王言也，近代相沿，多失于巧俗。自公下笔，俗一变至于雅，三变至于典谟，时谓得人。"⑥然而，需要注意的是，虽有元稹等人的散体公文革新，贬谪制诏的骈体形式却不曾改变。元稹自己的《贬令狐楚衡州刺史制》便是传统的骈文体式，晚唐杜牧笔下的骈体制诏则更为繁缛整饬。之所以会出现这样的情形，其一是因为谢伋《四六谈麈序》中提到的骈体"便于宣读"⑦的特色；其二是岑仲勉的议论"迁擢者须铺叙其资历、政绩，降谪者须指斥其罪过，散文难于措辞，骈体易得含糊"⑧，即骈体易于说得含糊的特点适用于贬谪罪辞含混性的书写。由此，骈体成为贬谪制诏的最终选择便不难理解了。

---

① （宋）王应麟撰：《玉海》卷二〇二《辞学指南》，江苏古籍出版社 1987 年版，第 3683 页。

② （宋）王应麟撰：《玉海》卷二〇二《辞学指南》，江苏古籍出版社 1987 年版，第 3683 页。

③ （宋）王应麟撰：《玉海》卷二〇二《辞学指南》，江苏古籍出版社 1987 年版，第 3680 页。

④ （唐）元稹撰，周相录校注：《元稹集校注》卷四〇，上海古籍出版社 2011 年版，第 1007 页。

⑤ （唐）白居易撰，顾学颉校点：《白居易集》卷二三，中华书局 1979 年版，第 503 页。

⑥ （唐）白居易撰，谢思炜校注：《白居易文集校注》卷三三，中华书局 2011 年版，第 1928 页。

⑦ （宋）谢伋撰：《四六谈麈》，王水照：《历代文话》第一册，复旦大学出版社 2007 年版，第 33 页。

⑧ 岑仲勉撰：《文字由骈俪变为散体》，《隋唐史》，河北教育出版社 2000 年版，第 177 页。

综上所述，发展至唐代，贬谪制诏拥有了特定的表达内容与固定套语。其由散入骈又终以骈体固定下来的表达风格，显示出了贬谪制诏本身含混、圆融的内在要求，也正因这一要求，形成了贬谪制诏程序化言说背后复杂的人情恩怨。

三、唐代贬谪制诏的恩怨及书写

唐代贬谪制诏拥有了稳定的体制及程序化的言说方式，然其书写却并不僵化，反而充满了艺术性。贬诏背后，或为了打击政敌，或出于全身避祸，或用来报复，或因之结怨。贬诏的书写造成了这一实用性王言文体背后的复杂性。

首先，贬诏的书写经常成为文人结怨的一种方式。《刘宾客嘉话录》中有一则这样的记载："韩十八初贬之制，席十八舍人为之词：'早登科第，亦有声名。'席既物故，友人曰：'席无令子弟。岂有病阴毒伤寒而与不洁吃耶？'韩曰：'席十八吃不洁太迟。'人问之何也，曰：'出语不是。'盖忿其责辞云'亦有声名'耳。"①韩十八即韩愈，韩愈被贬，席夔为其写制词，因其中"亦有声名"一句措辞欠妥，便引得韩愈心怀怨恨。与此相似，《册府元龟》载崔荆、崔珙之间的恩怨亦如此："唐崔珙为东都留守，判尚书省事，中书舍人崔荆为庶子，公务谒珙，珙不为见。荆乃求与珙素善者，使候问之，珙怒不已。他日，因酒酣，复诘之。居守益忿曰：'珙誓不与此人相面，且人为文词，言语何限，岂可以珙兄弟作假对耶？'荆尤不喻。亲族咸忧傈不安。甥族中有颖悟者，探取文集详之，乃掌制日，贬崔珙为抚州郡丞云：'夤缘雁序，鼓扇浇风。'荆因尔成疾。"②只因崔荆撰写崔珙的贬谪制书时用了"夤缘雁序"四字，并其兄弟一起言说罪名，便遭致崔珙的不满并积怨于心，且这种积怨使得崔荆亲族咸忧傈不安，可见其后果之严重。

其次，贬谪制诏常被人利用成为打击政敌的手段。如中唐时期永贞革新乃官僚士大夫打击宦官势力、革除政治积弊的改革，主张加强中央集权，反对藩镇割据，反对宦官专权，具有积极意义。王夫之称其"革德宗末年之乱政，以快人心，

① （清）孙梅撰：《四六丛话》，王水照：《历代文话》第五册，复旦大学出版社 2007 年版，第 4376 页。

② （宋）王钦若等编：《册府元龟》卷三三七《宰辅部三十》，中华书局 1960 年影印本，第 1888 页。

清国纪，亦云善矣”①，岑仲勉亦云“只此小小施行，已为李唐一朝史所不多见”，而“德宗秕政，廓然一清”②。然而，翻看当时革新派人士的贬谪制诏可以见到其罪名“夙以薄伎，并参近署。阶缘际会，遂洽恩荣。骤居左掖之秩，超赞中邦之赋。曾不自厉，以效其诚，而乃漏泄密令，张皇威福；畜奸冒进，黩货彰闻”③，“直谅无闻，奸回有素。负恩弃德，毁信废忠。言必矫诬，动皆蒙蔽。官由党进，政以贿成”④等。所述罪名不仅与其功劳大相径庭，甚至用语非常狠重，充满肃杀之气，这其中当然有皇帝的意思，但具体措辞如何则充满撰写者的情感。“恨之欲其死”，一朝失败，不论其历史上意义如何，首先遭受的便是政敌的无情打击。套语如“张皇威福”“畜奸冒进”“奸回有素”“负恩弃德”“毁信废忠”“官由党进”等，则将罪名上升到结党、贪污、奸邪、背信弃义的高度，这样的贬诏，显然是政敌打击异己之利器。

当然，大多数时候，贬谪罪名并不能写得如此狠重畅快，制书除了要书写罪名，行贬谪之实，还要考虑自身的立场与处境。若自己本身与被贬谪之人立场观念相同，制书中虽言罪名，有时甚至还会有一些回护之词、赞美之意；即使立场不同，但考虑自身处境，万一被贬之人复职，不能因书写诏书而与之结怨，成为日后被打压的把柄，因此所拟罪名又多有曲意周旋之处。郑畋书写刘瞻的罢相制书便是一个明显的例子。刘瞻因进谏触怒懿宗，被出为荆南节度使，负责草诏的人为翰林学士承旨郑畋。郑畋本与刘瞻亲善，其为翰林学士还是刘瞻的推荐，因此，在草刘瞻罢相诏书之时，郑畋便加入许多赞美之词，为此甚至引发懿宗不满，将其贬为梧州刺史。《旧唐书·郑畋传》记载：“畋草制过为美词，懿宗省之甚怒，责之曰：‘一昨刘瞻出藩，朕岂无意？尔次当视草，过为美词。逞谲诡于笔端，笼爱憎于形内。徒知报瞻咳唾之惠，谁思蔑我拔擢之恩。载详言伪而坚，果明同恶相济。人之多僻，一至于斯！宜行窜逐之科，用屏回邪之党。’”⑤路岩

① （清）王夫之撰：《读通鉴论》卷二五，岳麓书社2011年版，第946页。

② 岑仲勉撰：《宦官之祸》，《隋唐史》，河北教育出版社2000年版，第323页。

③ 《全唐文》卷五六《贬王伾开州司马王叔文渝州司户参军制》，中华书局1983年影印本，第605页。

④ 《全唐文》卷五六《贬韦执谊崖州司马制》，中华书局1983年影印本，第605页。

⑤ （后晋）刘昫等撰：《旧唐书》卷一七八《郑畋传》，中华书局1975年版，第4632页。

亦讥刺他“侍郎乃表荐刘相也”①。这件事情中，郑畋被贬便与其制书书写密切相关，本欲有所回护，却因此牵连被贬。

《全唐诗话》中也提到过此次事件：“懿宗朝，韦保衡、路岩忌宰相刘瞻，诬以罪，黜为荆州节度。畋为制词云：‘早以文学，叠中殊科，风棱甚高，恭谨无玷。’又云：‘安数亩之居，仍非己有，却四方之贿，惟恐人知。’韦、路大怒，贬畋为梧州刺史，责刘驩州司户。命舍人李庚为词，深文痛诋，必欲加害。属懿宗厌代，僖宗立，萧仿辅政，举瞻自代，召归朝廷。至湖南，庚典是郡，出迎江次牌亭，致酒。瞻唱《竹枝词》，送庚酒，命庚酬和。庚曰：‘不闲音律。’瞻曰：‘君应只解为制词也。’是夕，庚饮鸩而卒。”②其中，除记录郑畋因草刘瞻贬谪诏书过为美词被贬一事，还记载了中书舍人李庚草刘瞻贬驩州司户的罪词“深文痛诋，必欲加害”，后刘瞻被召回，一句“君应只解为制词也”便让李庚极度惊恐饮鸩而卒。如果说郑畋草诏过为美词是为了表达相同政治立场的支持，李庚的深文痛诋便是一种顺势而为的加害，二者都在制书中表达了自己的意思，却因没有把握好尺度而遭致祸患。天高难测，宦海浮沉，因此，为了自身的安危考虑，在写作制诏时便需要考虑各方面因素，含混其词，曲意周旋，以免无端结下仇怨。所以颜之推说：“陈孔璋居袁裁书，则呼操为豺狼。在魏制檄，则目绍为蛇虺。在时君所命，不得自专，然亦文人之巨患也，当务从容消息之。”③而这，也便是贬谪制诏经常措辞含糊的一大原因。可见，制诏的书写的确需要仔细斟酌，下足功夫。此外，王定保《唐摭言》中还有一个制书拟写的例子，其揣摩下语虽无关生死，却也极费心思。“开成中，温庭筠才名籍甚，然罕拘细行，以文为货，识者鄙之。无何，执政间复有恶奏庭筠搅扰场屋，黜随州县尉。时中书舍人裴坦当制，忸怩含毫久之。时有老吏在侧，因讯之升黜，对曰：‘舍人合为责辞，何者？入策进士，与望州长马一齐资。’坦释然，故有‘泽畔长沙’之比。”④从无官到被黜随州县尉，这样的情形如何定性，罪辞如何书写，中书舍人裴坦都“忸怩含毫久之”。后在精于吏治、经验丰富的老吏的帮助下才有了“泽畔长沙之比”的夸张

① （宋）司马光编著：《资治通鉴》卷二五二，中华书局1956年版，第8160页。
② （宋）尤袤撰：《全唐诗话》卷六，中华书局1985年版，第81页。
③ （北齐）颜之推撰，王利器集解：《颜氏家训集解》卷四，中华书局1993年版，第258页。
④ （五代）王定保撰：《唐摭言》，上海古籍出版社1978年版，第80页。

责词。这个故事，虽然现今读来仍有点幽默戏谑的味道，然其时文人草制措辞之难却是不难见出的。总而言之，制书写作并不是一项死板的工作，而是充满了艺术性，文人写作制书，既要懂得周旋避祸，保护自己，也要用心揣摩圣意，做到尽量合乎要求的表达。

总而言之，贬谪制诏是指伴随官员贬谪而下达的书面性公文，在吸收汉代“策”“制”等文体的基础上，唐代贬谪制诏形成了“制头”+“制腹”+“制尾”的统一体式，生成特定的表达内容与固定套语。贬谪制诏的语言，历经散、骈的选择，最终以骈体的形式确定下来，其原因，一方面与骈体本身易于宣读的特性相关，另一方面则是因为骈体表达模糊性的特点与贬诏本身所需的含混特性相吻合。贬谪制诏程序化的言说背后，或表达支持，或落井下石，或委曲周旋、或嘲讽戏谑。在看似死板的公文书写中，充满了复杂的人情恩怨，折射着人类内心深处的渴望与恐惧，更隐含着复杂的政治生态。

第三节　唐代贬诏与所言罪名真实性之关联

作为一种实用性公文文体，贬降制诏记载了贬官官方认定的贬谪缘由。而在此诏书所言罪名与贬谪者的实际罪行之间，却存在着相当的距离。二者之间大体有三种不同的关联方式：其一是避重就轻式，指贬官本身罪行较重，诏书中官员罪名的拟定却往往避开贬官的主要罪因，而从一些次要方面着笔，具体表达方式为旁侧落笔，含糊其辞。其二是无中生有式，指贬官本身并无罪行，诏书中诸多严厉的罪名乃栽赃嫁祸而成，具体书写方式为反向诬构，罪辞极端。其三是上纲上线式，指贬官本身罪行轻微，诏书中的罪名即是将此轻微罪行上升到一种原则性的高度加以确定，具体表达方式为巧妙引申，拔高罪行。三种罪名书写方式的形成既有皇权基于自身利益的“八议”“十恶”制度为支撑，根本而言则又是一种礼、权互动之必然。

一、避重就轻式：旁侧落笔，含糊其辞

贬诏中罪名与贬官罪行之间的第一种关联方式为避重就轻式。避重就轻式指诏书中官员罪名的拟定往往避开贬官的主要罪行，而从一些次要方面着笔。最常

使用的两种方式为旁侧落笔和含糊其辞。其针对对象一般为有功或贤能之臣，是皇帝基于各方面因素考虑而形成的一种贬诏书写方式。

太宗时期的《贬萧瑀手诏》使用的便是这种书写方法。萧瑀为唐朝的元老重臣，并与李世民有亲表关系，为唐王朝筹划多年，殊多建树。然而其为人心高气傲而又严厉清正，度量不大，不太善于处理人际关系。《新唐书·萧瑀传》中有“瑀素贵，但中狭”①，《旧唐书·萧瑀传》中亦有太宗对其评价：“卿之守道耿介，古人无以过也。然而善恶太明，亦有时而失。”②显然，萧瑀的性格是非常容易得罪人的，《旧唐书》中就曾记载了几次太宗宽恕他的事情，如“太宗特免责之”“终以瑀忠贞居多而未废也”③等。甚至连魏徵都跟太宗说：“臣有逆众以执法，明主恕之以忠；臣有孤特以执节，明主恕之以劲。昔闻其言，今睹其实，萧瑀不遇明圣，必及于难！”④可见萧瑀的性格中隐藏着锋芒，因为太宗大度所以一直能够包容他，在他反复劾奏房玄龄和杜如晦，说他们“皆朋党比周，无至心以奉上”，或是“相与执权，有同胶漆”只“但未反耳”之时，太宗也只是解释“为人君者，驾驭英才，推心待士，公言不亦甚乎，何至如此”⑤！又说了一些不可求全责备而应舍其短而用其长的用人道理，甚至“数为瑀信誓”。然而，时间一长也不免“衔之”“不平”了。到后面当萧瑀请出家时，太宗允诺，萧瑀又反复不去甚至称疾不朝，太宗终于下手诏将其贬谪。

以上是关于萧瑀被贬事件的真相。然而《贬萧瑀手诏》中，萧瑀被贬的原因为：“践覆车之余轨，袭亡国之遗风，弃公就私，未明隐显之际，身俗口道，莫辨邪正之心，修累叶之殃源，祈一躬之福本，上以违忤君主，下则扇习浮华。往前朕谓张亮云，卿既事佛，何不出家？瑀乃端然自应，请先入道，朕即许之，循复不用，一回一惑，在于瞬息之间，自可自否，变于帷扆之所，乖栋梁之大体，岂具瞻之量乎。”⑥诏书认为萧瑀被贬主要是因为他学佛、出家的事情。说佛教本

① （宋）欧阳修、宋祁撰：《新唐书》卷一〇一《萧瑀传》，中华书局1975年版，第3951页。

② （后晋）刘昫等撰：《旧唐书》卷一〇一《萧瑀传》，中华书局1975年版，第2402页。

③ （后晋）刘昫等撰：《旧唐书》卷一〇一《萧瑀传》，中华书局1975年版，第2401页。

④ （后晋）刘昫等撰：《旧唐书》卷一〇一《萧瑀传》，中华书局1975年版，第2402页。

⑤ （后晋）刘昫等撰：《旧唐书》卷一〇一《萧瑀传》，中华书局1975年版，第2402页。

⑥ 《全唐文》卷八《贬萧瑀手诏》，中华书局1983年影印本，第96页。

来虚无，而萧瑀却去崇信，给风俗带来了不好的影响，并且说话不讲诚信，反复变化，没有大臣风范，因此贬谪。比照之下可以发现，制诏中所言原因只是贬谪的一个方面，萧瑀被贬更重要的其实是因为他的褊狭，由之而无法与房玄龄、杜如晦这些朝中正在重用的大臣和谐相处。但这一点，却是人际中比较隐蔽的部分，事实上也并没有什么公开化的冲突，若要因之惩罚，便需要三司审理房杜有无罪行，更加复杂而且无必要，房杜纵有微瑕，但亦不影响其与太宗的知遇以及其国之栋梁的地位。如其无罪，那萧瑀也只是进谏的性质，因之惩罚又会显得小气。况且，萧瑀为唐王朝也作出很大贡献，又有亲戚关系，太宗行贬谪之时当然也要考虑到大臣的尊严问题。综合言之，萧瑀真实的贬谪原因是不便明说的，所以只能找另外的由头为其定罪。而萧瑀在信佛、出家这一问题上的反复便成为其被贬的重要原因，这样的理由既保全了萧瑀颜面，也维护了朝臣之间的和谐。而这，也进一步体现了制诏的书写艺术。

与之类似的还有宇文融被贬的案例。在唐王朝因农民流亡、财税收入出现问题的紧急关头，宇文融凭借自己精明的政治才干和卓越的经济头脑，开展了一场声势浩大的“括户”运动，给唐王朝的经济带来复苏，宇文融也因之擢拜御史中丞。然而在此过程中宇文融的专断却也引起了许多朝臣的不满，史载“公卿以下皆惧其恩势，皆雷同不敢有异词”①。宇文融自身行事又比较高调，毫不避忌，“融乃驰传巡历天下，事无大小，先牒上劝农使而后申中书，省司亦待融指挥而后决断”，且“躁急多言，又引宾客故人，晨夕饮谑，由是为时论所讥”②。如此一种位高权重、旁若无人的状态，甚至连张说都恶其为人，以致“融之所奏，多建议争之”③，可见，他被贬的主要原因乃朝臣嫉恨，这一点，我们从宇文融被贬之后，玄宗的态度也可以了解。自宇文融被贬之后，“钱谷自此不治”，玄宗思之，让宰相曰：“公等暴融恶，朕既罪之矣，国用不足，将奈何？裴光庭等不能对。”④可见，宇文融被贬实是为了满足朝臣的意愿。具体到贬诏中，其罪名却

---

① （后晋）刘昫等撰：《旧唐书》卷一〇五《宇文融传》，中华书局1975年版，第3218页。

② （后晋）刘昫等撰：《旧唐书》卷一〇五《宇文融传》，中华书局1975年版，第3218页。

③ （后晋）刘昫等撰：《旧唐书》卷一〇五《宇文融传》，中华书局1975年版，第3221页。

④ （宋）欧阳修、宋祁撰：《新唐书》卷一〇五《宇文融传》，中华书局1975年版，第4559页。

是“一日九迁，方此超腾，彼未为速。庶违尔弼，朕则伫于昌言；谋而不臧，近颇彰于公论。交游非谨，举荐或亏”①。大概意思是宇文融贪心不足、为国家谋划不好，且结交不够谨慎、举荐非人。其中，为国谋划不够好，大概指括户这一行为，但非常模糊。“交游非谨”或许是说他与故人晨夕饮谑的事情，都不明确，而举荐方面，宇文融举荐的宋璟、裴耀卿、许景先实为良臣，又怎么能说“或亏”呢？很明显，这封诏书中罪名的拟定采用了含糊其辞的方式避重就轻，毕竟括户过程中，宇文融的特权其实是皇帝赋予的、默认的，因此其权力过大和专断也是不便明说的。况且括户这一行为也确实对恢复国家经济起到了作用，因此这上面很难作出让人信服的文章，还不如索性含糊其辞，将其拉下中枢之位，实行贬谪才是目的。

此外，崔群与令狐楚的贬诏书写亦如出一辙。崔群，《旧唐书·崔群传》中记其“以谠言正论闻于时”“启奏平恕”“冲识精裁，为时贤相”②，他被贬原因，史书中也记载得非常清楚，宪宗之时，“世道渐平，欲肆意娱乐，池台馆宇，稍增崇饰”③，皇甫镈敏锐地洞察了皇帝想要享受的心理，因此“以巧媚自固”，讨好宪宗，想要因之获得政治权力，而崔群却看透了他这一点，“累疏其奸邪”④，皇甫镈由是恶之，并巧妙地设计让他通过议皇帝徽号的方式触怒宪宗，将其贬谪。再看《贬崔群潭州刺史制》，在一大段的赞美之后，其罪行为：“而顾问之际，谓近于至公；说听之间，或违于事实”⑤，显然，这与崔群真实的贬谪原因没有任何关系，甚至让人有点摸不着头脑，“或违于事实”，那究竟有没有“违”呢？如果有，“违”的又是怎样的事实？如此含糊不清的罪行，在贬谪制诏中非常罕见。事实上，无论是皇甫镈对他的陷害，还是上徽号宪宗对他的不满，都是不可明言的内容，因此，诏书最终也只能呈现出我们现在看到的模棱。而令狐楚的被贬，史书中记载是因为其“亲吏赃污事发”，而实际上却是因为他与皇甫镈

① 《全唐文》卷二一《贬宇文融汝州刺史制》，中华书局1983年影印本，第261页。

② （后晋）刘昫等撰：《旧唐书》卷一五九《崔群传》，中华书局1975年版，第4187~4190页

③ （后晋）刘昫等撰：《旧唐书》卷一三五《皇甫镈传》，中华书局1975年版，第3741页。

④ （后晋）刘昫等撰：《旧唐书》卷一三五《皇甫镈传》，中华书局1975年版，第4189页。

⑤ 《全唐文》卷五九《贬崔群潭州刺史制》，中华书局1983年影印本，第636页。

勾结，且共逐裴度的事情引起了朝臣的不满。“时天下怒皇甫镈之奸邪，穆宗即位之四日，群臣素服班于月华门外，宣诏贬镈”①，因此，令狐楚便也理所当然成了被牵连的对象。而《贬令狐楚宣州刺史制》中，令狐楚被贬的原因是“颇闻工徒之诉，累彰官吏之罪。遽有章表，固求退闲，宜归相印之权，往授使符之命”②。诏书中只大概地说了一点“工徒之诉，彰官吏之罪”，其余便是因为他自己求“退闲”。很显然，诏书中的罪名已经巧妙地将最核心的问题掩盖过去了。

总之，这类避重就轻式贬谪的共同特点是，避开贬官的主要罪行，或是通过旁侧落笔，或是通过含糊其辞来对其“罪行”进行官方认定。这类贬谪一般有其背后不可明言的人情，或是为了维护大臣尊严，或是皇帝为了保全颜面，总之都有为难之处，而被贬之人也都不是犯了违反原则的大罪，甚至都有功于国，因此，罪辞一般也便以这样避重就轻的方式进行处理了。

二、无中生有式：反向诬构，罪辞极端

与上文所言的避重就轻式不同，另外一类贬谪罪辞的书写方式是无中生有式，即贬官并无真实罪行，诏书所言罪名纯属乌有，具体书写方式为反向诬构或罪辞极端。这类贬谪一般出现于王朝异代之际或党派斗争之中，是一种维持自身地位、打击异己的残酷政治手段。

贬谪制诏中对贬官罪名进行无中生式书写的例子首举中宗时期“五王”的贬诏。“五王”是指桓彦范、敬晖、崔玄暐、张柬之、袁恕己，这五人均为对唐王室忠心耿耿而又非常贤能的大臣。《旧唐书·桓彦范》中记载，桓彦范“慷慨俊爽”，年轻时就被纳言狄仁杰“特相礼异”，称赞他“足下才识如是，必能自致远大”③。敬晖亦以清干著闻，崔玄暐“少有学行”又“介然自守”④。在则天朝，张昌宗、张易之兄弟乱政之时，“五王”曾联合讨伐二人，将其枭首天津桥南，拥立中宗即位。可见，他们对唐王朝政权的独立和延续作出了很大的贡献，然其政治策略却百密一疏，没有根本清除侵害唐王朝的毒瘤——武三思，并最终为其当

① （后晋）刘昫等撰：《旧唐书》卷一七二《令狐楚传》，中华书局1975年版，第4460页。
② 《全唐文》卷五九《贬令狐楚宣州刺史制》，中华书局1983年影印本，第636页。
③ （后晋）刘昫等撰：《旧唐书》卷九一《桓彦范传》，中华书局1975年版，第2927页。
④ （后晋）刘昫等撰：《旧唐书》卷九一《崔玄暐传》，中华书局1975年版，第2934页。

初的计划不周付出了惨痛的代价。史载“晖等既失政柄，受制于三思，晖每推床嗟惋，或弹指出血。柬之叹曰：‘主上畴昔为英王时，素称勇烈，吾留诸武，冀自诛锄耳。今事势已去，知复何道。’”①五王本“除凶返正，得计成功”，最终却以“心怀不忍，遽失后图”②。这是历史给他们的评价，而在他们的贬谪制诏中留下的，却是与之相反的，作为贪心、谋逆之臣的严重谪辞。

“五王”成为罪臣，乃武三思蓄意谋害的结果。武三思，作为被“五王”推翻的武氏中的一员，对“五王”早已怀恨在心，史载其“以则天为彦范等所废，常深愤怨，又虑彦范等渐除武氏，乃先事图之”③，可见，他早有除掉“五王”的打算。时韦后干政，武三思私与其通，因此经常与韦后在皇帝面前馋毁“五王”，言其“恃功专权，将不利于社稷”④，一步步诱使中宗相信，并引导皇帝按照其设计对“五王”进行一系列斩草除根式的打击。首先，他向皇帝提出通过进封“五王”爵位架空其实际的政治权力，“虽外示优崇，而实夺其权也”⑤，之后，又通过王同皎的事情对“五王”进行诬陷。《旧唐书·桓彦范传》中记载：“二年，光禄卿、驸马都尉王同皎以武三思与韦氏奸通，潜谋诛之。事泄，为三思诬构，言同皎将废皇后韦氏，彦范等通知其情，乃贬彦范为泷州司马、敬晖崖州司马……”⑥最后，又“阴令人疏皇后秽行，榜于天津桥”⑦栽赃给“五王”，请加废黜，御史大夫李承嘉阴附武三思，未经鞫问，便对五王严厉惩处，中宗亦不听大臣建议，不经任何法律程序便将五王流放，最终又被武三思矫制残杀于岭外。于此，武三思通过自己的权力，硬是将这样一件颠倒黑白的事情践行在了光天化日之下。然而，“五王”的贬谪诏书中其具体罪名是这样的：

> 自谓勋高一时，遂欲权倾四海，擅作威福，轻侮国章，悖道弃义，莫斯之甚。然收其薄效，犹为隐忍，锡其郡王之重，优以特进之荣，不谓溪壑之

① (后晋)刘昫等撰：《旧唐书》卷九一《敬晖传》，中华书局1975年版，第2933页。
② (后晋)刘昫等撰：《旧唐书》卷九一《袁恕己传》，中华书局1975年版，第2943页。
③ (后晋)刘昫等撰：《旧唐书》卷九一《桓彦范传》，中华书局1975年版，第2930页。
④ (宋)司马光编著：《资治通鉴》卷二零八，中华书局1956年版，第6592页。
⑤ (后晋)刘昫等撰：《旧唐书》卷九一《桓彦范传》，中华书局1975年版，第2930页。
⑥ (后晋)刘昫等撰：《旧唐书》卷九一《桓彦范传》，中华书局1975年版，第2930页。
⑦ (后晋)刘昫等撰：《旧唐书》卷九一《桓彦范传》，中华书局1975年版，第2931页。

志，殊难盈满。既失大权，多怀怨望。乃与王同皎窥觇内禁，潜相谋结，更欲称兵绛阙，图废椒宫，险迹丑词，惊视骇听。①

诏书中首先说“五王”作威作福，背道弃义，辱没国家之法，为其扣了一个擅权不义的大帽子；其次，又说朝廷给予“五王”荣耀，加官进爵，然而他们却贪得无厌，对朝廷多有怨言；最后，又硬生生将“五王”与王同皎谋废后的事情联系在一起，为其安上一个谋反的罪名。可见，罪辞与真相之间的距离之远，甚至可以到无中生有、与真实完全相反的地步。

类似的例子还有李德裕。李德裕是中唐牛李党争中的重要人物，是一位政治实干家，在文、武宗两朝先后担任宰相，提出了许多改革措施，对唐朝政治的发展作出重要贡献。北宋名臣范仲淹评价其“独立不惧，经制四方，有相之功，虽奸党营陷，而义不朽矣”②。李之仪在《书牛李事中》也有“武宗立，专任德裕，而为一时名相，唐祚几至中兴”③。南宋时期的叶梦得《避暑录话》中更明确表示：“李德裕是唐中世第一等人物，其才远过裴晋公，错综万物，应变开阖，可与姚崇并立。”④同时的著名学者洪迈亦言“李德裕功烈光明，佐武宗中兴，威名独重”⑤。直至明清王世贞等人都有类似看法，可见其才能之高、立身之正。

然而，从其父李吉甫与李宗闵、牛僧孺科场中的过节开始，一场声势浩荡的党争拉开序幕。李德裕作为李吉甫的儿子，势不可免地被卷入党争。穆宗、敬宗两朝，李德裕基本上都被排挤在朝廷的政治中心之外，先后出任浙西、义成、西川等地节度使，文宗大和九年，被贬为太子宾客分司东都，复贬袁州长史。其被贬缘由，史书中有这样的记载：“九年三月，左丞王璠、户部侍郎李汉进状，论德裕在镇，厚赂仲阳，结托漳王，图为不轨。四月，帝于蓬莱殿召王涯、李固言、路随、王璠、李汉、郑注等，面证其事。璠、汉加诬构结，语甚切至。”⑥王

① 《全唐文》卷一六《贬敬晖等诏》，中华书局 1983 年影印本，第 200 页。
② （宋）范仲淹撰：《范文正公集》卷六，商务印书馆 1937 年版，第 88 页。
③ （宋）李之仪撰：《姑溪居士集》卷一七，清抄本，宋集珍本丛刊，第 2 页。
④ （宋）叶梦得撰：《避暑录话》卷二，中华书局 1985 年版，第 41 页。
⑤ （宋）洪迈撰：《容斋随笔·容斋五笔》卷一，上海古籍出版社 1978 年版，第 818 页。
⑥ （后晋）刘昫等撰：《旧唐书》卷一七四《李德裕传》，中华书局 1975 年版，第 4520 页。

播乃逢吉故吏，又得李训推荐，倾心于训，权幸倾朝，李汉亦由李宗闵提拔，为牛党。当时正值李训、郑注厌恶李德裕而与李宗闵结党、对付李德裕之时，显然德裕乃被诬陷。然而，到《贬德裕袁州长史制》中，德裕的“罪行”却严重地吓人：“性本阴狡，材则脆弱，因缘薄艺，颉颃清途。既忝藩镇，旋处钧轴，靡怀愧畏，肆意欺诬，废挠旧章，汨乱彝序。贤良尽逐，当白昼而重关；诡诈是谋，逮中宵而万变。……而德裕私室宴然，全无忧色……又在西蜀之日，征逋县钱仅三十万贯，使疲羸老弱，转徙沟壑，交结异类，任用险人，贿赂流行，朱紫无辨。”①直接从根本上对其为人进行否定，与其本身的正直完全相悖。

到宣宗时期的大中元年和大中二年，李德裕又被贬为潮州司马、崖州司户。史载：“德裕特承武宗恩顾，委以枢衡。决策论兵，举无遗悔，以身捍难，功流社稷。及昭肃弃天下，不逞之伍咸害其功。”②德裕在武宗朝外攘回纥、内平泽潞、裁汰冗官、制驭宦官，功绩显赫，被拜为太尉，封卫国公，如此显赫的功绩自然会引来反对党的妒忌。白敏中、令狐绹作为李德裕反对党的成员，在李德裕失事之后，当然要一起联手对抗他，再加上因为罢相怨恨李德裕的崔铉，几人“乃相与掎摭构致，令其党人李咸者，讼德裕辅政时阴事。乃罢德裕留守，以太子少保分司东都”③。不久之后，又将其贬为潮州司、崖州司户，而与之牵涉的吴汝纳事件，同样是因御史崔元藻与德裕结有私怨，而与崔铉等人构陷所致。史载“元藻既恨德裕，阴为崔铉、白敏中、令狐绹所利诱，即言湘虽坐赃，罪不至死。遂下三司详鞫……故德裕再贬……吴汝纳、崔元藻为崔、白、令狐所奖，数年并至显官”④。可见，德裕被贬实是党争的一个侧面，与其罪行无关。而到了《贬李德裕潮州司马制》和《贬李德裕崖州司户参军制》中，李德裕的罪名着实可怕：

> 不能尽心奉国，竭节匡君。事必徇情，政多任己，爱憎颇乖于公道，升黜或在于私门。遂使冤塞之徒，日闻腾口，积嫌之下，得以恣心。⑤

① 《全唐文》卷六九《贬德裕袁州长史制》，中华书局1983年影印本，第733页。
② （后晋）刘昫等撰：《旧唐书》卷一七四《李德裕传》，中华书局1975年版，第4527页。
③ （后晋）刘昫等撰：《旧唐书》卷一七四《李德裕传》，中华书局1975年版，第4527页。
④ （后晋）刘昫等撰：《旧唐书》卷一七四《李德裕传》，中华书局1975年版，第4501页。
⑤ 《全唐文》卷七九《贬李德裕潮州司马制》，中华书局1983年影印本，第825页。

唯以奸倾为业。……骋谀佞而得君，遂恣横而持政。专权生事，妒贤害忠，动多诡异之谋，潜怀僭越之志。秉直者必弃，向善者尽排，诬贞良造朋党之名，肆谗构生加诸之衅，计有逾于指鹿，罪实见其欺天……①

“奸倾”“谀佞”“专权”“僭越”“欺天”“罔上”“无君”等，任何一项都在触动封建统治者最敏感、最脆弱的神经，若不是政敌欲将之置之死地而后快，谁能下笔诬构如此极端、如此狠毒的罪名。

除此之外，此类罪行与罪辞完全相反的例子还有王抟、宋申赐等，我们称这种罪名拟写方式为无中生有式。这种类型针对的多为王朝异代或党派之争中的重臣，相反的两种势力注定不能在一个权力中心共存，因此他们下手往往都非常之狠重，恨不能将对手置之死地而后快，如此便有了我们现在看到的如此严厉的罪名，也正因为如此，这些被贬大臣，其身上的悲剧意识也便最为浓厚。

三、上纲上线式：巧妙引申，拔高罪名

避重就轻式，指的是诏书的罪名书写会巧妙地将贬谪的主要原因避开，而从一些次要的、旁侧的地方落笔。与此相反，另有一种罪名书写类型则是上纲上线式，即贬官原本的罪名可能是比较轻微的，但由于某些特定的原因，最后出现在正式贬谪制诏中的罪名却相当严重，其实现的方式主要是巧妙引申与拔高罪行。

元和四年杨凭的被贬诏书便体现了这一罪名拟写方式。《旧唐书·杨凭传》中记录了杨凭贬谪事件的经过。“先是凭在江西，夷简自御史出，官在巡属，凭颇疏纵，不顾接之，夷简常切齿。及凭归朝，修第于永宁里，功作并兴，又广蓄妓妾于永乐里之别宅，时人大以为言。夷简乘众议，举劾前事，且言修营之僭，将欲杀之。”②显而易见，李夷简劾奏杨凭，乃因二人之前便有过节，是包含着私怨的。当然，杨凭有自己的过错，史载其“性尚简傲，不能接下，以此人多怨之。及历二镇，尤事奢侈”③，但夷简将此拔高到僭越，“营建居室，制度过差”④则

① 《全唐文》卷七九《贬李德裕崖州司户参军制》，中华书局1983年影印本，第827页。

② （后晋）刘昫等撰：《旧唐书》卷一四六《杨凭传》，中华书局1975年版，第3968页。

③ （后晋）刘昫等撰：《旧唐书》卷一四六《杨凭传》，中华书局1975年版，第3967页。

④ （后晋）刘昫等撰：《旧唐书》卷一四六《杨凭传》，中华书局1975年版，第3698页。

有点上纲上线了，这使得杨凭罪行的性质一下从私人德行上升到犯上逆乱，连翰林学士李绛都奏言："凭所坐赃，不当同逆人法。"①那么，李夷简为什么要对杨凭的罪行如此夸大呢？原来，"自贞元以来居方镇者，为德宗所姑息，故穷极僭奢，无所畏忌"，因此，"及宪宗即位，以法制临下，夷简首举凭罪，时议以为宜"②。可见，这是一个历史遗留问题的延伸解决。德宗之时，方镇多僭越，对朝廷毫无避忌，宪宗想要改变当时这种方镇权力过重的现象，对方镇的势力有所打压，从而重塑中央的权威。而李夷简首举杨凭罪行，正好与宪宗对方镇所持态度相吻合，因此，必须要对其进行严厉打击，以儆效尤便可以理解了。再加上李夷简对杨凭的私怨，以及杨凭自己的傲慢轻肆，坐赃的罪名当然也便可以巧妙地上升到逆乱了。此外，从这件事情的结果，时人都以为"绳之太过，物论又讥其深切矣"③也可以看出，杨凭的贬谪是比实情远为严重的，变得严重的方式便是通过将其罪名上纲上线。

又如肃宗时期李揆的贬诏。《旧唐书·李揆传》中记载李揆被贬的经过非常清楚。"同列吕諲，地望虽悬，政事在揆之右，罢相，自宾客为荆南节度，声问甚美。惧其重入，遂密令直省至諲管内构求諲过失。諲密疏自陈，乃贬揆莱州长史同正员。"④李揆是因为惧怕吕諲被重用而使自己的名位受到威胁，因此构成吕諲的过失。而在《贬李揆袁州长史诏》中，其罪行描述却多"重""大"了很多："无闻忧国之心，不惧旷官之责，具瞻何取？进退求容，仍怀罔上之谋，更漏省中之语，端居相府，潜构祸胎。扇湖南之八州，阻江陵之节制，将图不轨，俶扰方隅。考验甚明，发奸斯在"⑤，"罔上之谋""潜构祸胎""将图不轨"，诏书中将李揆的罪名直接上升到了图谋不轨的地步，显然重了许多，而漏禁中语则更有点无中生有了。那么，李揆的罪名又为何会上升到如此"重""大"的地步呢？史载李揆"性锐于名利，深为物议所非"⑥，再通过他对元载未被重用前对其地位微寒的

① （宋）欧阳修、宋祁撰：《新唐书》卷一六〇《杨凭传》，中华书局 1975 年版，第 4970 页。

② （后晋）刘昫等撰：《旧唐书》卷一四六《杨凭传》，中华书局 1975 年版，第 3968 页。

③ （后晋）刘昫等撰：《旧唐书》卷一四六《杨凭传》，中华书局 1975 年版，第 3968 页。

④ （后晋）刘昫等撰：《旧唐书》卷一二六《李揆传》，中华书局 1975 年版，第 3560 页。

⑤ 《全唐文》卷四三《贬李揆袁州长史诏》，中华书局 1983 年影印本，第 477~478 页。

⑥ （后晋）刘昫等撰：《旧唐书》卷一二六《李揆传》，中华书局 1975 年版，第 3560 页。

轻蔑态度，其为人之轻躁、度量不够宏阔是可以想见的。因此对李撰的贬谪应该是一种综合因素的结果，而“漏禁中语”或者“图谋不轨”则是贬谪最有力的借口，因此，其罪行也便被理所当然地丰富、拔高了。

再如李景俭，“中丞萧俛、学士段文昌相次辅政，景俭轻之，形于谈谑。二人俱诉之，穆宗不获已，贬之”①。根据这个记载，李景俭被贬乃因为轻忽大臣，但在他的贬谪制诏中，罪名却是“动或违仁，行不由义，附权幸以亏节，通奸党之阴谋，众情皆疑，群议难息”②。李景俭曾参与“永贞革新”，“贞元末，韦执谊、王叔文东宫用事，尤重之，待以管、葛之才”③，之后，永贞革新失败，其中的重要人物都遭远贬，李景俭因为“居母丧”，不及从坐。但之后，李景俭仕途也并不顺畅，他随窦群坐贬江陵户曹，累转忠州刺史，“元和末入朝，执政恶之，出为澧州刺史”④，后来因为与元稹、李绅关系好，穆宗才授与其仓部员外郎的官职，迁为谏议大夫。从李景俭的经历可以看出，因为参加“永贞革新”，他在政治上是有污点的，后来之所以能在朝廷中有个官职，也是因为元稹、李绅的帮忙。而他自己却并未收敛本性，仍是纵情使气，以致遭贬。直到长庆元年十二月，“景俭朝退，与兵部郎中知制诰冯宿、库部郎中知制诰杨嗣复、起居舍人温造、司勋员外郎李肇、刑部员外郎王镒等同谒史官独孤朗，乃于史馆饮酒。景俭乘醉诣中书谒宰相，呼王播、崔植、杜元颖名，面疏其失，辞颇悖慢，宰相逊言止之，旋奏贬漳州刺史”⑤。李景俭这种轻诞和傲慢的风格是其本人固有的，再加上曾参与“永贞革新”，因此，朝廷难以容他是显而易见的。而他的罪辞“附权幸以亏节，通奸党之阴谋，众情皆疑，群议难息”，便是对其曾参与革新党派罪行的一种“拔高”，即通奸党。而“动或违仁，行不由义”更是一种上纲上线，将其行为上升到不仁不义的地步，这样，贬谪便理所应当也无可厚非了。

总之，这一类贬谪从贬谪主体来说，的确是有罪行的，这便与第二类无中生有大不相同。其次，这类贬谪的谪词是比贬谪主体所犯罪行更为严重的，这一点

① （后晋）刘昫等撰：《旧唐书》卷一七一《李景俭传》，中华书局1975年版，第4456页。
② 《全唐文》卷六四《贬李景俭建州刺史制》，中华书局1983年影印本，第680页。
③ （后晋）刘昫等撰：《旧唐书》卷一七一《李景俭传》，中华书局1975年版，第4450页。
④ （后晋）刘昫等撰：《旧唐书》卷一七一《李景俭传》，中华书局1975年版，第4455页。
⑤ （后晋）刘昫等撰：《旧唐书》卷一七一《李景俭传》，中华书局1975年版，第4456页。

便与第一类避重就轻有所区别，避重就轻式呈现的反而是贬官罪行中比较轻微的部分。由此，上纲上线式成为独立的第三种类型。这类型贬谪一般针对个人性格方面本身比较躁进、生活细节不够检点、比较容易得罪人也容易让人抓到把柄之人。这类人其性情与复杂的官场不相适应，因此，常遭人排挤和忌恨，最终也往往会因某个错误而被人利用，将其罪行上升到违背仁义与图谋不轨的地步，最后痛贬。

四、原因之考察

从以上分析可知，贬官诏书所言罪名与真实的罪行之间，确实存在相当的距离，而造成这一距离的原因，主要有三个方面，一是个人情绪的介入，二是政治权力的争夺，三是个人立场的差异。这三个方面的因素相互交织，造成了诏书中贬谪罪辞与真实罪行之间的差异。

首先，第一个影响罪名确认的便是个人情绪的介入。这样的例子史书中所在多有，其特点是，人的情感好恶而非具体罪行成为贬谪的重要原因。具体例子如玄宗时期，“汾州刺史杨承令不欲外补，意怏怏，自言：‘吾出守有由。’上闻之，怒，壬寅，贬睦州别驾。”①仅仅是因为一句抱怨使得皇帝不满，便横加贬斥。再如中书舍人饶阳李义府，史载其本为长孙无忌所恶，左迁壁州司马；代宗时期，中书舍人崔佑甫因看不惯常衮曾当众指其过失，后因一小事发生争执，常衮便奏崔佑甫“率情变礼，请贬潮州刺史”②。甚至贤明君主唐太宗于其晚年，都因太史占“女主昌”及民间传言“女主武王代有天下”而深恶官称封邑皆有“武”字的君羡，将其出为华州刺史。可见贬谪之人并不一定都有如实的罪行，有时贬谪某人可能仅仅就是因为人情绪上的怨怒或不悦，由此其最终的罪名与事实之间的差距便是显然的了。

其次，造成贬谪罪名名实不副最重要的一个人为因素便是政治权力的争夺。因为中心是争权，所以在此过程中实行的贬谪也往往是以打击阻碍自己夺权之人为标准，而不是具体的罪行。

---

① （宋）司马光编著：《资治通鉴》卷二一二，中华书局1956年版，第6767页。

② （宋）司马光编著：《资治通鉴》卷二二五，中华书局1956年版，第7257页。

第一种情形是权臣对异己的打击。专权者一般通过蒙蔽皇帝、收买朝中亲信、架空某些权力机关、略过法律程序获得独断权力从而进行贬谪活动，“五王”被贬便是一个最有代表性的例子。

第二，党争中的权力的争夺。敌对的两党往往会通过笼络其亲信、排除异己来夺权，晚唐著名的“牛李党争”便是一个明显的例子，前文已详细论说，这里不再赘述。

第三，皇帝夺权。这种情形在王朝易代之际表现得最为明显，如武后上台，任用酷吏，诛杀唐宗室贵戚数百人，次及大臣数百家，对许多的大臣都进行了捕风捉影式的贬官处罚。这种王朝易代之际对先朝大臣的打击，只是出于皇帝稳固政权的需要，而并不是因为这些大臣本身的罪行。此外，特殊时期，皇帝还有与悍将争权的时候。唐朝末年的大将李茂贞，自打败黄巢与李昌符以来，势力越来越大，甚至不把朝廷放在眼里。当昭宗攻打李茂贞失败之后，茂贞更是要求朝廷处罚杜让能，于是让能被贬。时皇帝“涕下不自禁，曰：‘与卿诀矣。’”与此同时，又对李茂贞说：“惑朕举兵者，三人也，非让能之罪。”①可见，皇帝虽贬谪杜让能，却并不认为杜让能真的有罪，而是权力不敌李茂贞，迫于形势的不得已。可见，权力斗争往往伴随着对一部分人的打击，贬官便是一种最常见的打击政敌的方式，成王败寇，伴随着政治斗争的失败，其罪名也往往是最严厉的。

第四，个人角色、政治立场不同，亦是造成贬谪罪名不实的一大原因。僖宗贬谪郑畋，并在其贬诏中罕见地插入一大段赞美之词，便因皇帝特殊的政治立场而致。黄巢进攻来势凶猛，皇帝既要镇压黄巢、压制以郑畋为首的主和诸臣，又要不引起主和大臣的愤怒，便只能以这种相对温和的方式进行处理，而无关郑畋的真实罪行，前文所述萧瑀贬诏中罪名与罪行的不符，亦是相同的例子。于大臣而言，最常见的莫过于直言进谏而被贬黜的案例。臣子的角色、身份让其不得不以国家、人民的利益为首，有时甚至不惜违逆皇帝的喜好而大胆进言，若遇到不能虚心纳谏的君主，忠臣被贬便是必然的结果，其与实际不相符的罪名便也必须去承受了，韩愈谏宪宗迎佛骨而被贬为潮州刺史便是一例。可见，个人角色、政治立场的不同亦会导致诏书罪名与实际罪行的不相符。

① （宋）司马光编著：《资治通鉴》卷二五九，中华书局1956年版，第8449页。

总而言之，这种种诏书罪名书写的独特方式，与我国古代政治生态密切相关，可以说，它是中国政治“人治”品格的必然结果。“人治”导致权力的主导者是人，人在政治中，往往要考虑人性、人情、舆论等许多超越于制度之外的因素。而无论是避重就轻式、无中生有式还是上纲上线式，不同的书写方式背后，体现的是政治的运转、权力的流动。

五、制度原因与礼、权互动

贬官罪名的拟定往往会考虑人性、人情等许多现实因素，而与真实的罪行存在距离。那么，这是不是可以说，贬谪罪名的拟定毫无章法且可以任意为之呢？事实上，看起来随意拔高或强加的罪名，其拟定又有着深刻的制度原因，是有规律且有迹可循的。

唐律中有专门针对犯罪之皇亲国戚、贤能功贵的特权制度，即“八议”，其中规定“议者，原情议罪”①，“原情议罪者，谓原其本情，议其犯罪”②。又曰：“称定刑之律而不正决之”③，“称定刑之律而不正决之者，谓奏状之内，唯云准犯依律合死，不敢正言绞、斩，故云‘不正决之’”④。也就是说，对这类特殊阶层的罪犯而言，犯死罪者可免除死刑，流罪以下的，更可从宽处理，减轻处罚。如萧瑀、宇文融，二人或为有功或为贤能，都属于“八议”的范围，对这类大臣进行贬谪，便需要考虑其与国家之间的亲密关系及其为国家作出的贡献，根本上而言，因其与皇权立场的高度一致，法律保护他们便是保护整个上层官僚集团，便是间接地维护皇权。因此，这些官员即使罪状较重，但其贬诏中的罪名均采用避重就轻的方式进行书写。可以说，这既是基于“八议”特权制度的现实考虑，更是对其皇权拥护者身份的特殊优待。

然而，同样是功臣，为什么有的罪名是避重就轻，而有的则要无中生有？由前文可知，“五王”与李德裕的罪名拟写方式便是无中生有。对“五王”而言，他们本为唐王朝功臣，并无罪行，却因与武三思结怨而遭至陷害。武三思可谓熟谙

① （唐）长孙无忌等撰：《唐律疏议》，中华书局1983年版，第32页。
② （唐）长孙无忌等撰：《唐律疏议》，中华书局1983年版，第32页。
③ （唐）长孙无忌等撰：《唐律疏议》，中华书局1983年版，第32页。
④ （唐）长孙无忌等撰：《唐律疏议》，中华书局1983年版，第32页。

“八议”制度，并且非常清楚皇帝内心最脆弱之处，他知道唯一可以将这些功臣置于死地的只能是“十恶”之罪，包括“谋反”“谋逆”“大不敬”等这些罪名。“十恶”罪乃是一切罪行中之最大者，在《唐律疏议》约定的合理的君臣秩序中，“十恶”之罪即是从整体上破坏、颠覆这一合理秩序的行为，因此最为严重，所谓“五刑之中，十恶尤切”，“十恶”之罪甚至不属于“八议”保护的范畴，《唐律疏议》规定“八议”曰：“其犯十恶者，不用此律。”①可见，只要是背负了“十恶”的罪名，那么，无论其身份地位如何均不得宽恕，均要受到严惩。如此，这种罪名显然很适合于成为政敌打击异己之利器，以此终结其政治生命。武三思紧紧抓住“恃功专权”“不利于社稷”②等触犯皇权之罪名进行诬陷，甚至不惜公开韦后的丑闻，以皇家的颜面、皇帝的弱点以及整个皇室的根本利益触动皇帝最敏感的神经，充分利用皇权至上的本质让“五王”成为皇权的对立面，这样一来，即便是有功之人便也难以摆脱被无中生有栽赃定罪了。李德裕的情况亦类似，其身处朝廷激烈的党争之中，作为党争中失势的一方，必然会被对手置之死地，而最好的置之死地的方式便是构成“谋反”“谋逆”等“十恶”之罪。因此李德裕虽亦有实际功绩，但其最终亦背上“潜怀僭越之志”“罪实见其欺天”等无中生有的严厉罪名而接受重惩。总而言之，与经“八议”减轻罪名的功臣相比，这类臣子不仅无罪，甚至还要遭遇更加极端、严重的责辞，这是因其政敌准确把握皇帝脉搏，熟悉皇权游戏规则，进而诬陷其与当权者核心利益矛盾所致。由此可以见出，虽为功臣，虽理应接受朝廷的保护，然因为国家异代、党争、擅权等因素的介入，功臣有时亦会遭受子虚乌有的污蔑，甚至是残酷的血腥镇压。

除此之外，还有另一类大臣，其罪名拟定方式乃上纲上线。相比于前两类功臣，这类大臣既不是朝廷亲旧，又无特殊政治才能，且并未对国家政治做出突出的贡献，这类官员的贬谪大体均因自身的性格缺陷引起政局中同僚的不满所致。而需要思考的是，为何其贬诏中的罪名会被上纲上线？首先，这类大臣已不属于唐律中规定的“八议”的范畴，因此其罪名不可能减轻。其次，如事实本身言说罪名并不能够达到排挤打击的目的，因此，一定要将其罪名拔高。然这种罪行到底要拔高到何种程度？笔者研究发现，无论是无中生有还是上纲上线式拟定的罪

① （唐）长孙无忌等撰：《唐律疏议》，中华书局1983年版，第32页。

② （宋）司马光编著：《资治通鉴》卷二〇八，中华书局1956年版，第6592页。

名，最终上升到的都是“谋反”“大不敬”“谋逆”这样的高度，这一点，从贬官贬诏中“奸倾”“谀佞”“专权”“僭越”“欺天”“罔上”“无君”等词均不难见出。由上文可知，“谋反”“大不敬”“谋逆”等均属于唐律中“十恶”的范围，而犯“十恶”之罪必定是会受到严惩的，因此，若被人陷害，将罪名拔高到这样的高度便不难理解了。如此便形成了罪名书写的第三种方式——上纲上线式。

总而言之，由以上分析可以见出，贬官罪名与罪行之间的关系并非完全对等，有时甚至会出现截然相反的情况，这既有制度层面如“八议”“十恶”制度的支撑，又与皇权斗争的激烈息息相关。事实上，“八议”“十恶”制度的设定有着深厚的文化根基。“八议”源于西周的“八辟”，是指中国古代的刑事审判过程中对八类(亲、故、贤、能、功、贵、勤、宾)特殊身份的罪犯予以廷议减轻或免除处罚的制度。这一制度的设立一方面基于儒家“明德慎罚”的礼制思想，另一方面则是“刑不上大夫”礼制原则的一种显化。同样地，“十恶”亦是儒家君臣、名分等礼制思想影响的产物，具体指十种破坏正常伦理秩序的行为。“八议”“十恶”制度根源上是依礼而定，其直接目的是为了维护封建皇权运行机制的稳定。然而，为何即使受到礼的保护，大臣仍然有可能遭受政敌的残酷打压，甚至随时深陷政治的漩涡，背负逆反的罪名？这便与现实中的政治斗争密切相关，因为任何的政治形态都避免不了权力的争夺，或者说，都是一种权力的游戏罢了。礼的设定源于封建文化，又直接服务于封建皇权，而权的斗争又是政治形态存在的必然因素，两者之间存在着因势互动的关系，而这两者的互动又直接导致了罪名与罪行之间关系的不对等。具体而言，罪行由对权之争夺所致，而罪名书写则始终依礼而定，礼与权的根本冲突导致罪名与罪行之间的必然距离。四者的关系可以呈现如图 5-1 所示：

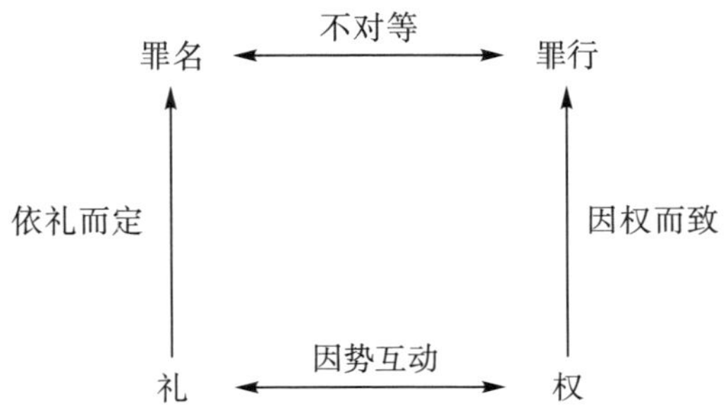

图 5-1

那么，礼与权之间如何因势互动？笔者认为这具体体现在以礼规权、权礼背离和以礼释权三个层面。这三个层面的演绎又可以阐释为何即便罪名与罪行之间存在如此大的距离，但身处其中的士人及其周围官员仍能够理解并接受这样一种结果，并且依然前仆后继效忠于皇权。首先，礼是中国古代文化中内涵非常丰富的范畴，它从哲学高度对统治格局中的权力关系进行了有序规约。礼源于祭祀，与最高的神圣相关，在政治领域则表现为一套与天地秩序相联系的人间规范，如名分观念，而君臣观又是这种名分观念中非常重要的一种。君尊臣卑，君主秉持天命，臣子履行忠道，君臣各安其位，各尽其责，便是天常。经过历史的发展，这一意识逐渐内化成士人的集体意识，成为皇权进行统治的哲学基础。其次，这种由礼而规约的权却也只是一种统治中的理想状态，现实的政治统治必然伴随着残酷而激烈的权力争夺，伴随着政治力量的调整与利益的重新分配。当现实中的权成为一种欲望的争夺而不再与礼兼容之时，当君臣不安其职逐渐背礼而为各自争取利益之时，如何合理、合法地实行贬谪，如何为谪臣定罪，便需要统治集团审慎考虑了。最后，以礼释权便是统治者最终寻求到的解决方式。帝王诏书，作为最高权威与德性的代表，无论是其充满道德评判色彩的语言，还是"谋反""谋逆""大不敬"这样与最高礼制冲突的罪行认定，都在某种程度上掩盖了现实政治权力之争的复杂细节，堂而皇之而又心照不宣地为其书写罪名，从意识形态的高度维持着一个遥远的、只存在于士人心目中的理想国。

第六章　唐代贬谪官员谢上表研究

贬官谢上表是遭遇贬谪的臣子写给皇帝的上行公文，一般写于新官任职之后，向皇帝表达贬谪之后的惶恐心态及对新官职赐予的感恩之情。通过对唐代贬官谢上表进行系统梳理研究发现，这一特殊文体虽然存量不大，但相较于前代而言，几乎是一种新的文体类别。从曹植到唐代，贬官谢上表形成了稳定的文体形式，对皇权的恐惧与感恩也成为了谢表文体的核心内容。本章将从唐代贬官谢上表的渊源及概况，唐代贬官谢上表的体式及风格以及唐代贬官谢上表的三种陈情方式入手，系统梳理研究唐代贬谪谢上表的文体特质及其背后所反映的封建权力关系的嬗变。

第一节　唐代贬官谢上表的渊源及概况

贬官谢上表是官员被贬之后向皇帝提交的一种书面性公文，作者以卑微的姿态书写自己对皇权的恐惧与感恩，以此赢得皇帝的同情，进而延续自己的政治生命。中国封建制从秦汉发展到唐代，随着官员的选拔权从地方移归中央，中央皇权不断集中，官员对皇权的依附性也达到了前所未有的程度，由此，唐代贬官谢上表的书写也进入了一个创作高潮，形成了相对稳定的体式与极具艺术性的陈情表达。本节我们将就唐代贬官谢上表的渊源与写作概况进行简要分析。

表是古代臣子写给皇帝的一种上行公文。表的种类非常丰富，《文苑英华》录唐代谢表 17 卷，329 篇，分十类：为宰相杂谢 35 篇、藩镇谢官 64 篇、公卿杂谢 54 篇、谢亲属加官 23 篇、谢文章 12 篇、谢春冬衣禄廪 25 篇、谢茶药果子采帛 23 篇、节朔谢物宴赐 46 篇、谢追赠官丧葬 26 篇、谢诏敕慰问 21 篇。这十类谢表中，前三类谢表是朝臣针对朝廷赐予的官职而作出的陈谢，这些谢表中，因贬官而作的谢表又特别值得我们重视。伴随着唐代贬谪的大量出现，贬谪谢上表这一文体的写作也取得了丰富的成果。据笔者统计，现存唐代贬谪谢上表有 36 篇，具体写作的情形通过搜检《全唐文》统计如表 6-1 所示：

表 6-1 唐代贬谪官员谢上表统计

贬官姓名	所作谢上表	贬官姓名	所作谢上表
张说	《岳州谢上表》 《荆州谢上表》	韩愈	《潮州刺史谢上表》 《袁州刺史谢上表》
张九龄	《荆州谢上表》	柳宗元	《柳州刺史谢上表》 《谢除柳州刺史表》 《代韦永州谢上表》
颜真卿	《同州刺史谢上表》 《蒲州刺史谢上表》 《谢浙西节度使表》	刘禹锡	《为容州窦中丞谢上表》 《连州刺史谢上表》 《夔州刺史谢上表》 《和州刺史谢上表》 《苏州刺史谢上表》 《汝州刺史谢上表》 《同州刺史谢上表》
贾至	《汝州刺史谢上表》	吕温	《道州刺史谢上表》 《衡州刺史谢上表》
独孤及	《为张濠州谢上表》 《为张洪州谢上表》	元稹	《同州刺史谢上表》
常衮	《潮州刺史谢上表》 《为福州刺史谢上表》	白居易	《忠州刺史谢上表》
权德舆	《东都留守谢上表》 《谢除太常卿表》	萧仿	《蕲州谢上表》
李吉甫	《忠州刺史谢上表》 《饶州刺史谢上表》	杜牧	《黄州刺史谢上表》
令狐楚	《河阳节度使谢上表》 《谢除宣歙观察使表》 《衡州刺史谢上表》		

据尚永亮先生统计，唐五代各类贬官、逐臣约有 3641 人次，然流传下来的贬谪谢上表数量却远远低于被贬人数。这些谢表中，有的是因官员被降职而作，有的则是因贬谪中被量移而作。张说的《岳州刺史谢上表》就是为贬谪而作的谢表，而其《荆州谢上表》则是从岳州量移到荆州而作。比较而言，因降职而作的谢上表中，贬官的惊惧之情表现得更为浓烈，这应该与量移这一政治行为的性质相关，量移虽仍在贬谪期间，但官职毕竟有所升迁。那么，唐代突然涌现出来的这一批贬谪谢上表在前代的写作情况如何，贬谪谢上表渊源何自呢？

贬谪谢上表作为“表”的一种，其起源并不如“表”那样久远，且同类“表”中，拜官谢表的出现亦远远早于贬官谢表。据笔者统计，现存最早的贬谪谢上表是三国魏时期曹植被曹丕外出为安乡侯与鄄城侯的谢表，分别为黄初二年的《谢初封安乡侯表》与《封鄄城王谢表》。曹植之后到唐之前则再无贬谪谢上表流传。到唐代，贬谪谢上表才以一种新的文体样式大量出现。

曹植是唐前现存表文最多的作家，完整的表文有 34 篇之多。刘勰在《文心雕龙·章表》中称：“陈思之表，独冠群才。观其体赡而律调，辞清而志显，应物掣巧，随变生趣；执辔有余，故能缓急应节矣。”①他认为曹植的表文写得恰到好处，是表文中的代表作。闵庚尧更是将曹植之表列入三国时期公文写作的文采派②。细读曹植这两篇表文，的确写得情采兼备。在《谢初封安乡侯表》中，曹植充分论说自己抱罪即道的惶恐、忧惧，“臣自知罪深责重，受恩无量，精魂飞散，亡躯殒命”③，态度极其谦卑，将自我的恐惧之情写得入木三分，再突出彰显皇帝的宽容恩赐。在《封鄄城王谢表》中，曹植表示，皇帝于己，乃有“日月之恩”，可谓“爵以非望，枯木生叶，白骨更肉”；而自己则“愚驽垢秽，才质疵下”“狂悖发露，始干天宪”，因此对皇恩“俯仰惭惶，五内战悸”④，用无限地夸大皇恩与贬低自我来表达内心对皇权的臣服与畏惧。《三国志·陈思王植传》记载“(曹植)性简易，不治威仪。舆马服饰，不尚华丽。每进见难问，应声而对，特见宠

① (梁)刘勰著，范文澜注：《文心雕龙注》卷五《章表第二十二》，人民文学出版社 1958 年版，第 407 页。

② 闵庚尧编著：《中国古代公文简史》，档案出版社 1988 年版，第 79 页。

③ (三国)曹植撰，赵幼文校注：《曹植集校注》，中华书局 2016 年版，第 353 页。

④ (三国)曹植撰，赵幼文校注：《曹植集校注》，中华书局 2016 年版，第 365 页。

爱……太祖狐疑，几为太子者数矣”①，由此可知，曹丕执政之后，对才华横溢的曹植是有所顾忌的，封其为安乡侯与鄄城王便是表现之一。在这种情况下，曹植所作谢表不仅是一般的谢恩，更是借以缓和与曹丕之间关系的一种方式。为了消除曹丕对自身的猜忌，获得生存下去的机会，曹植在表文中强调了曹丕地位的至高无上性，将自己置身于臣子的地位，而非兄弟的地位，由此消解自己作为曹丕血缘至亲关系带来的政治危机。曹植在表文中有意强调曹丕的皇权地位，而非自己的家族兄长地位，体现了谢上表文的特殊功用，即作为叙述者对皇权臣服的表达通道而存在。也正是因为谢表的这一文体功能，决定了它日后将成为众多贬官对皇帝表达忠诚的主要文体之一。

曹植以其独特的境遇与奇高的才华为我们留下了贬谪谢表历史上的经典篇章，其谢表中书写的对皇权的恐惧与感恩也成为日后贬官谢上表中反复言说的核心内容，然而，这一文体的体式、风格的完全确立却要到唐代。以下文章拟就唐代贬谪谢上表的体式与风格进行详细分析，探究其文体结构的各部分内容，以及在唐代不同时段，这一文体表达风格的转变。

第二节　唐代贬官谢上表的体式与风格

对一种文体而言，体式与风格是文体外在特征的两大方面，体式偏重结构，风格偏重审美。体式是人们在长期的创作过程中形成的相对稳定的文体格式，风格则是一种文体最终呈现出来的审美样貌，二者都是文体研究的要素与关键。贬谪谢上表在唐代形成了三段式的固定体式，其风格则经历了一个散骈更替的变化过程。

一、三段式固定体式

贬官谢上表的写作在唐代形成了相对稳定的体式，其具体内容可以总结为破题、自述加颂圣、述意这三大部分②。

---

① （晋）陈寿撰，（宋）裴松之注：《三国志》卷一九《魏志·陈思王植传》，中华书局 1959 年版，第 557 页。

② （元）陈绎曾：《文筌》，《续修四库全书》集部第 1713 册，上海古籍出版社 2002 年版，第 459 页。

唐代贬谪谢上表的第一部分是破题，一般以“臣某言：伏奉某月日敕授臣某官……”开始到“以某月日到州上讫，臣某诚惶诚恐顿首顿首，死罪死罪”或“臣某中谢”为止，这一部分简单说明自己的被贬时间、到达贬所时间与被贬官职。关于破题，吴讷《文章辨体》引真德秀语云：“表中眼目，全在破题，要见尽题意，又忌太露。”①破题对一篇谢表来说非常重要，“见尽题意”也就是说破题部分要将本篇谢表所要表达的主要内容全部呈现出来，“又忌太露”则是说表达要精当简练，不能散漫直露。详而言之，破题包含以下几个方面的内容。

首先是“臣某言”，表明谢上表的写作者。“臣某言”之后紧接着是“伏奉某月日恩制，除臣……，以某日至郡上讫”，说明贬官的奉贬制时间、到达贬所的时间以及被贬官职，有的还加入一些诸如接到贬诏之后魂胆飞越的惊惧、仓皇踏上贬途的情形以及路途乘坐何种交通工具等描写。如“承恩惶怖，狼狈上道”②“闻命惶怖，魂胆飞越，即日戒路，星夜奔驰，属小道使多，驿马先少，即以今月八日至州礼上”③等。有时，破题中“以某日至郡上讫”也会置于谢表中间，如刘禹锡的贬谪谢表便常用这样的写法④。在“伏奉某月日恩制，除臣……以某日至郡上讫”之后，是一般贬谪谢上表写作的固定套语“诚惶诚恐顿首顿首死罪死罪”或“臣某中谢”“中谢”。这两组固定套语一般不会同时出现在一篇贬谪谢表中，只会择一使用，这是由其承接上文的文体功能决定的，后世多因不察而时常出现二者同时使用的状况。如《四六丛话》所云：“盖以此一句，结上数语云尔。今人不察，或于首联之后，凑用两短句，言震惕之义，而复接以中谢之语，则遂成重复矣。”⑤可见，“诚惶诚恐”在这一固定套语并不单纯地用以表达心情，更有文体方面的功能，它一般用来总结上文谢表的破题部分，暗示着此后的内容将进入谢表最为重要的自述与颂圣部分。也正是因为有这样的固定套语的存在，贬谪谢表才

① （明）吴讷、（明）徐师曾撰，于北山、罗根泽校点：《文章辨体序说 文体明辨序说》，人民文学出版社1962年版，第37页。

② 《全唐文》卷二二三《岳州刺史谢上表》，中华书局1983年影印本，第2254页。

③ 《全唐文》卷二八八《荆州谢上表》，中华书局1983年影印本，第2922页。

④ （宋）洪迈撰：《容斋四六丛谈》，王水照编：《历代文话》第一册，复旦大学出版社2007年版，第75页。

⑤ （清）孙梅撰：《四六丛话》，王水照编：《历代文话》第五册，复旦大学出版社2007年版，第4486页。

成为一种越来越程序化的公文文体。

总之，贬谪谢上表的破题部分可简单表述为：臣某言，伏奉某月日恩制，除臣……以某日至郡上讫(贬谪感受、贬途情形、交通工具等补充交代)，诚惶诚恐顿首顿首死罪死罪/臣某中谢、中谢。相对而言，这部分内容是唐代贬谪谢上表中体式化最为明显的部分，固定套语也最多，是体现贬谪谢上表作为一种文体的标志性部分。

第二部分是自述加颂圣，其目的是感恩。贬官在这一部分会详细叙述自己的犯罪因由，在此基础上对皇帝依然赐予自己官职表达感恩。这是贬谪谢表中最重要的部分，也是最具个性色彩与抒情性最强的一部分，唐代一些大家的贬谪谢上表甚至可以直接当作一篇抒情散文来读。短短的几百字，将其身受皇恩之隆、横遭诬枉之痛、蒙垢受命之惧、临别依依之情写得淋漓尽致。叙述、说理、抒情、议论、辩白相结合，其意有曲折、有直陈，其言有白描、有譬喻，艺术上颇具特色，亦有相当的感人力量。其具体的情感抒发方式，本章第三大部分将专门进行论述。

第三部分为述意，即表达自己要在贬所作出贡献的决心，以此报答浩荡皇恩，最后结以“臣无任”这样的固定套语，有的还加上“谨附表陈谢以闻”等说明谢表上达方式的文字。也有一些谢表的表达更别出心裁，如前文所讲的元稹，其《同州刺史谢上表》第三部分的写作便相对特别，感恩颂圣之后，元稹并没有紧接着表达自己将要在贬地如何积极地进行治理，如何为皇帝分忧，而是加上了一段感人至深的抒情：“臣自离京国，目断魂销，每至五更朝谒之时，臣实制泪不已。臣若余生未死，他时万一归还，不敢更望得见天颜，但得再闻京城钟鼓之音，臣虽黄土覆面，无恨九原。”①如此细腻而丰富的抒情，在以往谢表中比较少见的。述意部分的最后是关于谢表上达方式的说明。谢表的上达，可由差官送达，也可由驿站送达。《唐会要》卷二十六：“天宝十载十一月五日，敕：‘比来牧守初上，准式附表申谢，或因便使，或有差官，事颇烦劳，亦资取置，自今已后，诸郡太守等谢上表，宜并附驿递进，务从省便。’至十三载十一月二十九日，

① 《全唐文》卷六五〇《同州刺史谢上表》，中华书局 1983 年影印本，第 6596~6597 页。

诏：‘自今已后，每载贺正及贺赦表，并宜附驿递进，不须更差专使。’”①虽然天宝十载、十三载朝廷接连申令刺史谢上表应由驿递传送以节省人物力，但是中晚唐的资料显示，刺史谢上表仍有许多为专人差送，如常衮《潮州刺史谢上表》中“谨附本道观察使便使奉表陈谢以闻”，刘禹锡《和州刺史谢上表》曰“谨差当州军事衙官章兴奉表陈谢以闻”以及元稹《同州刺史谢上表》中“谨遣差知衙官试殿中监马宏直奉表谢罪以闻”等。

二、骈散更替的风格变化

如果说体式是立足于文章内容而呈现出的一种稳定的表达结构，那么风格就是文章呈现出的审美风貌。作为一种公文文体，贬谪谢上表的体式相对稳定，而其文体风格却存在一个不断变化的过程。由汉至南北朝再到唐代，谢表文体风格大体上经历了散—骈—散—骈的历史性变化，虽然贬官谢上表因为留存数量的问题，不能够完全显示这样的变化逻辑，但是我们从与它最接近的文体——拜官谢上表，可以看出这一演变轨迹。

汉代拜官谢上表以散体为主。如诸葛丰的《上书谢恩》，汉定陶王刘欣的《上书谢为皇太子》和汉蔡邕的《巴郡太守谢表》，这几篇谢上表均采用散体的表达方式。相较而言，后汉蔡邕的谢表中四字句已经明显增多，如“不意卒迁，荷受非任。临时自陈，未蒙省许。惨结屏营，踧踖受拜”②等。到曹魏曹植的两篇贬官谢表，其写作已不如汉代谢表那样采用铺排夸张的写作风格，而是变得短小精干，且于散体的表达中灵活加入一些整齐的四字句，如“奉诏之日，且惧且悲，惧于不修，始违宪法，悲于不慎，速此贬退”“受恩无量，精魂飞散”③“狂悖发露，始干天宪，自分放弃，抱罪终身，苟贪视息，无复睎幸”④等，虽不是工整的四六文，但不可否认的是，此时的谢上表已经显露出由散体向骈体过渡的痕迹。到南北朝时期，骈文盛行。作文专尚骈俪，以藻绘相饰，讲究辞采、用典、

① （宋）王溥撰、牛继清校证：《唐会要校证》卷二六《戕表例》，三秦出版社2012年版，第438页。

② （清）严可均辑：《全上古三代秦汉三国六朝文》，中华书局1958年版，第863页。

③ （三国）曹植撰，赵幼文校注：《曹植集校注》，中华书局2016年版，第353页。

④ （三国）曹植撰，赵幼文校注：《曹植集校注》，中华书局2016年版，第365页。

平仄与对仗成为文章的一大特色。在这样的风气影响下，谢表文体亦呈现出骈俪化的倾向，这一点，我们从这一时期的拜官谢表中便可略窥一二，如沈约的《为晋安王谢南兖州章》中“进不能闲诗西楚，好礼北河；退无以振采六条，宣风万里”①与《又为安陆王谢荆州章》中“好《礼》惭河，敦《诗》愧楚。悬旆出关，徒违绛阙”②等。

唐初，受到陈子昂等人发起的反对唐初文坛盛行徐陵、庾信体骈俪文风的影响，谢表的骈体形式亦受到冲击，张说、张九龄等人贬谪谢表大体采用散体的表达方式，中间虽有大量的四字词，但文词大多并不对仗，这显然已经与南北朝几乎通篇对仗的骈体谢表有了很大的不同。然而，由于文体发展本身的惯性，肃宗之后，贬谪谢上表中骈体的部分又有逐渐增多的趋势，如肃宗时颜真卿的《同州刺史谢上表》中“力微任重，福过灾生，涓尘莫效，咎愆仍积。上负圣明之恩，下惭鲁卫之士。盘水加剑，未塞深尤，御魅投荒，乃为殊造”③“识其眉目，矜其要领，待罪犹忝于左冯，黜官不离于本秩”④等都采用骈体的形式。不过，这却并不意味着骈体文的大兴，在经历韩愈、柳宗元等人倡导的古文运动之后，散行单句为主的散文逐步成为贬谪谢表更倾向于采用的表达方式。最有代表性的谢表为韩愈的《潮州刺史谢上表》与元稹的《同州刺史谢上表》。以韩愈《潮州刺史谢上表》为例，其文语言灵活多变，长短句相互配合，短句三四字，长句数十字，散句为主，排句、对偶交错使用，表达抑扬顿挫、委婉纡徐。如其中第二段从自然环境、本人身体、人际关系三个方面描写自己艰难处境的文字：

> 臣所领州，在广府极东界上，去广府虽云才二千里，然往来动皆经月。过海口，下恶水。涛泷壮猛，难计程期；飓风鳄鱼，患祸不测。州南近界，涨海连天；毒雾瘴氛，日夕发作。臣少多病，年才五十，发白齿落，理不久长，加以罪犯至重，所处又极远恶，忧惶惭悸，死亡无日。单立一身，朝无

---

① （清）严可均辑：《全上古三代秦汉三国六朝文》，中华书局 1958 年版，第 3107 页。
② （清）严可均辑：《全上古三代秦汉三国六朝文》，中华书局 1958 年版，第 3107 页。
③ 《全唐文》卷三三六《同州刺史谢上表》，中华书局 1983 年影印本，第 3403 页。
④ 《全唐文》卷三三六《同州刺史谢上表》，中华书局 1983 年影印本，第 3403 页。

亲党，居蛮夷之地，与魑魅为群，苟非陛下哀而念之，谁肯为臣言者？①

这种散体的写作方式直到晚唐才又开始向骈体复归，骈体再次成为表文的书写风格，如李商隐写作的几篇谢表，骈体的表达风格非常明显。从贬谪谢表文体风格的变迁我们可以观察到这样的规律：贬谪谢表的文体风格大体与当时盛行的文风特点相关。特别是唐代，伴随着文章领域强调恢复汉魏“风骨”“古文运动”等浪潮，贬谪谢表都呈现出向散体变化的趋势。不过最终，骈体因其文字的典雅华美、音韵的和谐婉转，成为贬谪谢上表最终的表达方式。

体式与风格是文体研究最为重要的两个方面，通过以上研究发现，唐代贬官谢上表在体式上形成了稳定的三段式体式，在风格上则有着散骈更替的内在规律。体式与风格作为外在形式，有着特定的程式与规律，而作为一种公文文体，谢上表的核心功能是以陈情的方式进行政治话语的传达，因此它的政治功能如何实现，就是一门有着内在张力的情感表达艺术。下文将通过对唐代三篇典型的贬官谢上表的文本分析入手，探究唐代贬官谢上表以情感表达实现政治意图的具体方式。

第三节 “表以陈情”：唐代贬官谢上表的三种陈情方式

大批文人参政导致唐代贬谪谢上表的创作进入了一个大爆发时期，且逐步形成了稳定的文体体式与表达风格。然而，与“章”“奏”“议”等公文文体不同，陈情才是谢上表最根本的文体特质。《文心雕龙·章表》云：“章以谢恩，奏以按劾，表以陈情，议以执异。”②《宋代官制辞典》中也认为：“臣僚常利用上谢表例行公事的机会，申诉被谪降的客观原因或受委屈的情况，借以引起皇帝的同情和谅解。”③可见，谢上表突破了我们对以往公文理性客观的刻板印象而以生动的抒情见长。本节我们将从唐代贬官谢上表的三种陈情方式入手，论述唐代贬谪谢上

① 《全唐文》卷五四八《潮州刺史谢上表》，中华书局1983年影印本，第5553页。

② （梁）刘勰著，范文澜注：《文心雕龙注》卷五《章表第二十二》，人民文学出版社1958年版，第311页。

③ 龚延明编著：《宋代官制辞典》，中华书局1997年版，第626页。

表的情感表达及其体现出来的个人境界与君臣关系的微妙变化。

通过前文对曹植谢上表的分析可以看出，贬谪谢上表书写的情感大体分为两种，即对皇权的恐惧与感恩，这一特点也是唐代贬官谢上表书写的核心内容。一般而言，这种情感的抒发会通过夸张式的贬低自己与抬高皇权来实现。如常衮的《潮州刺史谢上表》："臣凡贱末品，非才冒荣，虚忝国恩，实昧朝典。尸荣无补，公责所归，窃自循省，早宜谴黜"①"陛下以大圣承统，以至明照临，孝思感于天地，俭德齐于尧禹"②。再比如令狐楚《衡州刺史谢上表》中的"臣素以凡品，谬登高位"③"皇帝陛下德厚于乾坤，明齐于日月"④等。而张九龄、韩愈、元稹三人的谢表陈情却并不仅仅如此简单，他们陈情表达的内容更为丰富，情感更加深沉曲折，文辞亦是不拘一格。这三篇谢表将谢表的"陈情"特质做到了极致。

一、层转式抒情

层转式抒情是指贬官的情感表达不是一气直下，而是包含层层转折。层转式抒情是贬官谢上表中最为常见的抒情方式。作为一种陈谢性质的公文，贬官谢上表如何才能既凸显对皇恩的感激，又能表达自己被贬抑的冤屈，这两种看似矛盾的目的要想同时实现，便需要作者在写作的过程中层层转折，委婉言之。

层转式抒情的一般模式是多用具有转折含义的词领起不同的内容，表达作者复杂的情感。如常衮的《潮州刺史谢上表》中就有"早宜""臣宜""而乃""岂谓""况"这样富有转折含义的词汇，令狐楚《衡州刺史谢上表》中也是用"虽""而""属""伏惟"等词，领起不同层次的情感内容。下面我们将以张九龄的《荆州刺史谢上表》为例，具体论述这一抒情方式。

张九龄是一位来自偏远韶州的下层文人，他凭借科举与文才顺利进入政坛，加上张说的赏识，张九龄很快晋升机要，在政坛有了一定的地位。《旧唐书·职官志》云："玄宗即位，张说……张九龄……召入禁中，谓之翰林待诏……四方

① 《全唐文》卷四一七《潮州刺史谢上表》，中华书局 1983 年影印本，第 4270 页。
② 《全唐文》卷四一七《潮州刺史谢上表》，中华书局 1983 年影印本，第 4270 页。
③ 《全唐文》卷五四〇《衡州刺史谢上表》，中华书局 1983 年影印本，第 5481~5482 页。
④ 《全唐文》卷五四〇《衡州刺史谢上表》，中华书局 1983 年影印本，第 5481~5482 页。

进奏，中外表疏批答，或诏从中出，宸翰所挥，亦资其检讨，谓之视草。”①翰林学士是唐朝非常重要的官职，据傅璇琮先生言，可以称得上是当时“文人参与政治的最高形式”②。然而，随着李林甫、牛仙客等不学无术之徒被玄宗亲信，张九龄逐渐被排挤出政治中心，最终被周子谅一事牵连贬谪。由张九龄的人生经历可知，他是一位有才华而又非常正直忠诚的寒族士人，他的文才使得他具备高超的文学表达能力，他寒族士人的身份又使得他对皇权充满了畏惧与依赖，由此造成了他谢上表层转式抒情。

张九龄的《荆州刺史谢上表》写于坐周子谅事贬荆州之时，这篇谢表采用的是层转式陈情，表文既肯定皇帝此次贬谪的正确性，同时又肯定自己的忠诚正直，在两者间不断转换，层层转折，曲折抒情。谢表中，张九龄首先表明心迹：自己此次遭贬本应立即赴死，偷生只是为了证明清白。紧接着讲述自己荐周子谅一事的原委，所谓“事不敢隐，未至涉私”。以下通过“然”字进行转折，自己无私心却也并不代表皇帝处罚有误，自己也是有过错的，所谓“进用非人，诚宜得罪”。接下来又以一“但”字再次转折，表明皇帝的贬谪虽有理，但自己仍有被误解之处，层层转折之后，张九龄又写道：“臣特蒙拔擢，出自宸衷，陛下所用隐微，惟臣而已。伏思报效，窃恃圣恩，每于事端，无所防避，智识虽浅，声竭则深，微诚区区，义有所在，岂复与此私协，以负累圣鉴？臣虽至顽至愚，不至于此。”③进一步说明自己在已经受皇帝如此重用的情况下，是不可能以私心做事来破坏自己被重用的局面的，可以说，这是一种非常有理也有力的辩白。就是在这种认错与辩白之间，肯定自己与肯定皇帝之间，张九龄反复叙说，他的陈情也就显得委婉而有度，更易让人接受了。

二、铺叙式抒情

层转式抒情之外，铺叙式抒情也是唐代贬官谢表较常采用的一种抒情方式，这种方式的表达特点是，作者一般会详细铺叙自己的身世与做官经历，包括每一

① （后晋）刘昫等撰：《旧唐书》卷四二《职官志》，中华书局 1975 年版，第 1854 页。
② 傅璇琮：《唐代翰林学士传论》，辽海出版社 2005 年版，第 37 页。
③ 《全唐文》卷二八八《荆州刺史谢上表》，中华书局 1983 年影印本，第 2922 页。

次官职变动的原因以及内心感受，以此彰显自己的人品与操守，揭示自己不可能犯罪的根源。其好处在于娓娓道来，以以情动人的方式争取皇帝对个人同情之了解，为将来的官职迁转做铺垫。

唐代贬官谢上表中，采用铺叙式抒情的如令狐楚《河阳节度使谢上表》，刘禹锡《夔州刺史谢上表》《连州刺史谢上表》与《苏州刺史谢上表》，元稹的《同州刺史谢上表》。以下我们将以元稹《同州刺史谢上表》为例，具体分析这一抒情方式在谢表中的应用。

与张九龄和韩愈的谢上表不同，元稹的《同州刺史谢上表》更像是一篇完整的自叙式的散文。这篇谢表中，元稹从幼年的生活经历讲起，将自己小时候贫苦而艰难的家境、涕咽发愤的求学经历、明经出身之后的为官履历等依照顺序一一道来。“臣八岁丧父，家贫无业，母兄乞丐，以供资养，衣不布体，食不充肠。幼学之年，不蒙师训。因感邻里儿稚，有父兄为开学校，涕咽发愤，愿知《诗》《书》。慈母哀臣，亲为教授。”①简短的几句话便勾勒出幼年元稹的生活环境，贫困的生活让他很早便懂得生活的艰辛，也因此养成他顽强的意志力和奋发向上的强烈愿望，在母亲的教导下，他读书、仕途一路还算顺利。然而，与此同时，艰难的生活环境塑造他的这种正直而独立不迁的品性又使得他在朝堂从不交结亲党，专心纠绳、不避权贵，最终被人憎恨而贬为河南县尉及江陵判司，甚至被弃达十年之久。可以说，这不仅仅是元稹对其此前两次被贬原因的分析、更是他对自己的成长经历及内在性格的深入挖掘与剖析。有了这样挖掘与认识作铺垫，接下来元稹才开始叙述此次被贬同州刺史的前因后果：自被贬江陵判司之后，元和十四年，元稹自虢州长史征还为膳部员外郎。被贬的十余年间，元稹专力作诗章，回朝之后备受一代文宗宰相令狐楚称道，言其为“近代鲍、谢”，就连穆宗也非常欣赏元稹的才气，史载“穆宗皇帝在东宫，有妃嫔左右尝诵稹歌诗以为乐曲者，知稹所为，尝称其善，宫中呼为元才子”②。因为他文学方面的优势，元稹可谓迎来了仕宦生涯的第二春。元和十五年(820)，唐穆宗即位后，因宰相段文昌之荐，元稹授祠部郎中、知制诰，数月后，被擢为中书舍人，翰林承旨学

① 《全唐文》卷六五〇《同州刺史谢上表》，中华书局1983年影印本，第6596页。

② (后晋)刘昫等撰：《旧唐书》卷一六六《元稹传》，中华书局1975年版，第4333页。

士，这便是元稹在其谢表中说的“不料陛下天听过卑，知臣薄艺，朱书授臣制诰，延英召臣赐绯”①以及“陛下察臣无罪，宠奖逾深，召臣面授舍人，遣充承旨学士”②。然而，迅速升迁的同时，元稹也陷入了尖锐复杂的政治斗争漩涡，“河东节度使裴度三上疏，言稹与弘简为刎颈之交，谋乱朝政，言甚激讦，穆宗顾中外人情，乃罢稹内职，授工部侍郎。上恩顾未衰。长庆二年，拜平章事。诏下之日，朝野无不轻笑之”③。可见，元稹当时因词章出众与搅入宦官的政治斗争而超升宰相后，并未得到朝臣的尊重。在这样的局势下，一方面元稹希望立功报答皇帝，“稹以天子非次拔擢，欲有所立以报上”④，另一方面也希望在朝臣面前证明自己的能力，由此与人策划了“反间而出牛元翼”之计。然而，事情的结果是，觊觎宰相之位的李逢吉与宦官勾结，诬告元稹谋刺裴度，元稹被出为同州刺史。这篇谢表中，元稹并未像之前的张九龄一样勉强自述己罪，曲折地表达自己的正直与忠心，而是通过讲述自己的成长经历及入仕履历为自己辩护，证明自己的清白。他谢表中情感的表达看似最为松散，但又极其坦诚、质朴而真实，让人在阅读他成长经历的同时了解他的为人，被他的经历感动，这又是谢上表中情感的另外一种表达。

三、多维式抒情

与前面两种抒情方式不同，多维式抒情重在表达维度的增加与表达得别出心裁。这一类型的谢表除了抒发贬官普遍的恐惧与感恩之情外，更增加了其他的内容。如萧仿的《蕲州谢上表》与令狐楚的《衡州刺史谢上表》中，就增加了作者对这篇谢表写作原因的陈述：“谢上之后，他表无因”“谢上之外，拜章无因。欲隐默而不言，惧中伤而未已”。还有杜牧的《黄州刺史谢上表》，表中，杜牧大谈汉代循吏“唯德是务”的教化观，并表达自己也要以他们为榜样，“大小之狱，必以情恕”，敦厚古风，不负皇恩。与此前的谢上表相比，杜牧此表更像是一封与皇帝谈论治理的奏疏。

---

① 《全唐文》卷六五〇《同州刺史谢上表》，中华书局 1983 年影印本，第 6596 页。
② 《全唐文》卷六五〇《同州刺史谢上表》，中华书局 1983 年影印本，第 6596 页。
③ （后晋）刘昫等撰：《旧唐书》卷一六六《元稹传》，中华书局 1975 年版，第 4333 页。
④ （后晋）刘昫等撰：《旧唐书》卷一六六《元稹传》，中华书局 1975 年版，第 4334 页。

以上都是唐代贬官谢表中抒情维度相对多元的案例，而要说抒情维度最多、表达最为丰富详实的谢表，当属韩愈的《潮州刺史谢上表》。下文我们将以《潮州刺史谢上表》为例，分析韩愈此表的多维式抒情特征。

韩愈《潮州刺史谢上表》因上《论佛骨表》得罪宪宗被贬潮州而作。这篇谢表开头同样以夸张的方式进行自贬与赞颂皇权："臣以狂妄戆愚，不识礼度，上表陈佛骨事，言涉不敬，正名定罪，万死犹轻""圣恩宏大，天地莫量，破脑刳心，岂足为谢"①。此后则通过叙述自己到潮州之后对当地百姓宣扬王化一事表达自己的耿耿忠心，如向潮州百姓说明皇帝对他们"无有亲疏远迩，虽在万里之外，岭海之陬，待之一如畿甸之间"②。这样的表白显然比只就谏佛骨一事而表达忠心更有感染力。而这还没有结束，接下来，韩愈又从情感方面着手，详细讲述自己赴潮途中的艰难情状与衰朽孤残，"飓风鳄鱼，祸患不测""毒雾瘴氛，日夕发作""年才五十，发白齿落""单立一身，朝无亲党"等，因此"忧惶残悸，死亡无日"③，引人怜悯，以情动人。这之后，作者又特别谈到自己的文才，这是贬谪谢上表中第一次出现自信之语，"臣于当时之文，亦未有过人者""至于论述陛下功德……编之乎《诗》《书》之策而无愧，措之乎天地之间而无亏，虽使古人复生，臣亦未肯多让"④。这就比一般表达恐惧卑微之情的谢上表更能够打动帝王的心思，让帝王认识到他的价值并不仅仅在于对王朝的忠心，更在于他的出色的文才，能够对帝王的政治事业有极大的帮助。而与此同时这种文才对帝王也是一种吸引力，有利于自己官职的迁转。

除此之外，韩愈此篇谢上表比以往谢上表更出色的部分在于他的颂圣。这部分的写作表面上看极其夸张，他颂扬宪宗的功绩甚至超过唐高祖与唐太宗，"高祖创制天下，其功大矣，而治未太平也；太宗太平矣，而大功所立，咸在高祖之代。非如陛下承天宝之后，接因循之余，六七十年之外，赫然兴起，南面指麾，而致此巍巍之治功也"⑤。韩愈指出，唐高祖创制天下虽然其功甚大，然而却未

① 《全唐文》卷五四八《潮州刺史谢上表》，中华书局1983年影印本，第5553页。
② 《全唐文》卷五四八《潮州刺史谢上表》，中华书局1983年影印本，第5553页。
③ 《全唐文》卷五四八《潮州刺史谢上表》，中华书局1983年影印本，第5553页。
④ 《全唐文》卷五四八《潮州刺史谢上表》，中华书局1983年影印本，第5553页。
⑤ 《全唐文》卷五四八《潮州刺史谢上表》，中华书局1983年影印本，第5553页。

能治太平，太宗虽治太平，但其所立大功都在高祖之时，总之，这两位帝王功业都不如宪宗，那么，这样的陈述是简单的恭维与溜须拍马之词吗？众所周知，“宪宗的元和时代是安史之乱之后唐朝最为振作的时代”①，他先平刘辟、李锜，复平淮西强藩吴元济，致使成德、横海、幽州等镇相继归附，结束代宗广德以来藩镇跋扈局面，历史上称这一段为“元和中兴”，这种名声甚至不用等到平定淮西和淄青，在当时刚刚平定刘辟之时，“宪宗作为了不起的中兴之主的名声就已经深入人心了”②，这一点，从韩愈所献《元和圣德诗》即可见出。在这首诗歌中，韩愈以一段少见的触目惊心的暴力描写露骨、冷酷且充满细节地刻画了当时朝廷对刘辟的行刑过程，“这种描写出自倡导儒家理念的国子博士韩愈笔下，可见当时某些士大夫的亢奋情绪”③。在长期的藩镇割据即将将唐王朝四分五裂之时，唐宪宗以强有力的政治手腕力挽狂澜，将这些强藩一一镇服，对当时的朝野来说无疑是一件大快人心之举，让臣子们再次看到唐王朝中兴的希望，这样的巍巍之功，韩愈由此建议东巡泰山，以告神明，“使永永年代，服我成烈”。由此可知，韩愈谢上表中现今看来看似夸张的颂圣，事实上是他当时内心的真切感受，并不仅仅是普通的溜须拍马之词。宪宗继位以来，他花费最大心思去完成的使命也就是恢复朝廷对藩镇的领导权，而他最大的成就也是在此，韩愈的这番赞扬完完全全说到了宪宗的内心，可想而知，宪宗听到这样的赞扬，他内心该是怎样的自豪。韩愈借颂圣不仅仅表达出自己的忠心，更表达了他对宪宗朝政治高度的认同，对整个清明朝政的期待，他们是互相理解的君臣，也是同心同德的君臣，这样的臣子宪宗怎么舍得舍弃疏远呢？因此，韩愈的颂圣比起那些颂圣的套话，其情感表达更准确深挚，更能够直击帝王内心。

总而言之，韩愈的贬官谢上表中，既表达了与其他谢上表相类似的自怜与颂圣，更书写了其对自己生命有限的叹惋，对皇帝的赤诚忠心，对自身文才的自信，对宪宗时期政治成就的肯定与赞扬等，整体呈现出一种多维式抒情的特征。

张九龄、韩愈、元稹以不同的方式在原本刻板、理性的公文文体中进行了丰

① 陆扬著：《清流文化与唐帝国》，北京大学出版社 2016 年版，第 19 页。
② 陆扬著：《清流文化与唐帝国》，北京大学出版社 2016 年版，第 58 页。
③ 陆扬著：《清流文化与唐帝国》，北京大学出版社 2016 年版，第 55 页。

富多元的情感表达。其中最为重要的情感要素是对皇权的恐惧与感恩，那么，为什么唐代士人对皇权有如此恐惧的心态？这是因为这一时期士人对皇权的依赖普遍加深，而这种依赖的加深又与科举制度的大兴直接相关。唐代统治者通过大兴科举实现了统治阶层内部权力结构的重组，新的庶族士人由科举逐渐获得了进入权力中枢的入场券，走入了原本只有贵族才有一席之地的权力中心，而这种地位的上升通道的唯一性，又导致了士人对皇权的强依附性。

而同样是表达对皇权的恐惧与感恩，张九龄、韩愈、元稹三人之所以能够写得如此情理俱佳，离不开他们的文学修养与文学实践。科举的大兴使得原本无任何政治势力的下层贫寒文人凭借其文才进入权力中心，他们参与政治唯一可依侍的力量就是文学。因此，这些寒族士人进入政权之后，便充分发挥文字的力量，张九龄凭借文才待招翰林，韩愈领导了轰轰烈烈的古文运动，通过复兴儒学实现政治变革，元稹更是进行了制诏改革，以此达到教化的目的。文才成为其参与政治的有效力量，贬谪谢上表的写作就是他们通过文学参与政治的一种表现。

唐代贬谪谢上表形成了稳定的文体形式与艺术化的陈情表达，其三段式的结构模式彰显了谢表文体表达恐惧与感恩的核心内容，而谢表由骈到散的表达风格的转变、从层转式抒情到多维式抒情的抒情维度的变化，又暗含着新兴士人与君主之间关系的微妙演变。伴随着历史的发展，士人不断认识、熟悉贬谪这一政治事件，并逐步学习与皇权互动，努力在谢表中呈现除了恐惧之外的其他侧面。正如孙昌武先生所言：“唐时章奏例用韵语，中唐古文家始用散体。而如本篇(《潮州刺史谢上表》)，把对仗、韵语夹杂在散体之中，使得音情顿挫，雄肆酣畅，造成节奏整饬兼流利畅达的效果。结构则前呼后应，转换无迹，随着内容层层递进，由叙说自身处境而及于天下大计，境界自然地逐步扩大，表明精神追求的高远。”①通过贬谪谢上表，唐代文人逐渐淡化着被贬谪的恐惧感，建构着自己的独立人格，并为宋代文人以贬谪谢上表书写自身操守、自信，将谢表变为谏书，进而在谢上表中对皇帝的治理方式提出质疑、讨论治国道理埋下了伏笔。士风的树立与构建需要一个漫长的过程，而唐代贬谪谢上表，则体现了这个建构过程中异常艰辛的前半段。

① 孙昌武：《韩愈诗文选评》，三秦出版社 2004 年版，第 289 页。

结　　语

南宋严羽有言："唐人好诗，多是征戍、迁谪、行旅、离别之作，往往能感动激发人意。"①唐代众多逐臣的贬谪诗歌，是我们得以触摸其内心悲戚的重要载体，这些诗歌千百年来感动、启发着一代又一代人。然而，对于他们所生存的那个年代，所经历的人生起伏与悲喜，我们却全无所知。为此，本书通过对贬谪制度的研究，大体还原了唐代逐臣的生存境遇与社会现实，使得我们对贬谪这一政治手段及其背后的政治文化均有了更为深入的理解。

贬谪是唐代一种特殊的处罚手段。犯罪的处罚本应依据法律，然唐代法律"德礼为政教之本"的指导思想又规定犯罪官员能够依礼享受"减""免""赎"等特权，由此产生了贬谪这一处罚方式。与此同时，礼的优崇又不可避免地导致权的介入。法、礼、权是贬谪概念的三大核心要素，它们互相影响，互相推动，共同决定着贬谪制度各环节及贬谪制诏书写的相关特点。

贬谪制度具体包括贬谪的原因及方式、贬谪罪行上奏与罪行确认的相关制度及贬官赴贬所及迁转制度。唐代官员被贬大多是因为触犯了相关法律，如谋反、贪赃、左道、指斥乘舆与占人田地等。贬谪的实施方式则有流放、除名、免官、免所居官与贬官。节度使、东宫官、东宫东都分司官是几种常见的贬官安置职位。官员的罪行上奏既可以由朝官上奏，也可以由地方官员上奏，主要上奏机构是御史台。罪行上奏之后要经过详细的法律推鞫才能确定官员是否有罪。唐代对犯罪官员的推鞫有多种不同的形式，推鞫过程中还往往伴随着系狱、引用证人、施刑等多种手段。通过推鞫确定官员罪行之后便要拟写、下达相应的贬谪制诏，若诏书所拟内容不当，中书舍人可以封还词头，给事中也可以驳回诏书，即使是

① （宋）严羽撰，张健校笺：《沧浪诗话校笺》，上海古籍出版社2012年版，第667页。

已经下达的制诏，一旦发现不当，即可追制，这些都确保了唐代贬谪诏书的准确实施。在罪行上奏及确认的整个过程中，一直都伴随着群臣的商讨，从其商讨大概可总结出贬谪遵循的四大原则：依法实现原则、尊重人性原则、照顾人情原则、考虑影响原则。这些原则既是礼在贬谪中的具体体现，也是贬谪遵循的内在规律。罪行确认之后，贬官从此踏上万里贬途，与此相关，贬官在装束时限、亲友送行、交通行驿、家属随行、赴贬所路线、死后安葬等方面也要遵循相应的制度规定。这些规定在唐代不同时期有不同的变化，但整体而言，都在一定程度上加重了贬官的痛苦。特别是贬官俸禄的变化、在贬地的政治待遇以及迁转等方面的相关规定，更是对贬官的生活产生了直接的影响，造成贬官心理和精神方面的极大落差。

与贬谪制度相关的有两种公文文体：一为贬谪制诏，一为贬谪官员谢上表，两种文体一种是自上而下，一种是自下而上，分别代表着贬谪的实施与完成。贬谪制诏的用语体现了贬谪背后的礼制文化内涵，贬谪制诏所言罪名与贬官真实罪行之间的差距又暗示了贬谪中权力因素的存在。权、礼之间的因势互动是唐代贬谪的一大特点。与象征皇帝权威的贬诏不同，贬谪官员谢上表则更凸显了唐代贬官的内在心理状态，面对皇权，他们内心充满了既依赖又卑微、恐惧的复杂情绪，这与当时科举制度的大兴以及庶族文人通过科举进入权力中心密切相关。科举使得原本无任何政治势力的下层贫寒文人凭借其文才进入政权中心，贬谪谢上表的写作就是他们通过文学参与政治的一种表现。伴随着历史的发展，文人不断认识、了解贬谪这一政治事件，并逐步学习与皇权互动，淡化着被贬谪的恐惧，也建构着自己的独立的人格。

附　　录

一、唐代贬谪制诏篇目索引

太宗皇帝

高宗皇帝

中宗皇帝

睿宗皇帝

玄宗皇帝

薛讷除名为庶人制(卷二十一第 243 页)
流姜皎岭外制(卷二十一第 257 页)
授钟绍京郴州别驾制(卷二十一第 258 页)
贬张嘉贞幽州刺史制(卷二十一第 259 页)
贬宇文融汝州刺史制(卷二十一第 261 页)
罢杜暹李元纮平章事制(卷二十三第 267 页)
停源乾曜侍中制(卷二十三第 267 页)
贬齐澣麻察等制(卷二十三第 267 页)
罢侍中裴耀卿中书令张九龄为尚书左右丞相制(卷二十三第 273 页)
迁卫州长史卢见象等制(卷二十三第 274 页)
贬萧嵩青州刺史制(卷二十四第 277 页)
贬张守珪括州刺史制(卷二十四第 277 页)
诛姜庆初等并削裴仿官爵制(卷二十五第 295 页)
贬韦安石等诏(卷二十六第 298 页)
贬萧执珪卢季恂崔憬等诏(卷二十八第 319 页)
流裴景仙岭南诏(卷二十八第 324 页)
贬陈州刺史李乐诏(卷二十八第 333 页)
贬王毛仲诏(卷三十第 338 页)
贬卢怡诏(卷三一第 345 页)
长流卢晖富州诏(卷三一第 352 页)
贬韩朝宗吴兴郡别驾员外诏(卷三十二第 355 页)
贬韦坚并免从坐诏(卷三十二第 359 页)
贬王琚江华郡司马诏(卷三十二第 359 页)
流彭果诏(卷三十二第 360 页)
削李林甫官秩诏(卷三三第 368 页)
贬吉温诏(卷三三第 371 页)
流僧人怀照敕(卷三四第 377 页)
流蒋宠藤州敕(卷三四第 379~380 页)
贬王同庆赣县尉敕(卷三四第 382 页)

贬责罗希奭张博济敕(卷三五第 384 页)
流宋廷晖周仁公裴裔敕(卷三五第 390 页)
降永王璘为庶人诰(卷三七第 409~410 页)

肃宗皇帝

贬第五琦忠州长史制(卷四二第 461 页)
流第五琦夷州制(卷四二第 462~463 页)
贬房琯刘秩严武诏(卷四二第 468 页)
贬李揆袁州长史诏(卷四三第 477~478 页)

代宗皇帝

贬王缙括州刺史制(卷四六第 506 页)
流裴茂费州诏(卷四六第 507 页)
削除来瑱官爵诏(卷四六第 507~508 页)
长流程元振诏(卷四六第 510 页)
罢张增叔孙胜诏(卷四七第 517 页)
贬田承嗣永州刺史诏(卷四七第 520~522 页)

德宗皇帝

贬吕渭歙州司马制(卷五十第 548 页)
贬郑馀庆郴州司马制(卷五十第 550 页)
罢尚书左仆射刘晏领使诏(卷五十第 551 页)
贬杨炎崖州司马诏(卷五十第 553 页)
削夺李惟岳官爵诏(卷五十第 554 页)
贬郭煦等诏(卷五二第 570 页)
罢卢迈平章事诏(卷五三第 572 页)
罢赵宗儒平章事诏(卷五三第 573 页)
贬韩皋抚州司马诏(卷五三第 573 页)
流崔河图崖州诏(卷五三第 575 页)

顺宗皇帝

宪宗皇帝

穆宗皇帝

流唐庆崖州敕(卷六六第 696 页)

敬宗皇帝

流刘伉雷州制(卷六八第 715 页)

文宗皇帝

贬宋申锡太子右庶子制(卷六九第 730 页)
贬宋申锡开州司马制(卷六九第 731 页)
贬李德裕袁州长史制(卷六九第 733 页)
贬李宗闵明州刺史制(卷七十第 736 页)
贬李宗闵处州长史制(卷七十第 736 页)
贬李宗闵潮州司户制(卷七十第 736 页)
贬张又新李续之诏(卷七十第 743 页)
贬熊望漳州司户诏(卷七十第 745 页)
贬柏耆等诏(卷七一第 750 页)
流萧洪诏(卷七三第 769 页)
流萧本萧宏诏(卷七三第 769 页)

宣宗皇帝

贬李德裕潮州司马制(卷七九第 825 页)
贬李回太子宾客分司东都制(卷七九第 825 页)
贬李回贺州刺史制(卷七九第 826 页)
再贬李德裕崖州司户参军制(卷七九第 827 页)
贬崔珙太子少师分司东都制(卷七九第 828 页)
授唐技虔州刺史裴绅申州刺史制(卷七九第 828 页)

懿宗皇帝

贬杨收端州司马制(卷八三第 873 页)
杨收长流驩州制(卷八三第 873~874 页)

贬康承训蜀王傅制(卷八三第 877 页)
贬夏侯孜太子少保分司东都诏(卷八四第 879 页)
责授郑畋梧州刺史诏(卷八四第 880 页)

僖宗皇帝

贬郑畋太子少傅分司东都制(卷八六第 902 页)

昭宗皇帝

削夺陈敬瑄官爵制(卷九十第 938 页)
削夺李罕之官爵制(卷九十第 938~939 页)
贬张浚鄂岳观察使制(卷九十第 939~940 页)
贬孔纬荆南节度使制(卷九十第 940 页)
贬杜让能梧州刺史制(卷九十第 940 页)
贬孙偓南州司马制(卷九十第 941 页)
贬朱朴郴州司户制(卷九十第 944 页)
贬王抟工部侍郎制(卷九十第 945 页)
贬王抟溪州刺史制(卷九十第 945 页)
再贬王抟崖州司户制(卷九十第 945 页)
贬崔允工部尚书诏(卷九一第 951 页)
贬崔凝合州刺史敕(卷九一第 955 页)

哀帝

贬陆扆王溥制(卷九三第 968 页)
责授柳璨密州司户制(卷九三第 968 页)
罢柳逊诏(卷九三第 971 页)
贬李延古卫尉寺主簿诏(卷九三第 971 页)
贬裴枢崔远敕(卷九四第 974 页)
贬裴贽李煦敕(卷九四第 974 页)
贬敬沼敕(卷九四第 974 页)

责授张廷范等敕(卷九四第976页)

补充

于頔恩王傅绝朝谒制

贬洛阳令韦绍县尉颜思宾敕

贬考官裴朏等敕

邵同贬连州司马制

贬于尹躬洋州刺史制

贬韩朝宗洪州刺史制

停张说中书令制

贬令狐楚衡州刺史制　(元稹页)

王迪贬永州司马制

授元彦冲等诸州刺史制　(《全唐文》卷三百九 孙逖二页)

流卢从史欢州司马诏

停户部尚书李元素官诏

张直方贬左骁卫将军制(《樊川文集》卷一九页)

李文举除睦州刺史制　杜牧(《全唐文》卷七四八页)

张直方贬恩州司户制　杜牧(《全唐文》卷七百五十页)

贬温庭筠敕　裴坦(《全唐文》卷七百六十四页)

左迁工部尚书杨汉公秘书监制　沈询(《全唐文》卷七百六十七页)

贬纥干㬋庆王府长史分司东都制　韩琮(《全唐文》卷七百九十三页)

王着贬端州司户制　杜牧(《全唐文》卷七百五十页)

李玗贬抚州司马制　杜牧(《全唐文》卷七百五十页)

姜阅贬岳州司马等制　杜牧　(《全唐文》卷七百五十页)

贬萧仿蕲州刺史制　(中书舍人知制诰宇文瓒页)

——《全唐文》第一册　中华书局1983年影印本

二、唐以前历代贬诏篇目索引

先秦文

里革

全秦文

全汉文

文帝

武帝

宣帝

元帝

成帝

哀帝

元王皇后

全后汉文

光武帝

章帝

贬阜陵王延诏(十一月)(卷四第 492 页)
下诏贬削齐王晃等(元年)(卷五第 498 页)

和帝

策免韦彪(章和二年夏)(卷六第 503 页)
策免张酺(永元十二年九月)(卷六第 504 页)

安帝

诏贬乐成王苌(建光元年四月甲子)(卷六第 505 页)
策罢司空张敏(永初六年四月乙丑)(卷六第 506 页)

三国文

明元郭后

追贬高贵乡公令(卷十二 第 1121 页)

吴主权

斥张温令(卷六十三 第 1397 页)

两晋文

武帝

诏免庾纯官(卷四第 1487 页)
贬中山王睦为丹水侯诏(七月)(卷五第 1489 页)
遣石鉴归田诏(太康初)(卷六第 1493 页)
庾旉等除名诏(太康四年)(卷六第 1494 页)

十六国・前燕

慕容廆恢

下令罪宋该(卷一百四十九 第 2319 页)

全宋文

文帝

徙谢灵运诏(九年)(卷三第 2455 页)
诏萧思话(二十九年九月)(卷四第 2461 页)

明帝

徙徐爰诏(三年)(卷七第 2481 页)

全齐文

高帝

下陆澄诏(建元元年)(卷一第 2794 页)

武帝

罪谢超宗诏(永明元年)(卷三第 2803 页)

全陈文

武宣章后

黜始兴王伯茂令(卷四第 3425 页)

全后魏文

孝文帝

除薛真度为荆州刺史诏(太和十九年五月)(卷六第 3542 页)
以高闾为幽州刺史诏(卷六第 3542 页)
以傅永为汝颍镇将诏(卷七第 3546 页)
夺韩显宗见官诏(太和二十二年)(卷七第 3547 页)
黜张彝为守尚书诏(卷七第 3548 页)

宣武帝

听彭城王勰释位归第诏(景明二年正月庚戌)(卷八第 3554 页)
徙赵修诏(卷八第 3556 页)
免北海王详为庶人诏(正始元年五月丁未朔)(卷八第 3556 页)
诏免卢昶官(延昌元年四月)(卷十第 3563 页)

孝明帝

追削刘腾爵位除元叉名为民诏(孝昌元年四月辛卯皇太后复临朝摄政)(卷十一第 3570 页)
削黜侯刚诏(孝昌元年)(卷十一第 3571 页)

全北齐文

文宣帝

王昕削爵诏(卷一第 3827 页)

全隋文

文帝杨坚

郑译除名诏(开皇初)(卷一第 4017 页)

刘晖等除名诏(开皇十七年四月戊寅)(卷二第 4024 页)
废皇太子勇为庶人诏(开皇二十年十月乙丑)(卷二第 4025)

炀帝杨广

下诏责苏威(大业十二年七月)(卷五第 4043 页)

——(清)严可均校辑《全上古三代秦汉三国六朝文》，中华书局 1958 年版

三、唐代官员谢上表篇目索引

张说

荆州谢上表　(卷二百二十三第 2254 页)
岳州刺史谢上表(卷二百二十三第 2254 页)

张九龄

荆州谢上表(卷二百八十八第 2922 页)

颜真卿

同州刺史谢上表(卷三百三十六第 3403 页)
蒲州刺史谢上表(卷三百三十六第 3403 页)

杜甫

为夔府柏都督谢上表(卷三百五十九第 3650 页)

贾至

汝州刺史谢上表(卷三百六十七第 3733 页)

元结

谢上表(卷三百八十第 3864 页)

再谢上表(卷三百八十第3864页)

独孤及

为张濠州谢上表(卷三百八十五第3914页)
为张洪州谢上表　(卷三百八十五第3917页)

常衮

为福州刺史谢上表(卷四百十七第4269页)
潮州刺史谢上表(卷四百十七第4270页)

于邵

为福建李中丞谢上表(卷四百二十四第4323~4324页)
为柳州郑郎中谢上表(卷四百二十四第4324页)
武州刺史谢上表(卷四百二十四第4324页)

吕颂

黔州刺史谢上表(卷四百八十第4906页)

权德舆

东都留守谢上表　(卷四百八十第4967页)

李吉甫

忠州刺史谢上表(卷五百十二第5201页)
柳州刺史谢上表(卷五百十二第5202页)
饶州刺史谢上表(卷五百十二第5202页)

令狐楚

河阳节度使谢上表(卷五四〇第5480页)
为道州许使君谢上表(卷五四〇第5481页)

衡州刺史谢上表(卷五四〇第 5481~5482 页)
为石州刺史谢上表(卷五四〇第 5482 页)

韩愈

潮州刺史谢上表(卷五百四十八第 5553~5554 页)
袁州刺史谢上表(卷五百四十八第 5555 页)

柳宗元

代李愬襄州谢上任表(卷五百七十一第 5774 页)
代韦永州谢上表(卷五百七十一第 5775 页)
谢除柳州刺史表(卷五百七十一第 5775 页)
柳州谢上表(卷五百七十一第 5776 页)

刘禹锡

夔州刺史谢上表(卷六百一第 6074 页)
连州刺史谢上表(卷六百一第 6074~6075 页)
和州刺史谢上表(卷六百一第 6075 页)
苏州刺史谢上表(卷六百一第 6075 页)
汝州刺史谢上表(卷六百一第 6075~6076 页)
同州刺史谢上表(卷六百一第 6076 页)

吕温

道州刺史谢上表(卷六百二十六第 6318 页)
衡州刺史谢上表(卷六百二十六第 6318~6319 页)

元稹

同州刺史谢上表(卷六百五十第 6596~6597 页)

白居易

忠州刺史谢上表(卷六百六十六第 6772 页)

元锡

苏州刺史谢上表(卷六百九十三第 7110 页)

福州刺史谢上表(卷六百九十三第 7110~7111 页)

衢州刺史谢上表(卷六百九十三第 7111 页)

宣州刺史谢上表(卷六百九十三第 7112 页)

萧仿

蕲州谢上表(七百四十七第 7738 页)

杜牧

黄州刺史谢上表(卷七百五十第 7771 页)

穆员

为汝州刺史谢上表(卷七百八十三第 8182 页)

——《全唐文》第一册　中华书局 1983 年影印本

参考文献

一、古籍类

（汉）班固撰，（唐）颜师古注：《汉书》，中华书局 1962 年版。

（唐）白居易撰，朱金城笺校：《白居易集笺校》，上海古籍出版社 1988 年版。

（唐）白居易撰，顾学颉校点：《白居易集》，中华书局 1979 年版。

（唐）白居易撰，谢思炜校注：《白居易诗集校注》，中华书局 2006 年版。

（三国魏）曹植撰，赵幼文校注：《曹植集校注》，中华书局 2016 年版。

（清）陈立撰，吴则虞点校：《白虎通疏证》，中华书局 1994 年版。

（唐）杜佑撰：《通典》，中华书局 1988 年版。

（唐）杜甫撰，（清）仇兆鳌注：《杜诗详注》，中华书局 1979 年版。

（清）董诰等编：《全唐文》，中华书局 1983 年版。

（南朝宋）范晔撰：《后汉书》，中华书局 1965 年版。

（宋）范仲淹撰，李勇先等点校：《范仲淹全集》，中华书局 2020 年版。

（清）方世举撰，郝润华、丁俊丽整理：《韩昌黎诗集编年笺注》，中华书局 2012 年版。

（唐）高适撰，刘开扬笺注：《高适诗集编年笺注》，中华书局 1981 年版。

高亨著：《商君书注译》，清华大学出版社 2011 年版。

（唐）韩愈撰，刘真伦、岳珍校注：《韩愈文集汇校笺注》，中华书局 2010 年版。

（唐）韩愈撰，钱仲联集释：《韩昌黎诗系年集释》，上海古籍出版社 2007 年版。

（唐）韩愈撰，马其昶校注，马茂元整理：《韩昌黎文集校注》，上海古籍出版社1986年版。

（宋）洪迈撰，孔凡礼点校：《容斋随笔》，中华书局2005年版。

（明）黄淮、杨士奇编：《历代名臣奏议》，上海古籍出版社1989年影印本。

（清）何文焕辑：《历代诗话》，中华书局2004年版。

（汉）贾谊撰，吴云、李春台校注：《贾谊集校注》，天津古籍出版社2010年版。

（宋）黎靖德编：《朱子语类》，中华书局1986年版。

（汉）孔安国注，（唐）孔颖达疏，喻遂生整理：《尚书正义》//传世藏书十三经注疏，海南国际新闻出版中心1995年版。

（后晋）刘昫等撰：《旧唐书》，中华书局1975年版。

（唐）李延寿：《南史》，中华书局1975年版。

（唐）李延寿：《北史》，中华书局1974年版。

（唐）李白撰，安旗等笺注：《李白全集编年笺注》，中华书局2015年版。

（唐）刘长卿撰，储仲君笺注：《刘长卿诗编年笺注》，中华书局1996年版。

（唐）卢照邻撰，李云逸校注：《卢照邻集校注》，中华书局1998年版。

（唐）李商隐撰，刘学锴、余恕诚校注：《李商隐文编年校注》，中华书局2002年版。

（唐）李肇撰：《唐国史补》，上海古籍出版社1979年版。

（唐）李吉甫撰，贺次君点校：《元和郡县图志》，中华书局1983年版。

（唐）李林甫等撰，陈仲夫点校：《唐六典》，中华书局1992年版。

（唐）陆贽撰：《陆贽集》，中华书局1989年版。

（唐）刘禹锡撰：《刘禹锡集》，中华书局1990年版。

（唐）刘禹锡撰，瞿蜕园笺证：《刘禹锡集笺证》，上海古籍出版社1989年版。

（唐）刘禹锡撰，陶敏、陶红雨校注：《刘禹锡全集编年校注》，中华书局2019年版。

（唐）柳宗元撰：《柳宗元集》，中华书局1979年版。

（唐）柳宗元撰，尹占华、韩文奇校注：《柳宗元集校注》，中华书局2013

年版。

(唐)李德裕撰，傅璇琮、周建国校笺：《李德裕文集校笺》，中华书局 2018 年版。

(宋)李昉等编：《太平御览》，中华书局 1960 年版。

(宋)李昉等编：《文苑英华》，中华书局 1966 年版。

(宋)李昉等编：《太平广记》，中华书局 1961 年版。

(元)李好文撰，辛德勇、郎洁点校：《长安志图》，三秦出版社 2013 年版。

李山、轩新丽译注：《管子》，上海古籍出版社 2019 年版。

逯钦立辑校：《先秦汉魏晋南北朝诗》，中华书局 1983 年版。

(宋)欧阳修、宋祁撰：《新唐书》卷五六《刑法志》，中华书局 1975 年版。

(宋)欧阳修撰，李逸安点校：《欧阳修全集》，中华书局 2001 年版。

(唐)裴庭裕撰，田廷柱点校：《东观奏记》，中华书局 1997 年版。

(清)彭定求等编：《全唐诗》，中华书局 1960 年版。

(清)阮元校刻：《十三经注疏》(清嘉庆刊本)，中华书局 1980 年版。

(汉)司马迁撰，(宋)裴骃集解，(唐)司马贞索引，(唐)张守节正义：《史记》，中华书局 1959 年版。

(唐)沈佺期撰，陶敏校注：《沈佺期集校注》，中华书局 2001 年版。

(宋)司马光撰，胡三省注：《资治通鉴》，中华书局 1956 年版。

(宋)宋敏求编：《唐大诏令集》，中华书局 2008 年版。

睡虎地秦墓竹简整理小组编：《睡虎地秦墓竹简》，文物出版社 1978 年版。

(宋)苏轼撰，(清)王文诰辑注，孔凡礼点校：《苏轼诗集》，中华书局 1982 年版。

(宋)苏轼撰，(明)茅维编，孔凡礼点校：《苏轼文集》，中华书局 1986 年版。

(宋)苏轼撰，邹同庆、王宗堂校注：《苏轼词编年校注》，中华书局 2007 年版。

(元)脱脱：《宋史》，中华书局 1985 年版。

(唐)吴兢撰，谢保成集校：《贞观政要集校》，中华书局 2003 年版。

(五代)王仁裕撰，(唐)姚汝能撰：《开元天宝遗事 安禄山事迹》，中华书局

2006年版。

（五代）王定保撰：《唐摭言》，上海古籍出版社1978年版。

（宋）王溥撰，牛继清校证：《唐会要校证》，三秦出版社2012年版。

（宋）王钦若等：《册府元龟》，中华书局1960年影印本。

（宋）王应麟撰：《玉海》，江苏古籍出版社1987年版。

（宋）王安石撰，（宋）李壁笺注，（宋）刘辰翁评点，董岑仕点校：《王安石诗笺注》，中华书局2021年版。

（清）王夫之撰：《读通鉴论》，中华书局1975年版。

（北齐）颜之推撰，王利器集解：《颜氏家训集解》（增补本），中华书局1996年版。

（唐）元稹撰，周相录校注：《元稹集校注》，上海古籍出版社2011年版。

（唐）元稹撰，杨军笺注：《元稹集编年笺注》（散文卷），三秦出版社2008年版。

（唐）元稹撰，杨军笺注：《元稹集编年笺注》（诗歌卷），三秦出版社2002年版。

（唐）元稹撰，冀勤点校：《元稹集》，中华书局2010年版。

（宋）严羽撰：《沧浪诗话》，人民文学出版社1983年版。

（宋）严羽撰，张健校笺：《沧浪诗话校笺》，上海古籍出版社2012年版。

（清）永瑢等撰：《四库全书总目》，中华书局1983年版。

（清）严可均辑：《全上古云代秦汉三国六朝文》，中华书局1958年版。

（汉）郑玄注，（唐）孔颖达疏，喻遂生等整理：《礼记正义》//传世藏书十三经注疏，海南国际新闻出版中心1995年版。

（唐）长孙无忌撰，钱大群注：《唐律疏议新注》，南京师范大学出版社2007年版。

（唐）长孙无忌等撰，刘俊文笺解：《唐律疏议笺解》，中华书局1996年版。

（唐）张说著：《张说集校注》，中华书局2013年版。

（唐）张九龄撰，熊飞校注：《张九龄集校注》，中华书局2008年版。

（唐）张鷟撰，赵守俨点校：《朝野佥载》，中华书局1979年版。

（宋）朱熹撰：《四书章句集注》，中华书局1983年版。

(宋)郑樵撰:《通志》,中华书局1987年版。

(宋)郑樵撰,王树民点校:《通志二十略》,中华书局1995年版。

(清)赵翼撰,王树民校证:《廿二史札记校证》(订补本),中华书局1984年版。

二、近、今人研究专著

白钢:《中国古代政治制度史(隋唐卷)》,人民出版社1996年版。

岑仲勉:《隋唐史》,河北教育出版社2000年版。

陈寅恪:《金明馆丛稿二编》,生活·读书·新知三联书店2001年版。

陈寅恪:《隋唐制度渊源略论稿》,河北教育出版社2002年版。

邓小南:《宋代文官选任制度诸层面》,河北教育出版社1993年版。

邓小南主编:《政绩考察与信息渠道:以宋代为重心》,北京大学出版社2008年版。

傅璇琮:《唐代科举与文学》,陕西人民出版社1986年版。

傅璇琮:《唐代诗人丛考》,中华书局1980年版。

傅璇琮:《唐翰林学士传论》,辽海出版社2005年版。

傅璇琮主编:《唐才子传校笺》,中华书局1987年版。

胡宝华:《唐代监察制度研究》,商务印书馆2005年版。

黄惠贤、陈锋主编:《中国俸禄制度史》,武汉大学出版社2005年版。

赖瑞和:《唐代高层文官》,联经出版社2016年版。

赖瑞和:《唐代基层文官》,中华书局2008年版。

赖瑞和:《唐代中层文官》,中华书局2011年版。

李锦绣:《唐代财政史稿》,北京大学出版社1995年版。

李锦绣:《唐代制度史稿》,中国政法大学出版社1998年版。

李兴盛:《中国流人史》,黑龙江人民出版社2012年版。

刘后滨:《唐代中书门下体制研究》,齐鲁书社2004年版。

卢向前:《唐宋变革论》,黄山书社2006年版。

罗宗强:《隋唐五代文学思想史》,中华书局2003年版。

尚永亮、刘磊、洪迎华:《中唐元和诗歌传播接受史的文化学考察》,武汉大学出版社 2010 年版。

尚永亮：《贬谪文化与贬谪文学：以中唐元和五大诗人之贬及其创作为中心》，兰州大学出版社 2004 年版。

尚永亮：《唐五代逐臣与贬谪文学研究》，武汉大学出版社 2007 年版。

尚永亮：《元和五大诗人与贬谪文学考论》，文津出版社 1993 年版。

石云涛：《唐代幕府制度研究》，中国社会科学出版社 2003 年版。

孙国栋：《唐代中央重要文官迁转途径研究》，上海古籍出版社 2009 年版。

谭其骧编：《简明中国历史地图集》，中国地图出版社 1991 年版。

天一阁博物馆、中国社会科学院历史研究所天圣令整理课题组校正：《天一阁藏明抄本天圣令校证附唐令复原研究》，中华书局 2006 年版。

王美华：《礼制下移与唐宋社会变迁》，中国社会科学出版社 2015 年版。

吴宗国：《盛唐政治制度研究》，上海辞书出版社 2003 年版。

吴宗国主编：《中国古代官僚政治研究》，北京大学出版社 2004 年版。

严耕望：《唐代交通图考》，三民书店 1985 年版。

阎步克：《品位与职位——秦汉魏晋南北朝官阶制度研究》，中华书局 2002 年版。

郁贤皓：《唐刺史考》，安徽大学出版社 2000 年版.

张国刚：《唐代官制》，三秦出版社 1987 年版。

周绍良主编：《唐代墓志汇编》，上海古籍出版社 1992 年版。

周勋初：《唐人轶事汇编》，上海古籍出版社 1995 年版。

周祖譔：《唐代文学家大辞典·唐五代卷》，中华书局 1992 年版。

曾小华：《中国古代任官资格制度与官僚政治》，杭州大学出版社 1997 年版。

[日]仁井田升：《中国古代法制史研究·刑法》，东京大学出版社 1959 年版。

[日]仁井田升：《唐令拾遗》，长春出版社 1989 年版。

[日]桑原骘藏：《支那的古代法律》，《支那法制史论丛》，弘文堂 1935 年版。

[日]滋贺秀三：《刑罚的历史——东洋》，《刑罚的理论与现实》，岩波出版社 1972 年版。

[日]滋贺秀三：《中国上古刑罚考——以盟誓为线索》，刘俊文主编《日本学者研究中国史论著选译》，中华书局 1992 年版。

三、研究论文

叶明镜：《苏东坡贬谪惠州》，《惠阳师专学报》(社会科学版) 1981 年第 1 期。

顾学颉：《白居易贬谪江州的前因后果》，《武汉大学学报》(社会科学版) 1981 年第 3 期。

陈博惠：《能雪魂忠死亦甘——试评苏轼被贬岭南时期的诗作》，《广州研究》1983 年第 1 期。

余荣盛：《试论柳宗元贬谪时期的文学创作》，《惠阳师专学报》(社会科学版) 1984 年第 1 期。

陈启汉：《贬谪岭南的苏轼》，《广州研究》1984 年第 3 期。

杨应彬：《苏轼在岭南的社会和文学活动》，《学术研究》1984 年第 6 期。

金五德：《试论王维贬谪济州期间的诗歌》，《长沙水电师院学报》(社会科学版) 1986 年第 2 期。

韩敏：《苏轼谪居海南事迹系年》，《海南大学学报》1986 年第 4 期。

韩敏：《苏轼岭海时期的心理模式》，《北方论丛》1989 年第 4 期。

丁之方：《唐代的贬官制度》，《史林》1990 年第 2 期。

齐涛：《论唐代流放制度》，《人文杂志》1990 年第 3 期。

刘启贵：《我国唐朝流放制度初探》，《青海社会科学》1998 年第 1 期。

张艳云：《唐代左降官与流人异同辨析》，《唐史论丛》1998 年第 1 期。

古永继：《唐代岭南地区的贬流之人》，《学术研究》1998 年第 8 期。

李中华、唐磊：《唐代贬官制度与不平之鸣——试论开明专制下的文人遭遇与心声》，《华中师范大学学报》(人文社会科学版) 2001 年第 3 期。

唐晓涛：《唐代贬官与流人分布地域差异探究——以岭西地区为例》，《玉林师范学院学报》2002 年第 2 期。

唐晓涛、谢振治：《唐代桂管与贬官作用详论》，《玉林师范学院学报》2002 年第 4 期。

王雪玲：《两〈唐书〉所见流人地域的分布及其特征》，《中国历史地理论丛》2002年第4期。

邓小南：《走向“活”的制度史：以宋代官僚政治制度史研究为例的点滴思考》，《浙江学刊》2003年第3期。

邹运月：《晚唐贬谪诗人和贬谪文学》，武汉大学硕士论文，2004年。

韩鹤进：《唐代流人问题研究》，陕西师范大学硕士论文，2004年。

韩鹤进、黄梅：《唐代流人管理制度探析》，《牡丹江教育学院学报》2005年第6期。

何春明：《唐代京官贬黜初探》，中央民族大学硕士论文，2005年。

朱玉麒：《唐代诗人的南贬与屈贾偶像的树立》，《西北师大学报》(社会科学版)2006年第1期。

彭炳金：《唐代贬官制度研究》，《人文杂志》2006年第6期。

唐晓涛、李义凡：《试析唐代邕管、容管之贬官、流人》，《经济与社会发展》2007年第1期。

彭炳金：《论唐代的左降官》，《晋阳学刊》2007年第2期。

李方：《唐律流刑考析》，吉林大学硕士论文，2007年。

梁作福：《唐玄宗朝京官外贬流放问题初探》，天津师范大学硕士论文，2007年。

李方：《唐律流刑考析》，吉林大学硕士论文，2007年。

李方：《唐代西域的贬谪官吏》，《新疆大学学报》(哲学人文社会科学版)2007年第6期。

尚永亮：《唐五代贬官规律与特点综论》，《华中师范大学学报》(人文社会科学版)2008年第1期。

张春海：《试论唐代流刑与国家政策、社会分层之关系》，《复旦学报》(社会科学版)2008年第2期。

张茵茵：《唐代流刑制度研究》，河北师范大学硕士论文，2008年。

张蜀蕙：《开辟与安顿——唐代文人南方经验中的宗教经验与国族论述》，中国唐代文学学会第十四届年会暨唐代文学国际学术讨论会会议论文，安徽，2008年10月，第35页。

邓小南：《宋代政治史研究的“再出发”》，《历史研究》2009 年第 6 期。

梁瑞：《唐代流贬官研究》，浙江大学博士论文，2010 年。

郭翠霞：《唐代流人相关问题研究》，陕西师范大学硕士论文，2011 年。

王春霞：《唐代流刑制度研究》，青海师范大学硕士论文，2011 年。

马婷婷：《汉代情论研究——兼论汉代情与礼、法的关系》，华中师范大学博士论文，2011 年。

熊昂琪：《唐代流贬官吏与南方社会经济研究》，陕西师范大学硕士论文，2012 年。

宋菁：《唐代江南地区贬官研究》，上海师范大学硕士论文，2013 年。

陈玺：《唐代长流刑之演进与适用》，《华东政法大学学报》2013 年第 4 期。

郝黎：《唐代官吏惩治研究》，厦门大学博士论文，2014 年。

陈俊强：《唐代前期流放官人的研究》，《中国古代法律文献研究》2015 年。

阎步克：《中国传统政体问题续谈》，《北京大学学报》(哲学社会科学版)2017 年第 2 期。

阎步克：《古代政治制度研究的一个可选项：揭示“技术原理”》，《河北学刊》2019 年第 1 期。

孙正军：《何为制度——中国古代政治制度研究的三种理路》，《中国社会科学评价》2019 年第 4 期。

[日]辻正博：《唐代流刑考》，梅原郁编：《中国近世的法制与社会》，京都大学人文科学研究所 1993 年版。

[日]滋贺秀三：《刑罚的历史》，杨一凡主编，徐世虹译：《中国法制史考证》丙编第 1 卷，中国社会科学出版社 2003 年版。

[日]辻正博：《唐代贬官考》，《中国法制史考证》丙编第 2 卷，中国社会科学出版社 2003 年版。

后　记

不知不觉，确定这个选题已经是十年前的事了。依稀记得在珞珈山与尚老师商讨选题时的情形，老师殷切的期望与温暖的鼓励犹在耳际。学术研究不是一件容易的事，我们既要在纷繁复杂的世界保有探索真理的初心，更要有深入繁杂材料和义理获得真知的能力。而我之所以选择制度研究，就是希望跳出文学的浪漫想象与理论的游弋，回归学问本身，从“是什么”的角度出发探究一些实实在在的问题。

博士期间，在阅读大量文献的基础上，我已经基本完成了对贬谪制度各个环节的研究，然而却始终有一个问题萦绕心头挥之不去，那就是到底什么是贬谪？什么是制度？唐代真的有贬谪制度吗？因为在阅读文献中我发现，贬谪相关的政策法令法规虽时时能够见到，但在具体的贬谪案例中，人为因素的影响又的确太大，贬谪仿佛只因皇帝一时喜怒，或是权臣弄法所致，看起来是那么的任性与随意，这与我们将制度视为一种稳定的准则与规范的常识显然大异，这样的贬谪可以称为一种制度吗？这一次的书稿修订，我对这个问题有了一些新的理解，制度并不仅仅包括静态的法令与条文，更包含动态的运作过程，在此过程中，各种关系、人的行为都会对原本的法令条文产生影响。也就是说，制度研究并不仅仅是对基本的律令条文的梳理，还包括具体的实施过程以及在这个过程中人与制度的互动的探讨，这两个部分结合，才是一个完整的制度研究，才能够帮助我们了解当时制度的特点以及弥漫其周围的政治生态与文化。

本书付梓之际，我的内心充满了喜悦与紧张，同时，也有很多的遗憾与不自信涌上心头。我的研究是想要对唐代的贬谪制度作一个整体性的考察，但总觉得自己的研究还是有些零散，没有紧紧围绕更深层次的一条主线，而且由于自己的能力有限，制度相关的很多问题也未能够继续细化和延展，比如唐代贬谪制度的实施情况在初盛中晚唐各个阶段有无变化？贬谪相关的奏议文书是否可以进一步研究？贬谪制度又是如何对贬谪文学产生影响的？而这些问题也只能留待以后再继续完善和探讨了。本书只是一个阶段性成果的展示，如有错漏之处，还请诸位专家学者及同行不吝赐教。

感谢我的导师尚永亮教授。您在我进入学术的道路上给予了我宝贵的指引与帮助。我资质驽钝基础又不好，是您一直支持着我、鼓励着我，让我有了在学术之路上不断前行的动力与勇气！同时要感谢武大出版社的李琼编辑，为本书的出版所付出的所有努力！感谢我的父母、家人和朋友，有了你们无私的帮助与温暖的陪伴，我才能够安心做好自己的工作。

从二十几岁到三十几岁这十年，我并未虚度，希望下一个十年，依旧能够守住初心，有所收获。

段亚青

2014年3月于武汉